Sibylle Wirsing

Die Königin

Sibylle Wirsing

Die Königin

Luise nach zweihundert Jahren

wjs

Die Königin Luise wurde von allen geliebt und war daher für ihre Kritiker ein Problem. Wer sie oberflächlich und gefallsüchtig fand und an ihr die wahre weibliche Hoheit vermißte, konnte seinen Standpunkt noch so überzeugend vertreten, aber mußte die Sache selber trotzdem verfehlen. Hingegen hat der behandelnde Arzt, der in sein Tagebuch einträgt »Um 9 Uhr starb die Königin«, mit dem Schlußwort alles gesagt:

> Sicherlich die schönste Frau in des Königs Staaten,
> von der besten HerzensGüte!!! *(39. S. 154)*

Mit ihrer Hinfälligkeit hatte niemand gerechnet. Luises nahes Ende war den Ärzten genauso wie aller Welt verborgen geblieben. Es hatte in ihr rumort und sie zu Äußerungen veranlaßt, denen sie eine scherzhafte Einkleidung gab, so daß die Winke keine Beachtung fanden. Zum Beispiel ihr letzter Brief an die Fürstin Radziwill, der in seiner Mischung aus beiden Sprachen, französisch und deutsch, angeblich munter geklungen hat und erst nachträglich als ein Abschied erkannt worden ist. Überliefert sind vom ihm nur sein Datum, 17. Juni 1810, und die Unterschrift:

> Louise, Auguste Wilhelmine Amalie, Reine de Prusse,
> Née le 10. Mars 1776,† das weiß ich noch nicht,
> geborene Prinzessin von Mecklenburg. *(39. S. 156)*

Die Hohenzollernfamilie umfaßt auf ihrer Strecke vom Aufstieg zur Königs- und später zur Kaiserwürde bis zum Ausscheiden aus der Geschichte acht Generationen und neun gekrönte Repräsentanten. Nur einer von ihnen, Kaiser Friedrich III., war mit einer ausländischen Prinzessin verheiratet gewesen, der ältesten Tochter der Queen Victoria. Die anderen hatten ihre Ehefrauen aus den reichsdeutschen

Fürstenhäusern gewählt und sie in mehreren Fällen wie unerwünschte Personen behandelt, die der Gemahl aus seiner Nähe verbannt. Erst der fünfte preußische Herrscher, Friedrich Wilhelm III., räumte an der Schwelle vom 18. zum 19. Jahrhundert mit der Gattinnenächtung auf. Die Frau an seiner Seite ist sein Ein und Alles. Sie hat seine Zweifel bekämpft, ihm ins Gewissen geredet, sein Selbstbewußtsein gestärkt und ihn von seinem Trübsinn abgelenkt und hat noch am Vorabend des Krieges den Eindruck von Glück und ewiger Jugend erweckt.

Preußen 1806, kein schönerer Tanzboden als das Vaterland und keine schönere Tänzerin als Luise, solange der Sommer noch währt. Danach folgen Schlag auf Schlag der Waffengang gegen Napoleon, die Schlachtfelder von Jena und Auerstedt und die Flucht nach Osten, der Vorstoß des Siegers bis an den Njemen, Luises vergeblicher Bittgang nach Tilsit, der Frieden wie ein feindliches Joch, enorme Gebietsverluste und horrende Kriegsschulden, der wankende Thron und dann das Krankenlager, von dem sich die Königin nicht mehr erhebt. Nie vorher oder nachher wurde ein Mitglied der Familie so von den Untertanen betrauert wie sie, von der es hieß, das Unglück des Vaterlandes habe ihr das Herz gebrochen. Ihr Tod und die Legende waren frühmorgens am 19. Juli 1810 gleichzeitig eingetreten und blieben Hand in Hand ein romantisches Paar, dem später das nationale und dann das nationalistische Pathos hinzugefügt worden ist.

Preußens Abschaffung 1947 räumte mit dem Personenkult auf und bedeckte das Preußentum insgesamt mit Schimpf und Schande. Der Strich durch das Erbe war nicht für die Ewigkeit, und die Männer und Helden sind wieder zur Geltung gekommen. Aber wohin mit der Königin? Genügt uns Napoleons Wort für ihre Verankerung in der Geschichte? Er nämlich hatte seiner Gegnerin nicht nur Schönheit, sondern auch Größe zugebilligt. »Une grande ennemie de moins« soll sein Kommentar zu der Todesnachricht gewesen sein, eine große Feindin weniger. Auch Friedrich Gentz läßt sich hören, der von ihr sagte, sie sei die letzte Dekoration des verrosteten Staates gewesen. In dem Berliner Festspiel, das der Theaterdirektor Iffland 1814 anläßlich der Heimkehr der Majestäten aus dem Befreiungskrieg bei Goethe in Auftrag gegeben hatte, erscheint sie minervahaft mit erhobenem Speer, verweist den Geist der Unterdrückung in den Orkus und reicht dem Glauben und der Liebe, die schon am Verzagen waren, schwesterlich ihre Hand. Durch ihren Harnisch schimmert die Hoffnung, und aus ihrem Mund spricht die Zuversicht:

> Denn wie ich bin, so bin ich auch beständig.
> Nie der Verzweiflung geb' ich mich dahin;
> Ich mildre Schmerz, das höchste Glück vollend' ich;
> Weiblich gestaltet, bin ich männlich kühn. *(23. S. 365)*

Die Sterbliche, die außer ihrem Scheinen nichts hinterlassen hat, weder Taten noch Werke, keine Einrichtungen und keine Bauten, die für sie sprechen, vertraute ihr Nachleben dem Ermessen der Bearbeiter an. Entsprechend weihevoll wurde es inszeniert.

Die Sachwalter von heute trumpfen nicht mit der Königin auf. In den wissenschaftlichen Darstellungen, die sich mit ihren Zeitgenossen und Nachfahren befassen, ist sie eine Nebenperson. In den Überblicken wird sie respektvoll umgangen. Und im Mausoleum im Schloßpark Charlottenburg ruht ihr Marmorbild zwischen allerlei Sarkophagen. Nur in den Souvenirläden der preußischen Schlösser und Gärten billigt man ihr ein zeitloses Charisma zu. Dort ist sie gleichberechtigt die Partnerin neben Friedrich dem Großen. Ihre liebliche und seine dämonische Erscheinung sprechen das Publikum an. Die übrigen Hohenzollern lassen sich nicht mehr als Andenkenfiguren verkaufen. Friedrich Wilhelm III. und Friedrich Wilhelm IV., im Jargon FW3 und FW4 genannt, findet man noch auf dem Postkartenständer, aber keine Spur von den drei Kaisern, deren Mutter, Großmutter und Urgroßmutter die Königin Luise war. Ihr selber bleibt nach allen Verlusten nur übrig, ein Einzeldasein zu führen, rosig im Museum und blass im nationalen Gedächtnis. Gegen die Vereinsamung hilft ihr kein Gott. An die Stelle der heilen Vita tritt die Annäherung aus der Entfernung der letzten 200 Jahre.

Der Beginn ihrer Karriere liegt auf den Tag und den Punkt genau fest. Luise und ihre Schwester Friederike finden sich am 13. März 1793 in Frankfurt am Main auf dem Vorplatz vor dem Komödienhaus ein, wohin sie offenbar bestellt worden sind. Denn ein Zufall kann es nicht sein. Die Prinzessinnen von Mecklenburg-Strelitz, wohnhaft in Darmstadt, erwarten den König von Preußen. Es ist ihre erste Begegnung mit einem Monarchen, jedenfalls ihre erste direkte. Im vergangenen Jahr haben sie in Frankfurt anläßlich der Krönung des Königs von Ungarn und Böhmen zum deutschen Kaiser einen Ball mitgemacht, aber natürlich nicht mit dem Kaiser getanzt. Der Kaiserkrönung drei Jahre zuvor haben die beiden wie alle Welt nur vom Wegrand aus zugeschaut. Jetzt ist die Sache die, daß sie selber angeschaut werden sollen, ob sie für Preußens Königssöhne in Frage kommen. Friedrich Wilhelm II. tritt an die Gruppe heran, unterzieht sie aber keiner Musterung, sondern kniet vor ihr hin. Was er sieht, kommt ihm anbetungswürdig vor, makellos, fehlerfrei, sinnverwirrend, wie die Natur so etwas schafft: »Zwei Engel!« Von ihm aus sind beide Mädchen dazu geeignet, seinen Nachfolger zur gegebenen Zeit hinauf auf den Thron zu begleiten. Beide sind als Königin denkbar. Welche man wählen würde, die Größere oder die Kleinere, würde die richtige sein. Dafür verbürgte er sich.

Der fahrende König, Friedrich Wilhelm II.

Die sinnliche Wahrnehmung war schon immer seine Stärke gewesen, erst recht charakteristisch für den fahrenden König, weit weg von zu Hause in der gewagtesten Situation seines Lebens nach der Campagne in Frankreich, dem Vorstoß gegen die französische Revolution und dem Rückzug auf reichsdeutschen Boden. Das Ziel, seinem Vetter in Paris zu Hilfe zu eilen, hatte er nicht erreicht. Ludwig XVI. war entthront und gefangen und auf dem Weg zum Hinrichtungsplatz, während dem Gast in Frankfurt am Main der Winter mit Tanz und Theater verflog.

Der Statur nach sah er wie ein geborener Sieger aus, überlebensgroß auf turmhohen Beinen, der Leib in Samt und Seide, die mit Orden behängte Brust, der gedrungene Hals, das Doppelkinn, das majestätische Haupt und fette Warzen am Mund und auf der Backe. Schütter war allenfalls sein gepudertes Haar, sonst aber noch keine Ankündigung des Lebensendes in Sicht. Die empfindliche Seele sprach sich außer in dem schrägen Blick der vorquellenden blauen Augen in der Bemühung des Riesen aus, noch größer zu wirken, als er schon war. Sein Selbstbewußtsein hatte sich seit seiner Thronbesteigung von den Demütigungen der Kronprinzenjahrzehnte erholt. Vor bald sieben Jahren war er dem Leichnam Friedrichs des Großen gegenübergestanden, dem verstorbenen Chef in der schmutzigen, alten Montur im Lehnstuhl im Morgengrauen in Sanssouci; eine Zeitspanne beinahe so lang wie der Siebenjährige Krieg, während der er als Nachfolger seinen Staat regiert, seine Hauptstadt verschönert, Potsdam erneuert und die Ostgrenze bis tief nach Polen ausgedehnt hatte, ohne für das alles gelobt worden zu sein. Den guten respektive dicken König nannte man ihn in Berlin, lästerte über seinen Lebenswandel, verleumdete seine Ratgeber und hielt ihn für krank, weil er in seinem Gartenhaus im Park von Charlottenburg die Geister der Toten beschwor. Jetzt aber feierte ihn die freie Reichsstadt, als wäre er Augustus oder Julius Cäsar.

In seiner gehobenen Stimmung verliebte auch er sich in eine Hiesige. Sie hieß weder Luise noch Friederike, sondern Sophie, und war keine Nichte der englischen Königin, sondern Moritz Bethmanns siebzehnjährige Tochter, der näherzutreten sich für einen wie ihn verbot. Trotzdem umkreiste er sie in Gedanken, während er das Frühjahr abwartete, um die Kriegführung fortzusetzen. Die Vertreibung der Franzosen über den Rhein stand ihm erst noch bevor und erwies sich als eine Arbeit, die im einkalkulierten Rahmen nicht zu erledigen war.

Am Ende des Sommers verließ er den westlichen Posten und wandte sich dem polnischen Übel zu, einer militanten Freiheitsbewegung auch dort. Zu Weihnachten war er wieder daheim, aber ohne schlüssige Siege. Die einzige Errungenschaft, die er aus dem Kriegsjahr 1793 mitbrachte, waren die zwei Bräute für seine beiden ältesten Söhne. Seine toleranten Berliner sahen ihm das Defizit nach. Die jungen Personen wurden bei ihrem Eintreffen überschwenglich gefeiert, da es sonst nichts zu feiern gab. Man fand alles an ihnen bezaubernd und zumal das Darmstädter Deutsch, das sie sprachen, charmant; immer wieder schmerzlich für den König und Schwiegervater, dem ihre Stimmen die Maingegend und das Glück in Erinnerung riefen, das er sich dort erträumt hatte. Die geharnischte Tochter des Frankfurter Bankhauses ging ihm nicht aus dem Kopf.

Da er an Ort und Stelle keinen Mut gehabt hatte, sich ihr zu eröffnen, war er erst nach seinem Aufbruch ins Feld mit einer schriftlichen Botschaft an sie herangetreten. Gleich nach der Ankunft in Kelsterbach, wo er der Belagerung von Mainz entgegensah, griff er zur Feder und rang sich noch in derselben Nacht vom 21. auf den 22. März zu der Erklärung durch, die er am nächsten Tag von Hochheim aus abschicken ließ: »A Mademoiselle Sophie Bethmann-Metzler, à Frankfort«.

Der Inhalt war unmißverständlich, nicht direkt ein Geständnis, aber eindeutig eine Annäherung, verbrämt mit der Bitte um Nachsicht, vorgetragen in französischer Sprache und niedergeschrieben in Friedrich Wilhelms irrer Orthographie. Die gefühlvollste Stelle wurde durch einen Vers in deutscher Sprache markiert: »Ach! wenn es doch immer und immer so wäre –«, eine Anspielung auf letzthin, als die Blicke sich beim Abschied noch einmal gekreuzt hatten.

Die Adressatin fiel bei dem, was sie las, gewiß nicht aus allen Wolken. Das stumme Spiel der vergangenen Monate hatte sie vorgewarnt, aber ein Schock war es trotzdem, eine solche Post zu bekommen. Der Familienrat wurde eingeholt und die Sache nach allen Seiten hin behutsam erwogen. Denn der Bittsteller war nicht nur Frankfurts Retter und Liebling, nicht nur ein Fürst, der König von Preußen und ein verheirateter Mann, sondern auch ein Schürzenjäger, unter seinesgleichen einer der ärgsten. Auf sein Konto gingen bislang zwei Haupt- und zwei Nebenehen, ungezählte Liebschaften, mindestens ein Dutzend Kinder und Bastarde und dazu der Bund auf Lebenszeit mit einer Maitresse, die ihm mehr bedeutete als seine Minister, seine Räte und seine Beichtiger alle zusammen. Vom Alter des Bewerbers zu schweigen. Friedrich Wilhelm, der offenbar hoffte, Sophie zu gewinnen, stand im Frühjahr 1793 kurz vor der Vollendung seines fünfzigsten Lebensjahres. Der Fall war, so gesehen, ein starkes Stück und die Antwort klar. Etwas anderes als eine Absage kam nicht in Betracht. Wobei das ritterliche Betragen, das der Brief wahrte, die Handhabe für die Erwiderung bot. Man würde dem Absender einen Korb geben, wie er einem König gebührte, umwunden mit Zartgefühl, Ehrfurcht und Dank. So etwa war es geplant, aber verwirklicht wurde es anders.

Friedrich Wilhelm II

Noch während seiner letzten Lebensjahre spürte der König einen Stich im Herzen, wenn ihm Sophies Bild vor die Augen kam. Die Angebetete hatte ihre aufgewühlte Seele brieflich zu ihm sprechen lassen und ihm ihre Verwirrung bekannt, aber nicht erkennen lassen, ob sich in ihre Furcht auch die Liebe mischte. Also deutete er ihre Zeilen zu seinen Gunsten, las die Erlaubnis, hoffen zu dürfen, aus ihnen heraus, dankte ihr überglücklich und schickte ihr ein Reitpferd aus seinem Stall, was ihm von ihrer Seite ein angstvolles Stöhnen eintrug. Denn ein Pferd ist kein geheimer Gegenstand. Es steht da, es fällt auf, es wird kommentiert, und man kommt ins Gerede.

Das wechselseitige Bittflehen in der Korrespondenz betrifft fortan die Zivilcourage und die Diskretion. Der König wollte eine Zusage, und Sophie wollte keinen Skandal. Sie ersuchte ihn um Schonung, erlegte ihm Zurückhaltung auf und appellierte an seinen Respekt. Sogar einen Bräutigam schützte sie vor, ohne seine Person zu benennen, so daß man zweifeln muß, ob es ihn wirklich gab. Denn die Konsequenz blieben aus. Während ihr Verehrer weiterhin drängte und drängte, wurde von ihrer Seite kein Schlußstrich gezogen, sondern eine Zusammenkunft nach der anderen in loser Folge an verschwiegenen Orten anberaumt, zu denen der Adressat aus dem Krieg herbeieilte. Mal bestellten ihn Mutter und Tochter zu dem Forsthaus im Stadtwald und mal zu dem Gartentürchen im Schatten der Bethmannschen Sommerresidenz. Eingelassen als Sieger hat man ihn nie.

Friedrich Wilhelm, der von zu Hause gewohnt war, daß ihm die Frauen entgegenkamen und die Mütter ihm ihre Töchter nicht verweigerten, sondern anboten, ließ die Tortur mit sich geschehen. Selbst die Scheidung von der Königin hätte er auf sich genommen, um die siebzehnjährige Bürgerin zu bekommen. Aber ihre Eroberung war ausgeschlossen. Eher ließ sich die Kapitulation von Mainz erzwingen als die Einwilligung der Bethmann-Metzlers in einen Ehevertrag mit dem König von Preußen. Einzig die Trophäe mußten sie ihm lassen, daß er noch einmal ein heißes Gefühl empfunden hatte, auch wenn es vielleicht nur eine Einbildung gewesen war:

> Ach Sophie, Sophie! on est bien malhereux de vous aimer!!! Sie sind nicht weniger unbegreiflich als Sie reizend sind. Ich aber, der ich Sie lieben werde, solang ich lebe, der ich mich für immer von Ihnen entfernen muß, ohne Hoffnung, ohne Trost – ich bin der unglücklichste Mensch, ich werde auf Erden kein Glück mehr finden ... *(16. S. 72 f.)*

Dem Trauerspiel spottet das Kinderspiel. Der vergeblichen Liebesmühe spottet das Hochzeitsfest, das der Verlierer während seiner Martyrien so locker herbeiführt, als wäre es ein Komödienschluß. Die Berliner Königssöhne heiraten die Darmstädter Engel.

Die Prinzessinnengruppe

Die Geschwister, in deren Anblick sich der König von Preußen verliebt hatte, waren Prinzessinnen von Mecklenburg-Strelitz, aber in Hannover geboren und in Darmstadt aufgewachsen, keine Erbinnen, sondern nur die Eigentümerinnen ihres Titels. Das Herzogtum an der Grenze zu Pommern, nicht viel größer als die Stecknadelspitze, mit der man es auf der Landkarte markiert, wurde von ihrem Onkel regiert und sollte nach dessen Tod ihrem Vater gehören.

Dieser Prinz, Karl von Mecklenburg-Strelitz, der nun im Alter von 52 Jahren seiner Verschwägerung mit Friedrich Wilhelm II. entgegensah, war bereits ein hochakkreditierter Schwager, nämlich der des Königs von England. Er hatte unter Georg III. eine Militärkarriere gemacht und ihm als Hannoveraner Statthalter gedient, aber sich frühzeitig von dem Posten zurückgezogen, um künftig nach eigener Fasson zu leben, ein mittel- und stellungsloser, mit der französischen Revolution sympathisierender, zweimal verwitweter Edelmann. Seine Frauen waren Schwestern gewesen, hessen-darmstädtische Prinzessinnen, die ihm der Tod kurz hintereinander geraubt hatte, beide in ihrem dreißigsten Lebensjahr. Einen nächsten Bund ging er nicht mehr ein. Sein Stützpunkt wurde Darmstadt. Dorthin delegierte der Familienvater die Kinder, drei Töchter und einen Sohn aus der ersten Ehe und einen Nachkömmling aus der zweiten. Die Jungen vertraute er den Gouverneuren an, die er für sie bestellte, und überließ die Mädchen seiner Schwiegermutter, der verwitweten Prinzessin George, wohnhaft in Darmstadt im Alten Palais am Markt.

Das Aufwachsen im Halbschatten gehörte zu den Bräuten der Preußensöhne dazu. Als Mitglieder der Landgrafenfamilie nahmen sie am Hofleben teil und blieben doch Externe, die ins Schloß nur als Besucherinnen kamen. Ihre verwandtschaftlichen Verbindungen reichten bis nach London, Petersburg und Berlin. Sie waren Nichten sowohl der englischen Königin als auch der preußischen Königin und hatten eine Ahnung von der großen Welt; ihre eigenen Lebensformen aber stammten aus dem großmütterlich-darmstädtischen Milieu. Ihre Bildung hatte ihnen eine Schweizer Gouvernante beigebracht, Mademoiselle Salomé de Gélieu, der sie den vertrauten Umgang mit der französischen Sprache verdankten. Zwei ältere Schwestern, Charlotte und Therese, waren standesgemäß verheiratet worden, die eine an den Herzog von Sachsen-Hildburghausen und die andere nach Regensburg an den Erbprinzen von Thurn und Taxis. Die beiden jüngeren führten bis zu ihrer Entdeckung das Nischendasein weiter und schlossen sich dabei eng mit ihrem Bruder zusammen, dem Prinzen George von Mecklenburg-Strelitz, der später einmal das Herzogtum erben sollte; vorerst eine Aussicht in nebelhafter Ferne.

Von den Vorgängen in Frankreich hatte man in Darmstadt anfangs nur schaudernd Kenntnis genommen, wurde aber dann im Herbst 1792 unmittelbar von ihnen betroffen. Die französische Revolutionsarmee rückte über den Rhein. »Brigantenhorden« hießen sie bei den Bewohnern am anderen Ufer. Der Darmstädter Hof ergriff vor ihnen die Flucht. Die alte Prinzessin George, ihr Schwiegersohn und die Kinder verbrachten den Winter bei den Verwandten in Hildburghausen. Unterdessen waren die Preußen herbeigeeilt, und die Flüchtlinge konnten im folgenden Frühjahr gefahrlos nach Hause reisen. Als sie bis Frankfurt gekommen waren und dort Station machten, ergab sich zunächst die Begegnung mit dem preußischen König und dann die Bekanntschaft der beiden Mecklenburgerinnen mit dessen Söhnen.

Die Wahl, welche wem gehören sollte, blieb dem Kronprinzen überlassen. Er aber, der seiner Natur nach zögerlich war, konnte sich nicht recht entscheiden. Beide Prinzessinnen gefielen ihm, jede auf ihre Art. Die Anrufung eines blinden Orakels würde gut zu ihm passen: »Luise, Friederike, Luise, Friederike, Luise!« Er nahm die ältere und überließ die jüngere seinem Bruder, der von sich aus keine von beiden begehrte. Prinz Louis gehorchte dem Wunsch seines Vaters. Eine Verweigerung kam nicht in Frage, da die Mädchen zusammengehörten. Von dem Paar ging Charme aus. Jede für sich war nur eine mögliche Heiratskandidatin, gemeinsam bildeten sie hingegen das obligatorische Ganze, das sich der König für seine Familie wünschte. Also brach die Kleinere mit der Größeren aus Darmstadt auf, obwohl am Bestimmungsort kein verliebter Bräutigam auf sie wartete, sondern ein Prinz, der sich nichts aus ihr machte.

Die dortige Bevölkerung hat das Entzücken ihres Königs voll nachempfunden: »Zwei Engel!«. Unter den vielen Zeugen, die darüber berichten, steht keiner der Sache so nah wie der Bildhauer Schadow, aus dessen Memoiren die entsprechende Stelle immer wieder zitiert werden muß:

> Im Jahr 1794 hatte sich in Berlin ein Zauber verbreitet, welcher über alle Stände ausging, durch das Erscheinen der hohen Schwestern, Gemahlinnen der Söhne des Königs. In Mecklenburg geboren [recte: in Hannover], aber am Mainstrom erzogen, war ihnen die angenehmste der deutschen Mundarten zuteil geworden. Diejenigen, welche außer dem Anblick ihrer Wohlgestalt auch ihre Stimmen hörten, waren davon begeistert. Es entstanden Parteien, welcher von beiden der Vorrang der Schönheit gebühre. *(77. S. 38)*

Der preußische Staatsmann und Wirtschaftsexperte Freiherr von Heinitz, der neben vielen anderen Ämtern auch die Aufsicht über die königliche Porzellanmanufaktur führte, kam auf den Gedanken, die Popularität der Geschwister praktisch zu nutzen. Er stellte sich eine Prinzessinnenstatuette vor, die in Biskuit verfältigt werden sollte. Die Gelegenheit war günstig, da man bereits auf die Büsten zurückgreifen konnte. Fügte man zu den Köpfen die Körper hinzu, hatte man schon, was man brauchte. Noch ehe 1795 vergangen war, kündigte die Königliche Akademie der bildenden Künste, die ebenfalls zum Ressort Heinitz gehörte, im Katalog zu ihrer Herbstausstellung unter der Rubrik »Bildhauerarbeiten« das Ergebnis an:

> Eine Gruppe in Lebensgröße, Ihre Königl. Hoheiten die Kronprinzessin und Prinzessin Ludwig vorstellend, welche an einander gelehnt, sich beide schwesterlich umfassen. *(50. 1795. Nr. 173)*

Schadow, der im Vorjahr die Halbstücke in Ton modelliert hatte, trat nun mit den kompletten Figuren hervor. Das Material, im Katalog nicht erwähnt, ist Gips, und die Überraschung ist die Lebensgröße. Geplant war die Vorlage für ein Souvenir; angefertigt wurde das Exposé für ein Monument.

Das preußische Herrscherhaus hatte einer weiblichen Hoheit, sofern sie keine Göttin oder allegorische Größe war, noch nie ein Denkmal errichtet. Seine Königinnen galten ihm wenig. Allenfalls bildet die berühmte Sophie Charlotte, die zweite Gemahlin des Kurfürsten Friedrich und späteren Königs, Friedrichs I., eine Ausnahme. Wirklich verehrt wurde sie jedoch erst nach ihrem Tod. Sie hatte sich ihr eigenes Leben ertrotzt, sich weit draußen an der Spree ein Refugium geschaffen und sich auf den Philosophen Leibniz als ihren geistigen Partner gestützt, war aber öfter als einmal aus dem feindlichen preußischen Klima nach Braunschweig zu ihrer Mutter entwichen und ist auf der Reise gestorben. Für alle, die nach ihr kamen, sah es finster aus. Die Gemahlin Friedrichs des Großen, ebenfalls eine Braunschweigerin, wurde zwar in Ehren, aber auch in Entfernung gehalten. Bett, Haus und Tisch ihres Ehemannes teilte die Königin nicht. Sein Sanssouci hat sie angeblich nie betreten: eine Unwillkommene im Sommerschloß und in den Gärten des Königs. Noch härter traf das Los die Prinzessin Luise Friederike von Hessen-Darmstadt, die Gemahlin des Nachfolgers. Sie brachte ein Kind nach dem anderen zur Welt, insgesamt sieben, ohne sich an ihnen erfreuen zu können. Ihr Schloß Monbijou glich einem Exil, ihre Existenz einem Trauerspiel und ihre Rolle einem ständigen Leidwesen, erniedrigt durch Friedrich Wilhelms Bohême, gedemütigt durch seine Vielweiberei und traumatisiert durch seinen Lebensbund mit einer Frau, die er sich aus der Berliner Hefe selber erschaffen hatte. Die familiäre Verwahrlosung ist der historische Hintergrund für Schadows Prinzessinnengruppe.

Der Künstler vergegenwärtigt in seinen Erinnerungen die Studio-Situation im Kronprinzlichen Palais Unter den Linden, wo ihm in einem Seitenflügel ein eigenes Zimmer eingeräumt worden war. In stiller Begeisterung habe er an dem Modell gearbeitet, die Maße nach der Natur genommen und von den hohen Damen sogar die Garderobe zur authentischen Wiedergabe ausgeliehen bekommen. Über die Sache selbst sagt er kein Wort. Weder äußert er sich zu der Entwicklung, wie aus dem Plan für die Statuette das monumentale Projekt hervorgehen konnte, noch erwähnt er die Schwierigkeit, vor die ihn der Auftrag des Ministers stellte.

Verlangt war eine Gruppierung, die im kunstgeschichtlichen Repertoir nicht existierte. Zwei weibliche Wesen auf einem Sockel hatte auch das Altertum nicht gekannt. Die Überlieferung sah den paarweisen Auftritt nur für Jünglinge vor. Das schöne Geschlecht wurde im Dreierreigen vorgeführt – die Grazien, die Horen, die Parzen. Schadows Grabmal für den früh verstorbenen Liebling Friedrich Wilhelms II. liefert dafür ein Beispiel: der schlafende Knabe, Graf Alexander von der Mark, auf seinem Lager und über ihm im Halbrund drei Spinnerinnen, die um sein Leben feilschen. Noch ist der Faden ganz, aber schon im nächsten Moment muß er reißen.

Den Prinzessinnen hielt der Künstler die Zukunft zugute. Der entscheidende Schritt scheint vor ihnen zu liegen, und sie schicken sich an, ihn zu tun. In die angehaltene Zeit, die man von der Bühne her kennt, stellte Schadow die Gruppe hinein. Die Fermate war sein Mittel der Dramatisierung.

Luise wird in stoischer Ruhe dargestellt. Sie hat das linke Bein über das rechte geschlagen und sieht mit erhobenem Haupt dem Ziel entgegen, das ihr in Gedanken vorschwebt. Den praktischen Teil überläßt sie der Schwester. Friederike ist mit geschürztem Rock zum Gehen bereit. Aber auch ihr scheint es nicht zu eilen. Der Kopf ist geneigt, der Blick gesenkt und das Lächeln versonnen. Die Rückenansicht der Plastik demonstriert die Rollenverteilung: die Große in der schützenden und die Kleine in der stützenden Rolle. Der Faltenwurf ihrer Gewänder ist ineinandergeschmiegt. Die Harmonie des Ganzen leuchtet unmittelbar ein. Stutzig macht den Betrachter nur eines: Wieso hat der Künstler seine Modelle, an deren treuer Wiedergabe ihm doch gelegen war, als Mädchengestalten abgebildet?

Die Schwiegertöchter des Königs waren Ehefrauen und Mütter. Sie hatten ihre ersten Kinder geboren, standen mitten im Leben und krönten ihre Schönheit mit Edelsteinen, lauter Errungenschaften, die Schadows Figuren fehlen. Diese sind Jugendliche, alleinstehend, wie man sieht, und geradezu priesterlich ledig, höhere Wesen nicht dank gesellschaftlicher Privilegien, sondern rein von Natur aus. Nichts weist auf eine weltliche Bindung hin, kein Ring an den schlanken Fingern, kein Diadem im Haar, kein Anstecker am Busen, kein Staat. Luises Halswickel, der aussieht wie eine Ordenstracht, ist das einzige Accessoir. Schwer vorstellbar, die Trägerin sei eben mit dem Stammhalter des Hauses Hohenzollern niedergekommen, dem designierten Kronprinzen Friedrich Wilhelm.

Die Geschwister waren mit ihrer Verewigung als einer jungfräulichen Zweieinheit offenbar einverstanden. Der Künstler brauchte seine Sicht nicht zu rechtfertigen und behielt sein Geheimnis für sich. Übrig bleibt nur die Vermutung, er habe sich mangels anderer Orientierungshilfen von einer Jünglingsgruppe aus der Antike anregen lassen, so daß in der Prinzessinnengruppe auch Orest und Pylades stecken. Zu den weiblichen Formen gesellt sich der Heldencharakter, den man einem Mädchenpaar eher als einem Damenpaar glaubt. Weder das Heroische noch das Mythische befremdet uns bei den jungen Dingern. Der Anklang, den der Entwurf in der Öffentlichkeit fand, begünstigte die spätere Fassung in Marmor. Sie wurde noch zu Lebzeiten des Königs fertiggestellt und erschien im Herbst 1797 auf der Akademie-Biennale. Zu Füßen der Gruppe steht das Datum, das auch der Stücktitel sein kann: »Ann. XI regn. Frid. Guill. II.«. Im elften Regierungsjahr Friedrich Wilhelms II.

»Meine Seele wünscht ausserordentlich sich zu bilden«

Die Prinzessin Luise von Mecklenburg-Strelitz ist in ihrer frommen Rolle als Braut in einem Brief gegenwärtig geblieben, den sie an ihren Seelsorger Lichthammer geschrieben hat. Das Ich, das sich äußert, tritt als Bittsteller auf:

> »Ich reiße mich los von jenem herrlichen Buche, welches Ihre Güte mir vor einiger Zeit gab, um nicht bloß Ihnen meinen Dank noch einmal mitzuteilen, sondern ich füge die Bitte hinzu, mir das Buch Mendelssohns von der Unsterblichkeit von Frankfurt kommen zu lassen. Sie können sich nicht vorstellen, wie sehr glücklich mich das Buch macht, die Lehren, die es enthält, sind so wahr, so treffend und gut, daß es mir ein wahrer Schatz für meine Seele geworden ist. Meine Seele wünscht außerordentlich sich zu bilden und sich nützliche Kenntnisse der Menschen, des Geistes der vergangenen Welten zu sammeln. Verhelfen Sie mir dazu, ich bitte Sie. Ich beschäftige mich immer; was ist eine Monatschrift, eine hübsche Zeichnung oder eine schöne Sonate für den Geist? Es zerstreuet sie wohl, aber gibt ihr keine Kraft, denn so gut der Körper nicht von Anschauen und Anhören leben kann, ebensogut kann die Seele keine Fortschritte machen, wenn sie keinen Stoff zum Denken hat. Ich verbleibe ewig Ihre Freundin Luise.« *(30. S. 44)*

Die Handschrift ist unbezweifelbar echt, das Löschpapier inzwischen mit Stockflecken gesprenkelt, die Sprache deutsch und das Datum der 28. Juni 1793. Die Situation geht aus dem Schreiben hervor. Lichthammer hat seiner Schutzbefohlenen Mendelssohns Buch »Phädon oder Über die Unsterblichkeit der Seele« ausgeliehen, und sie hat darin mit Anteilnahme gelesen. Daher ihr Wunsch, ein eigenes Exemplar zu besitzen. Vermutlich handelte es sich um die »vierte vermehrte und verbesserte Auflage«, die aus Luises Geburtsjahr stammte. Vorangestellt war dem Oktavbändchen ein Kupferstich von dem eingekerkerten Sokrates, wie er einen Totenschädel betrachtet und über dem Schädel die Seele als Schmetterling schwebt.

Die Auseinandersetzungen, die den Text seit seinem Erscheinen begleiteten, kannte die Prinzessin zweifellos nicht und war über das philosophische Hin und Her ihrer Epoche nicht im Bild. Weder hätte sie verstehen können, warum Kant das angebliche Naturgesetz von der Unsterblichkeit der Seele für ein Unding hielt, noch wäre sie in der Lage gewesen, sich über die Schule des Sokrates zu äußern, die dem Verfasser als Rahmen für seine Gespräche diente. Eine fromme Allgemeinbildung und der Konfirmationsunterricht waren Luises Orientierungshilfen. Lichthammer muß ein Anhänger der Toleranz-Idee gewesen sein, da er ihr sonst Moses Mendelssohns Buch nicht nahegebracht hätte.

Dem jüdischen Philosophen war daran gelegen, zugunsten der unsterblichen Seele möglichst neutral zu argumentieren, damit sich sein Plädoyer mit allen Religionen und Klassen vertragen konnte. Die beiden Trümpfe, die er ausspielte, waren zum einen die anonyme Gottesfigur, ein Inbegriff von Güte, Weisheit und Schönheit, und zum anderen das Privileg der menschlichen Seele, eine individuelle Größe nicht nur auf Erden zu sein, sondern auch im Jenseits zu bleiben. Mitsamt ihrer hiesigen Identität geht sie in die Glückseligkeit ein. Diese tröstliche Aussicht trug der Schrift den Dank des Publikums ein. Zugleich wurde die menschliche Wärme, die sie ausstrahlte, von der Trauer über das Todesurteil durchdrungen. Noch ehe sich der Tag neigt, muß Sokrates sterben.

Luises »Phädon«-Lektüre stand im Zusammenhang mit der Konfirmation ein Jahr zuvor, als Lichthammer die beiden Prinzessinnen in der Darmstädter Schloßkirche eingesegnet hatte. Jetzt waren sie Bräute, und der Feuerschein am Horizont grüßte sie von ihren Kriegern. Die Einschließung von Mainz war in vollem Gang.

Zusätzlich zu den preußischen und österreichischen Streitmächten wurden Kontingente aus Kursachsen, Pfalz-Bayern, Hessen-Darmstadt und Hessen-Kassel und im späteren Verlauf noch eine Flottille aus Holland herangezogen. Friedrich Wilhelm, seine frisch verlobten Söhne und sein Cousin, Prinz Louis Ferdinand, waren persönlich am Schauplatz anwesend, ebenso der Darmstädter Landgraf, Ludwig X., und der Herzog Carl August von Sachsen-Weimar. Oberbefehlshaber der Mainzer Observationsarmee war der Herzog von Braunschweig, Karl Wilhelm Ferdinand, 58 Jahre alt, ein Neffe Friedrich des Großen. Der Plan sah die klassische Blockade in mehreren Etappen vor: die Einschließung, dann die Aushebung der Laufgräben und deren Eröffnung zugleich mit dem Vormarsch der Truppen und dem Beginn des Bombardements. Umschlossen wurde der Zusammenfluß von Main- und Rheinstrom im weiten Umkreis, die Gegend an ihren sämtlichen Ufern bis tief ins Land. Die Hauptquartiere waren auf der linksrheinischen, der Mainzer Seite anberaumt. Das preußische Lager rund um den Flecken Marienborn glich einer martialischen Sommerresidenz, ausgestattet mit Grünzonen, Parkanlagen und nebenbei auch einem Bordell. Rechtsrheinisch bildeten preußische und sächsische Truppen einen Kordon vis-à-vis von Kastel, dem französischen Ausleger auf dieser Seite des Stroms. Drinnen in der umzingelten Stadt war die Mainzer Republik ins Leben gerufen worden, aber die gemeinsame Sache der einheimischen Revolutionäre und französischen Besatzer bei der Mehrheit der Bevölkerung auf Widerstand gestoßen. Scharen exilierter beziehungsweise geflüchteter Bürger trieben draußen als Elendshaufen im Getümmel mit.

Die Beschießung kam, wie sie mußte, in Gang. Unter dem Datum vom 28. Juni schildert Goethe in seiner »Belagerung von Mainz« den Anblick »einer unselig glühenden Hauptstadt des Vaterlandes«. Der Mainzer Dom stand in Flammen, sein Turm und sein Dach brannten ab, ebenso die Jesuitenkirche und die Häuser im Umkreis:

> Wir sahen auf der Schanze von Marienborn diesem schrecklichen Schauspiele zu; es war die sternenhellste Nacht, die Bomben schienen mit den Himmelslichtern zu wetteifern, und es waren wirklich Augenblicke, wo man beide nicht unterscheiden konnte. *(90. S. 81)*

Vom selben 28. Juni stammt Luises Brief an Lichthammer. Die Seele ist wie bei Mendelssohn die Hauptperson. Von ihr allein ist die Rede. Die Weisheiten, die Sokrates seinen Schülern hinterläßt, haben der Briefschreiberin eingeleuchtet. Welche im einzelnen sagt sie nicht. Hatte sie sich vorahnungsvoll für später gemerkt, die Qual sei vergänglich und der Lohn von ewiger Dauer? War ihr das Werk willkommen, weil es auf seine Weise der gewohnten Einteilung in Gut und Böse die Treue hielt? Schmeichelte es ihr, weil es die Tugend verherrlichte, mit der auch sie sich verbünden wollte? Oder war das stärkste Erlebnis schließlich doch der finstere Hintergrund, vor dem der Diskurs geführt wird?

> »Die ihr mich rufet, ihr Götter! verleihet mir eine glückliche Reise!« Mit diesen Worten setzte er den Becher an und leerte ihn ruhig und gelassen aus. *(63. S. 192)*

Belege für eine weitere Beschäftigung der Prinzessin mit Mendelssohn fehlen. Der Name scheint aus ihrem späteren Leben verschwunden zu sein. Was bleibt, ist der Grundsatz, zu dessen Formulierung der Autor des »Phädon« sie bewogen hatte:

> Meine Seele wünscht außerordentlich sich zu bilden.

Daran erkennt man sie immer wieder.

Das Brautpaar

Einen preußischen Kronprinzen und seine Braut als ein Herz und eine Seele hatte die Welt noch nicht gesehen. Die beiden Jugendlichen, die das Experiment unternahmen, führten es zu einem vollen Erfolg. Innerhalb der acht Monate, die zwischen ihrer Verlobung und Heirat lagen, verwandelte sich das förmliche Verhältnis in eine Freundschaft auf Lebenszeit. Friedrich Wilhelm, der zu dem Gelingen mindestens so viel wie seine Partnerin beigetragen hat, befand sich in der günstigeren Position. Denn er sah in der Erwählten das Glück seines Lebens:

> Je me sens comme le plus heureux des mortels sur le monde. *(28. S. 44)*

Zärtlichkeit zu empfangen oder zu bezeigen war er von zu Hause aus nicht gewohnt. Die Liebesgeschichten waren stets die der anderen gewesen, seines Vaters, seines Bruders oder seines Onkels und Altersgenossen, des Prinzen Louis Ferdinand. Von Beruf war er Soldat. Seine Vorliebe für das Militärwesen teilte er mit seinem Urgroßvater, Friedrich Wilhelm I., dem sogenannten Soldatenkönig vom Anfang des Jahrhunderts. In seinen Junggesellenwohnungen in Berlin und Potsdam sah es unwirtlich aus, Schießeisen an den Wänden und dazu eine Sammlung von Uniformröcken. Die Neigung, aus abgelegten und abgelebten Sachen einen Kult zu machen und sie wie Fetische aufzubewahren, hatte der Kronprinz früh entwickelt. Seine Feuertaufe erlebte er während der Campagne in Frankreich bei dem vergeblichen Ansturm auf die Anhöhe von Valmy und lernte dort den Kugelrausch kennen. Bei der Belagerung von Mainz kommandierte er ein Reservekorps aus vier Bataillonen Garde, aber gastierte gelegentlich auch an der Spitze eines Attacke reitenden Bataillons. Seine Briefe fütterte er mit Berichterstattungen über das Lagerleben, wahre Feldpostbriefe, die das Mädchen seiner Liebe von ihm erhielt und dazu die ritterliche Bitte um Entschuldigung:

> Ich erschrecke, wenn ich lese, was ich geschrieben habe, man könnte meinen, ich sei von Ihnen beauftragt worden, Sie mit Nachrichten über unsere Armee zu versehen. Aber da mir nicht entgangen ist, daß Sie sich bereits als künftige Preußin dafür interessieren, dachte ich, es wäre Ihnen lieb, über den gegenwärtigen Stand unserer Angelegenheiten etwas ausführlicher informiert zu werden. *(28. S. 67)*

Der Belagerung von Mainz verdankten die Verlobten die Gelegenheit, sich oft zu sehen, sei es in Darmstadt, sei es im Lager. Dabei ging der Kronprinz so weit, seiner Braut die geplanten Schachzüge der Belagerer noch vor der Ausführung anzuvertrauen: »Aber halten Sie das bitte geheim.«

Ebenso teilte er ihr seine Kritik an dem verschleppten Beginn der Offensive mit. Er war kein wilder Krieger, wohl aber ein scharfer Beobachter der Situation:

> Denken Sie an Ihren Ihnen so treu verbundenen Freund und trösten Sie ihn in seiner Lage, die unerfreulich genug ist, wenn man die vielen Menschenleben bedenkt, alle die tapferen Leute, die unsere Belagerung kosten wird und die sich nicht so leicht werden ersetzen lassen, wie man vielleicht hofft. *(28. S. 79)*

Der Vater sah in den Soldaten ausschließlich das Material, währen der Sohn dazu übergegangen war, sie auch als Mitmenschen zu betrachten. In welcher Ansicht ihm seine Freundin lebhaft zustimmte:

> Die Szenen des menschlichen Unglücks und Elends werden Sie öfter sehen, auch manchen braven Krieger beweinen, schämen Sie sich aber der Tränen nicht, sie sind edel und sind der Beweis Ihrer Seele, die Gefühl hat, auch die meinigen werden unbekannterweise fließen, denn der Gedanke ist schrecklich, daß durch des Menschen Willen so viele seiner Brüder fallen. *(28. S. 80 f.)*

Gleichzeitig war der Prinz unsentimental bei der Wiedergabe kriegerischer Szenen. Die Scharmützel im Vorfeld der Beschießung von Mainz lieferten ihm dafür den Stoff. Nachdem ein französischer Anschlag auf das Lager Marienborn gescheitert war, berichtete der Bräutigam der Braut von der Todesstrafe für einen Bauern, der den Feind auf Schleichwegen durch das Gelände geführt und das Pech gehabt hatte, den Preußen in die Hände zu fallen. Der Verräter kam an den Galgen, und der Kronprinz schrieb an Luise: »Diese Erhöhung bereitet allgemeine Freude.«

Seine Kriegsberichte waren so lakonisch wie seine Liebeserklärungen. Die knappen Worte zeichneten sich aber durch die Echtheit der Empfindungen aus. Der Bräutigam sehnte die Hochzeit herbei. Alle Romantik, die in ihm geschlummert hatte, erwachte zum Lob der gefundenen Braut. Sie hingegen umarmte die Rolle, die ihr das Schicksal beschert hatte. Die Demut gegenüber der Vorsehung und der Vorausblick auf die Karriere hatten ihr das Jawort zur Selbstverständlichkeit gemacht. Unmittelbar nachdem es erfolgt war, teilte sie ihrer Regensburger Schwester mit:

> Der Prinz ist außerordentlich gut und gerade, kein unnötiger Schwarm von Worten begleitet seine Reden. Er ist erstaunend wahr. Er gefällt mir, und wenn er mir sagt, daß ich ihm gefalle, kann ich es ihm glauben. Denn er ist kein Schmeichler. *(30. S. 32)*

Ihre Briefe demonstrierten dem Bräutigam ihre Gefühle. Beim Besuch im Lager werde sie vor lauter Glück einen Tanz aufführen:

> wie Herodes Töchterlein ein Solo vor der ganzen Armee nach der Weise: ›Wenns immer, wenns immer, wenns immer so wär!‹ *(28. S. 88)*

Im Gegensatz zu Friedrich Wilhelm, der im Krieg und in der Liebe nur sein eines Ich zur Verfügung hatte, probierte Luise die unterschiedlichen Varianten der Verliebtheit aus und benutzte das Briefpapier als Tanzboden für die mehreren Rollen. Die Stimmungen waren wechselhaft, vorwiegend heiter, aber dann auch wieder voller Mitgefühl mit dem Soldatenlos des Verlobten und gelegentlich schwermütig. Der Blick aus dem Fenster ging auf den Tumult. Feuerbomben und Kanonenblitze begleiteten die Korrespondenz.

Eine Miniatur zeigt die Geschwister kurz vor ihrem Aufbruch aus Darmstadt in der Trauerkleidung, die sie, wie alle Familienmitglieder, anläßlich des Todes der französischen Königin trugen. Marie-Antoinette war am 16. November 1793 verurteilt und hingerichtet worden. Im Darmstädter Schloß hing ihr Bild, das in Paris im Salon von 1783 einen Skandal verursacht hatte, weil es die Porträtierte in einer hemdartigen Musselin-Robe zeigte: »Marie-Antoinette en chemise ou ›en gaulle‹«. Die Verurteilte auf dem Karren unterwegs zum Schafott wurde von den Schreien aus der Menge begleitet: »A mort l'Autrichienne!«

Luise schrieb an ihren Bräutigam, der inzwischen die Belagerung von Landau leitete, er würde sie nicht wiedererkennen, so schwarz in schwarz. Und er antwortete ihr:

> Die Menschheit erschauert beim Gedanken an den Tod
> der Königin und die Vorgänge, die dabei stattfanden.
> Es ist zu schändlich, als daß man über eine solche
> Greueltat nachdenken könnte. *(28. S. 133)*

Die Verlobungszeit endete mit dem Jahr 1793. Die Mitgift, die den Bräuten zustand, war so unerheblich, daß der Schwiegervater sie ihnen für ihre Aussteuer überließ. Zumal Taschentücher waren nötig, je näher der Abschied von Darmstadt rückte. Man solle, bemerkte der Bräutigam dazu, die alten zu einem großen Schneuztuch zusammennähen, denn in Berlin werde man neue bekommen, aus Batist oder aus Brüsseler Spitzen.

Die geringste Sorge galt dem Bild, das sich die Darmstädter Prinzessinnen von Preußen machten. Was wußten die beiden von ihrem Bestimmungsland? In ihren Schulheften hatte wenig darüber gestanden: daß es sich östlich der Elbe bis an die russische Grenze erstreckt und sein bedeutendster Herrscher Friedrich der Große war. Die Vermählung im

Berliner Stadtschloß war Luises erster Auftritt vor einem erlauchten Publikum. In ihrem Todesjahr 1810 tauchte die Erinnerung an damals in Achim von Arnims Korrespondenz mit Bettina Brentano auf:

> Ich denke mancher vergangenen Tage, wie ich als Kind sie in Jubel und Pracht hier einziehen sah, wie ich sie im Glanze ihrer Schönheit zur Vermählung durch die gedrängten Säle mit gesenktem Haupte langsam hingehen sah. *(88. S. 272)*

Der Ankunftsort

Berlin und Kölln, die einander an der Spree gegenüberlagen, hatten gemeinsam die Vorstädte gezeugt, die Spandauer, Stralauer und Köpenicker Vorstadt, aber die westliche Neustadt als die Jüngste und Schönste im Umkreis. Sie war die Favoritin Friedrichs des Großen gewesen. Er hatte ihr Programm entwickelt und verwirklicht. Nur das Schlußstück an der Schwelle zum Tiergarten wurde von seinem Nachfolger hinzugefügt, ein Portal aus zweimal sechs Säulen nach dem Vorbild der Propyläen, gekrönt von einem Viergespann, angeblich der Darstellung des heimkehrenden Friedens. Dem Namen nach blieb es schlicht das Brandenburger Tor. Die Einfahrt der Bräute aus Darmstadt in die preußische Hauptstadt erfolgte ein Stück weiter südlich durch das Potsdamer Tor, bewegte sich schrittweise über die Leipziger- und die Wilhelmstraße hinauf zu der Straße Unter den Linden und von dort aus in gerader Linie zum Schloß, aber brauchte von einer Begrüßung zur nächsten eine Ewigkeit für die Strecke. Die Sonne schien, der Himmel lachte, und die Kronprinzessin von morgen gab einem Bürgermädchen einen Kuß auf die Stirn.

Die friderizianische Metropole, nun also Luises und Friederikes künftiges Zuhause, war aus der Schauseite und der Menschenwerkstatt zusammengesetzt. Ihr Chronist Friedrich Nicolai, dessen Auskünfte bis ins Todesjahr Friedrichs des Großen reichen, kam bei seinen Zahlenangaben auf einen Jahresumsatz der Fabriken und Manufakturen von rund 5 Millionen Reichstalern, auf annähernd 10 000 Fabrikarbeiter, auf gut 250 Gewerbe-Branchen, 2000 Betriebe mit insgesamt 13 000 Beschäftigten und auf eine Zivilbevölkerung je nach Kriegs- oder Friedenszeiten zwischen 110 000 oder 112 000 Menschen. Über das Vorurteil vom unterbevölkerten Berlin konnte Nicolai sich nur wundern:

> Diese Sage, welche immer aus einem Buche ins andere ohne weitere Untersuchung nachgeschrieben wird, entsteht vielleicht daher, weil Berlin vor vielen anderen Städten das Glück hat, einen verhältnismäßig sehr großen Umfang zu haben, daher die Straßen nicht eng, krumm und winklig, sondern breit und gerade angelegt sind. Hiezu kommt, daß eine sehr große Anzahl Manufakturen in Berlin sind, bei welchen der gemeine Mann in den Häusern beschäftigt ist. Auch gibt es in Berlin nicht so viel Pomp und Prunk, Einzüge, Aufzüge, Prozessionen und andere öffentliche Zeremonien, welche eine große Anzahl müßiger Leute auf die Straßen locken könnten; daher sieht man auf denselben nur diejenigen, die in Geschäften gehen. Indessen die Häuser voll fleißiger Weber und Spinner sind, die, mit zahlreichen Familien, ihres Tagewerks eingedenk, nicht auf den Straßen herumschweifen können. *(8. S. 237 f.)*

Dem Verdacht, ein Propagandist seiner Stadt zu sein, begegnete er mit der Materialmenge, die er ausbreitete. Der euphorischen Auskunft, daß der Platz am Opernhaus einmalig auf der Welt sei, fügte er sofort die Erklärung hinzu:

> Man hat daselbst den Anblick von zwei Brücken, von einem Teil des Schlosses, der Domkirche und des Lustgartens; dann von dem schönen Zeughause und der angenehmen Plantage; ferner rund um sich sieht man den großen Prinz Heinrich'schen Palast, das edel gebaute Opernhaus, die schöne katholische Kirche und ihre Kuppel, die prachtreiche Bibliothek und den eleganten Turm auf dem Friedrichstädtischen Markt (Gendarmenmarkt) und endlich hat man die lange Lindenallee vor sich. Der Reiz des Anblicks so vieler Paläste gewinnt noch dadurch, daß jeder derselben in der Bauart völlig von der andern verschieden, und jeder in seiner Art doch höchst schön ist. *(8. S. 168)*

Die Sehenswürdigkeiten, die er ins Feld führte, die Schauplätze, die er namhaft machte, und die namenlosen Winkel, die er nicht ausließ, die Straßen, die er abging, die Märkte, die er durchstreifte, die Kirchtürme, die er bestieg, und die Grüfte, die er Sarg für Sarg inventarisierte, ergaben ein Pensum vom Mittelalter bis in die Gegenwart. Darüber hinaus charakterisierte er die Verwaltungszentrale, sowohl das bürgerlich-demokratische Magistrats- als auch das monarchisch-absolute Staatswesen, die Kooperation von Militär und Polizei, die Überwachung von Recht und Ordnung, den sozialen Aufbau und den Überbau aus Wissenschaft und Kultur. Der Stadtführer, der allein für das Schloßinventar vierzig Druckseiten brauchte, setzte einen beflissenen Leser voraus.

Luises Wegweiser war anderer Art. Berlin selbst übernahm die Führung. Die Verehrer der Kronprinzessin, zu denen sich praktisch jedermann zählte, ersparten ihr den erschöpfenden Lehrgang. Sie fand sich in die Residenzstadt hinein, ohne der Großstadt auf den Grund gehen zu müssen. Der Ort, der sich ihr zu Füßen legte, verstand sich für sie von selbst. Ihre familiäre Sphäre waren die Schlösser und Gärten, und ihr Beitrag zum Ruhm des Ganzen war ihre Erscheinung in der Öffentlichkeit. Der Überschwang bei ihrer Ankunft konnte ein Strohfeuer gewesen sein, aber die Minne, zu der ihr Anblick das Volk bewegte, war genauso beständig wie ihre Ehe.

Die Dämonen

Schräg gegenüber dem Barockbau, den das Kronprinzenpaar an der Straße Unter den Linden bezog, residierten der Prinz und die Prinzessin Heinrich als geschiedene Leute in ihrem Palast. Der Neubau, das selbstherrliche Geschenk Friedrichs des Großen für seinen Bruder, war angrenzend an das Zeughaus und dem Opernhaus gegenüber zur Komplettierung der Prachtstraße errichtet worden, der zurückliegende Mitteltrakt mit den Seitenflügeln, die sich zu dem öffentlichen Raum hin erstreckten. Die Stille hinter den Mauern stand im Gegensatz zu der prunkvollen Einrichtung. Die Prinzessin führte mit ihrem Hofstaat und ihren Büchern ein abgeschottetes Dasein. Zwar empfing sie täglich Besucher und saß mit ihnen am Spieltisch, das Leben selber aber mußte sie in der Einsamkeit meistern, die der Gemahl und Hausherr über sie verhängt hatte. Er selber weilte den größten Teil des Jahres auf seinem Schloß in Rheinsberg. Bei den Festen, die er gelegentlich wie Galavorstellungen nach französischem Muster in seinem Berliner Palast inszenierte, drang das Rauschen in die Zimmer seiner Gemahlin und gab ihr zu verstehen, daß sie eine Ausgeschlossene war. Beim Blick aus dem Fenster sah sie auf den rückwärtigen Hof und beim Blick in die Vergangenheit auf das Leben im Bann einer dämonisierten Familie.

Zu Hause in ihrem Vaterland war sie eine von vier Schwestern gewesen, die zur Auswahl gestanden hatten, als der

Preußenprinz in der finsteren Absicht, eine von ihnen unglücklich zu machen, bei dem Landgrafen Maximilian von Hessen-Kassel vorsprach. Er war ebenso ehe-untauglich wie sein Bruder, der große König, aber da ihn dieser verheiratet sehen wollte, brauchte er eine Frau und erlas sich mit feinem Gespür die hoffnungsvollste aus dem Quartett. Schon bei der Vermählung in Charlottenburg flog ihr der Beiname »die Göttliche« zu. Ihr Einzug in Berlin weckte, genauso wie zwei Generationen später der Einzug der Kronprinzessin Luise, den einheimischen Hunger nach Schönheit und Weiblichkeit. Nähere Berührungen zwischen der Rokoko-Prinzessin und der Bevölkerung blieben jedoch aus. Den exklusiven Charme der Jugendlichen von 1750 erfaßte ihr Porträtist, der sie in ein Interieur von Vermeerscher Erlauchtheit setzte:

Wilhelmine Landgräfin von Hessen-Kassel, Gemahlin des Prinzen Heinrich von Preußen. *(49. S. 70)*

Innerhalb der Königsfamilie gewann sie sich alle Sympathien. Sie wurde die Favoritin der Königin-Mutter, der König ehrte und achtete sie, und die Königin in Schönhausen hieß sie willkommen. Sowohl ihr älterer als auch ihr jüngerer Schwager, die Prinzen August Wilhelm und Ferdinand, verliebten sich in sie, der jüngere auf eine galante Art, der ältere aber so heiß, daß seine eigene Frau für ihn nicht mehr zählte. Abgeneigt war ihr nur der Prinz, der sie erwählt hatte. In seinen Augen wurde sie zu einer Medusa. Die Heirat war für ihn das Mittel gewesen, um sich vom König unabhängig zu machen, aber die Intimität überforderte ihn. Die Traumfrau blieb kinderlos, ungeliebt in ihrem Ehebett und Jungfrau. Jedenfalls ließ sich ihr keine Untreue nachweisen. Dem Antrag des Gatten auf Scheidung wurde nicht stattgegeben. Fortan sah er durch sie hindurch, als wäre sie Luft.

Die preußische Variante von Philemon und Baucis erlegte ihr den Käfig im Berliner Palast als Alterssitz auf. Sie konnte das Lied der Gefangenen in allen Tonarten singen. Aber wer wollte es hören?

Das junge Paar, das sich auf der anderen Straßenseite im kronprinzlichen Palais einrichtete, veranschlagte die Visiten bei der Großtante als Strafe. Die Kronprinzessin tat sich mit den Pflichtbesuchen schwer und sprach sich in einem Brief an ihre Geschwister offen darüber aus:

> Gestern habe ich einen göttlichen Abend bei der Prinzeß Heinrich verbracht, ach! daß Gott erbarm ... *(75. S. 111)*

Über den Großonkel Heinrich hätte sie in diesem Ton nicht herziehen können, aber ihre Bekanntschaft mit ihm stand vorerst noch aus.

Er war eine der bedeutendsten Persönlichkeiten seiner Zeit, verehrt in der ganzen Welt, ein Kriegsheld von legendärem Ruf und gewissermaßen der Statthalter seines Bruders. Friedrich blieb über den Tod hinaus leibhaftig präsent, solange Heinrich lebte. Über Krieg und Frieden, die Politik, die Machthaber und die Macher, die Geschichte, die Geographie und die Gesetze des Handelns wußte er wie kein anderer in der Familie Bescheid. Das einzige, was ihm fehlte, war das Amt.

Seit seinem Rückzug aus der Armee war er nur noch er selbst, Prinz Heinrich, der Solitär von Rheinsberg, der seinen Standort in der Landeinsamkeit zu einer französisch-preußischen Miniaturmetropole ausgebaut hatte. Die Berufung zum Ratgeber Friedrich Wilhelms II. erteilte er sich selbst, aber versprach sich von ihr keinen Lohn. Seine freiwillige Tätigkeit verglich er mit der Funktion einer Stechmücke, die den Gaul, der den Karren zieht, antreibt, indem sie ihn plagt. Beide Kriege, die sein Neffe gleichzeitig im Westen und Osten geführt hatte, verurteilte er scharf. In den polnischen

Eroberungen sah er keinen Sinn, weil Preußen sie auf die Dauer nicht werde halten können, und in der Koalition mit Österreich gegen Frankreich die verkehrte Welt. Österreich zu mißtrauen und mit Frankreich sich zu verbinden, war Heinrichs Rat: sich nicht für die Wiederherstellung der bourbonischen Monarchie zu engagieren, sondern mit der französischen Republik ins Reine zu kommen und mit ihr Frieden zu schließen. Die Standpunkte von Onkel und Neffe waren unvereinbar. Das Gespräch brach ab. Der König schickte dem Senior des Hauses Brandenburg keine Einladung zur Teilnahme an den Hochzeitsfeiern der Königssöhne mit den Prinzessinnen von Mecklenburg-Strelitz und untersagte den Schwiegertöchtern eine Reise zu ihrem Vater, dem frisch inthronisierten Herzog von Mecklenburg-Strelitz, weil der Weg dorthin über Rheinsberg führte.

Kaum aber waren die Männer nach Polen fort, stand den jungen Frauen die Nachricht ins Haus, der Prinz sei im Anmarsch. Sie erfuhren über vier Ecken, er plane bei seinem Berlin-Aufenthalt eine Visite in Sanssouci, wo sie den Sommer verbrachten, zwei Strohwitwen im friderizianischen Lustschloß, beide schwanger, konfrontiert mit einer Situation, die nicht vorhersehbar gewesen war. Keine Anordnung sagte ihnen, wie sie sich zu verhalten hätten, falls Heinrich sich anmelden würde. Wäre es nach ihrer Oberhofmeisterin gegangen, die den Prinzen schon immer gehaßt hatte – »un terrible mortel« –, hätten sie eine Krankheit vorgeschützt, um der Heimsuchung zu entgehen. Stattdessen holte ein Eilbrief, den die Kronprinzessin nach Posen schrieb, die Instruktion des Kronprinzen ein. Diese wurde ihr postwendend erteilt. Sie lautete:

> daß es ganz unhöflich wäre, wenn Du ihn nicht empfangen und nicht zum Diner einladen würdest, wenn er das möchte. *(28. S. 154)*

Aber der Besucher blieb aus. Auch er hatte seine Informanten gehabt und den Krisenberichten entnommen, daß seine aus Darmstadt angeheirateten Nichten sehr sensibel seien. Er gab die Idee auf, sich ihnen an der Stätte, mit der ihn soviel verband, zu Füßen zu legen, und kehrte, nachdem er eine Woche in Berlin verbracht und entgegen seiner feindseligen Einstellung zum deutschen Theater einer Aufführung von Mozarts »Zauberflöte« beigewohnt hatte, direkt nach Rheinsberg zurück. Die Begegnung von Heinrich und Luise in Sanssouci, schönster Novellenstoff, fiel in der Wirklichkeit flach. Mehr als einen Monat später schrieb der Oheim dem Kronprinzen an dessen Adresse ins Feldlager von Wola vor Warschau:

> Ich bin im Juni in Berlin gewesen; ich hätte sehr gewünscht, nach Potsdam zu gehen, um Ihre Gemahlin zu begrüßen; aber bei einiger Überlegung mußte ich doch auch bedenken, daß mein Erscheinen an dem geheiligten Ort eine Störung verursachen könnte.
> Also gehorchte ich der Vernunft und verzichtete darauf, mir meinen Wunsch zu erfüllen. *(28. S. 162)*

In den Augen der jungen Leute repräsentierte er die Welt von gestern, obwohl er noch immer auf seine Anwesenheit pochte. Die Karikatur, die ihn als einen Wicht mit Dreispitz, Tabatière und Spazierstock zeigt, ein Männchen auf kurzen Beinen, das eher einem Stutzer als einem Heroen gleicht, stammte aus seiner eigenen engsten Umgebung. Der Urheber war Anton Radziwill, der Ehemann von Heinrichs Nichte, der sich über die Unverwüstlichkeit des Erbonkels lustigmachte. Bald würde der Prinz seinen 14 Jahre älteren Bruder, der im 75. Lebensjahr gestorben war, überflügelt haben, was die Lebensspanne betraf.

Er selbst war im Hinblick auf Sein und Nichtsein ebenso gespalten wie in allen anderen Dingen. Für den Kriegsherrn

Friedrich hatte er die Kastanien aus dem Feuer geholt und für ihn als Mitmenschen eine Verachtung empfunden, die den Haß überbot. An seiner Loyalität gegenüber dem Monarchen änderte sich nichts. Sie galt Friedrich ebenso wie dessen Nachfolgern. Seinen Neffen, Friedrich Wilhelm II., hielt er für einen gefährlichen Stümper und seinen Großneffen, Friedrich Wilhelm III., für einen guten Menschen und schlechten Musikanten, zu beschränkt, um zwei Dinge gleichzeitig ins Auge zu fassen. Aber auch für diese beiden Chefs hätte er sich umbringen lassen. Vollends widersprüchlich war sein Privatleben organisiert. Zu seiner Ehe-Aversion und zu den Leiden, die ihm seine Günstlinge zufügten, gesellte sich die Liebhaberei für erlesene Frauen.

Gegen Ende seines Lebens rief ihn die Königin Luise als Ratgeber an. Er sollte ihr den Weg zu den Kenntnissen der Menschheitsgeschichte weisen. Ihre Notlage, die Bildung betreffend, hatte sich seit Darmstadt nicht gebessert. Noch immer war sie auf der Suche nach einem Beistand und wendete sich daher an den Oheim. Er aber verstand und mißverstand ihren Wunsch nach dem Bücherwissen als einen falschen Ehrgeiz und warnte sie davor, ihn zu kultivieren. Ihr Glück sei die Familie, dort solle sie es suchen. Der Lektüreplan, den er für sie aufstellte, glich einem Abschreckungsmanöver zur Entmutigung der Adressatin. Oder es war die Truppenparade, mit der man einen hohen Gast ehrt, wenn er aus seinem anderen Land zu Besuch kommt. Die Griechen, die Römer und die Franzosen marschierten mit Namen und Titeln auf, gegliedert in die Abteilungen alte und neue Geschichte, Moral, Poesie und Literatur. Weggelassen wurden nur die Sparten Metaphysik, Naturwissenschaften und Kriegskunst. Oben drüber schrieb der Onkel den Merksatz:

> Die Anfänge sind für Personen, die sich bilden wollen, immer schwierig. *(101. S. 441)*

In seinem Testament vermachte er dem jungen König außer dem Palast Unter den Linden den Degen, den er im Siebenjährigen Krieg rastlos für Preußen eingesetzt hatte. Der Königin aber waren keine Bücher zugedacht, sondern ein Satz Sèvres-Vasen: Louis Quinze, goldverbrämt, mit Putten und Waffentrophäen in Medaillons dekoriert. Den Standort hatte er bei der Abfassung seines letzten Willens sorgfältig mit vermerkt:

> Die rosenfarbene Garnitur auf einer der Kommoden in meinem Schlafzimmer in Berlin. *(49. Nr. VII.58/S. 478)*

Das dreiteilige Ensemble ließ sich als eine Anspielung auf Anmut, Majestät und Liebreiz verstehen, Luises Ebenbild, das sie anblicken sollte. Sah man in dieser Hinterlassenschaft jedoch nur drei Pötte, wurde das fragile Souvenir zu einem Affront:

> Rien qu'un peu de porcelaine à la Reine! – Nichts außer ein paar Porzellanen für die Königin! *(37. 20. August 1802)*

Dieser Ansicht war Luises Oberhofmeisterin, Sophie Wilhelmine Voß.

Die Leibwächterin

In den Bilderbüchern gesellt sich zu einer schönen Königin gern ein häßliche Alte, zum Beispiel der Haus- und Hofdrache, der über die preußische Königin wacht. Wahr ist, daß Luise auf ihrem preußischen Lebensweg vom ersten Schritt an bis zu ihrem letzten Atemzug von der Oberhofmeisterin begleitet wurde, die Friedrich Wilhelm II. für seine Schwiegertochter bestellt hatte: Frau von Voß, geborene von Pannwitz, eine Generationsgenossin der jüngeren Brüder Friedrichs des Großen und ihrerseits eine Größe, dem preußischen Königshaus in unbeugsamer Treue ergeben und ihm streckenweise an realistischer Einschätzung der Lage weit überlegen.

Die Autorität, zu der sie sich entwickelte, »la Grand-Maîtresse de la Reine«, kam annähernd der einer Regierungssprecherin gleich, herrschend in ihrem Salon über die Nachrichten, den Andrang der Wißbegierigen und den Zutritt ins Innere des Hauses. Der Generalmajor Gneisenau baute noch im Jahr 1811 auf ihren Einfluß, als es darum ging, den König zum Kampf gegen Napoleon zu bewegen. Dem Grafen Chasot, der so dachte wie er, schrieb er aus Breslau nach Berlin:

> Lassen Sie auf die Frau von Voß wirken. Das alte Weib ist energischer als alle Männer am Hofe. *(29. S. 158)*

Zwei Jahre zuvor, im November 1809, hatte Wilhelm von Humboldt in einem Brief an seine Frau über das Tauffest des jüngsten Sprößlings der Königsfamilie berichtet und dabei die Oberhofmeisterin eigens hervorgehoben:

> Sie sieht nun die fünfte Generation, weit über den alten Nestor hinaus, war in einem ganz altmodischen Courkleide, und kam mir gerade wie ein Geist vergangener Pracht vor, der über das Theater geht. *(43. S. 273)*

Ihre Lebenszeit umfaßte vier Epochen, das letzte Jahrzehnt des Soldatenkönigs, Friedrich Wilhelms I., die Regierungen Friedrichs II. und Friedrich Wilhelms II. und die entscheidenden fünfzehn ersten Regierungsjahre Friedrich Wilhelms III. Sie war die Tochter eines königlich-preußischen Generals, hatte in Schönfließ in der Neumark am

11. März 1729 das Licht der Welt erblickt und starb am 31. Dezember 1814 in Berlin. Auf ihrem Jugendporträt erscheint sie im Jagdkostüm, hat die Büchse vor sich aufgerichtet und sieht wie eine friderizianische Diana aus. Um dieselbe Zeit, als ihr Bildnis entstand, wurde sie hart geprüft. Der Prinz von Preußen, August Wilhelm, Bruder des großen Königs, hatte sich in sie verliebt, und ihr Herz sprach für ihn. Tugend, Vernunft und kategorischer Imperativ aber sprachen für den Verzicht und setzten sich durch. Die Hofdame heiratete einen Hofbeamten, Herrn von Voß auf Groß Giewitz und Schönau.

Auf den entscheidenden Posten ihres Lebens gelangte sie erst als Witwe im 65. Lebensjahr. Im Sommer 1793 trug sie in ihr Tagebuch das Vivat ein:

> 8. Juni. Der König offeriert mir den Platz der Gouvernante bei der Kronprinzessin.
> 16. Juni. Ich werde Oberhofmeisterin. *(36.)*

Friedrich Wilhelm II. hatte einen sicheren Griff getan. Die Alte übernahm an der Seite der Jungen eine tragende Rolle. Ihre Belastbarkeit erwies sich als phänomenal. Von physischen Gebrechen und der Gebrechlichkeit der Jahre scheint sie verschont geblieben zu sein, oder sie besiegte den Verfall durch ihren Willen. Das Durchhalte-Vermögen, das der Königin später nachgerühmt wurde, stützte sich auf die Partnerin. Dieser Rang läßt sich der Frau von Voß nicht absprechen. Sie war täglich im Einsatz, machte die Flucht der Königsfamilie bis hoch hinauf ins östlichste Ostpreußen mit und nahm sich der Kinder an, ersatzweise für die Eltern, deren politische Sorgen vor den familiären den Vorrang hatten.

Einen wesentlichen Bezugspunkt zwischen ihr und der Königin bildete die Religiosität. Der große Altersunterschied spielte hier die geringste Rolle. Beide glaubten an denselben Gott. Die Veränderungen, die ihm im Laufe des 18. Jahrhunderts widerfahren waren, wurden von den frommen Gemütern nicht nachvollzogen. Sie befanden sich mit ihrer Gläubigkeit außerhalb der aktuellen Diskurse. Ihr Gott war zeitlos, eine sprichwörtliche Instanz: »Gott schütze uns!«, »Gott helfe uns!«, »Gott sei uns gnädig!«, »Gott gebe uns eine tüchtig gewonnene Schlacht!« Die Feinde und die Verbündeten hatten zwischen 1700 und 1800 rastlos gewechselt, der Allmächtige aber, derjenige, den das Vaterunser vorgab, er, dessen Existenz in der Höhe anberaumt und dessen Wille sakrosankt war, blieb sich gleich. Diese Gewißheit oder zumindestens die Abwesenheit jedes Zweifels teilten Luise und ihre Oberhofmeisterin miteinander. Darüber hinaus mochte es Unterschiede geben. Frau von Voß ging regelmäßig in die Kirche und bedauerte die Nachlässigkeit, die bei den hohen Herrschaften eingerissen war. Um einen grundsätzlichen Konflikt handelte es sich jedoch nicht, zumal die spätere Kriegs- und Notzeit den Besuch der Gottesdienste wieder in Gang brachte und das Königspaar den Gottesmännern bereitwillig folgte, wenn diese den richtigen Ton trafen.

Ab ihrem 71. Lebensjahr trug Sophie Marie von Voß den erblichen Grafentitel, eine Ehrengabe des Königs. Als sich die Königin im Sommer 1810 bei ihrem Vater und ihren Geschwistern zu Besuch in Neu-Strelitz ankündigte, schrieb sie in übermütiger Laune dazu:

> Die Voten [Gräfin Voß] geht in einem Strich mit mir neben mir im Wagen mit; bei solchen Gelegenheiten glaube ich immer, wenn die Fahrt schon etwas gedauert hat, einen pergamentenen Mann neben mir zu haben, denn sie rutscht gerade dann wie leblos, nachdem der Wagen rüttelt, rechts und links herum. *(30. S. 460)*

Das berühmte, aber nie vollständig entzifferte oder gar komplett edierte Tagebuch der Voß erstreckt sich über den Zeitraum vom Siebenjährigen Krieg bis zu den Befreiungskriegen. Der tiefere Grund, den die Verfasserin für ihre lebenslängliche schriftliche Fleißarbeit hatte, bleibt im dunkeln. Sie führte beim Schreiben kein Zwiegespräch mit sich oder mit Gott und der Welt, sondern beschränkte sich auf die Registratur. Alles, was sie für aufhebenswert hielt, wurde in dem Lager gestapelt, Haupt- und Nebensachen ohne Unterschied, Staatsangelegenheiten und Privates, hohe Politik und beiläufig der Alltagskram. Die Eintragungen erfolgten in komprimierter (französischer) Sprache und in einer Handschrift, die an Unleserlichkeit mit derjenigen von Napoleon konkurrieren konnte. Gelegentlich trifft man auf ein warnendes Aperçu, eine eingestreute kritische Sentenz, den König und seine Maßnahmen betreffend, aber nie auf eine Impertinenz gegenüber den Majestäten. Auch an intimem Ort war die Loyalität das oberste Gebot. Die Toleranz hingegen erschöpfte sich schnell. Rügen, Tadel und Verrisse brandmarkten Personen unterschiedlichster Herkunft, Prinzen und Prinzessinnen nicht ausgenommen. Eingefleischte Urteile wurden nie revidiert. »Ce terrible mortel« blieb das Etikett für den Prinzen Heinrich auch nach seinem Tod. Nur einmal sah sich die Oberhofmeisterin zu einem Sinneswandel genötigt. Diese Ausnahme betraf den Kaiser Alexander von Rußland. Ihn, der von ihr und ihrer Königin in den Himmel gehoben worden war, mußte sie, als er sein preußisches Bündnis gegen ein französisches eintauschte, sowohl politisch als auch menschlich fallenlassen. Das tat sie dann auch, aber schweren Herzens. Ihren Beinamen für Luise jedoch, der ihr schon frühzeitig aus der Feder geflossen war, hätte sie am liebsten in Stein gehauen und in Erz gegossen: »cette princesse angélique«. Der Heimgegangenen, deren Sarg sie auf der Rückreise von

Neustrelitz nach Berlin folgte, gab sie den Namen »Feue notre ange« – »Unser hochseliger Engel«.

Zu einer Krise zwischen der königlichen Hoheit und der Gouverneurin war es nur einmal gekommen, gleich zu Beginn im ersten Quartal des Jahres 1794. Der Knicks bis auf die Erde, den Frau von Voß vor der Jugendlichen aus Darmstadt machte, die am Abend des 22. Dezember 1793 im Potsdamer Stadtschloß eintraf, drückte außer der Ehrerbietung vermutlich auch die Überlegenheit der eingesessenen Kraft gegenüber der Anfängerin aus. Einen Monat später schrieb sie in ihr Tagebuch:

> Die Prinzessin wollte unbedingt mit dem Major Schack vom Regiment Gens d'armes tanzen, was wir ihr unter keinen Umständen gestatten konnten. Ich wandte mich an den König, und er stimmte mir zu. Darüber wurde die Prinzessin unwillig und geriet in Zorn, was mir sehr mißfiel. *(36. 22. 1. 1794)*

Die Rebellin

Nachdem Luise erkannt hatte, daß ihr Ehemann ein langweiliges Leben führte und entschlossen war, es wie gewöhnlich fortzusetzen, flüchtete sie aus ihrem Palais nach draußen, aus der häuslichen Öde in den Karneval und aus dem Trott in den Walzer. Ihre Besessenheit beim Tanzen war ihre Form der Rebellion. Die Schwüre aus der Brautzeit waren vergessen:

> Mein Leben lang werde ich versuchen, Sie glücklich zu machen. Meine größte Sorgfalt wird dahin gehen, Ihnen Freude zu bereiten. Ich werde Ihre Vorlieben studieren, um mich nach Ihrem Willen zu richten. et cetera. *(28. S. 115 ff.)*

Ihr Benehmen während der ersten Monate ihrer Ehe rührte an ein Trauma in der Familie. Eine alte Geschichte kam wieder hoch, die man gern für immer begraben hätte, obwohl die Beteiligten alle noch lebten: Friedrich Wilhelm II., seine verstoßene erste Gemahlin, Elisabeth von Braunschweig, und die Tochter der beiden, Friedrike Charlotte, inzwischen Herzogin von York. Elisabeth, genannt die tolle Else, hatte dem Königshaus Schande gemacht, sich rücksichtslos ausgelebt und ihrem Mann die Treue gebrochen. Sie war nach der vollzogenen Scheidung ins Abseits verbannt worden, kehrte aber nun nach mehr als zwanzig Jahren ins Gedächtnis zurück, herbeigerufen durch die Darmstädterin, die sich einen Winter lang hemmungslos zu erkennen gab. Ihre Vorgängerin vom Jahr 1769 hatte auf die Untreue des Gatten reagiert und Gleiches mit Gleichem vergolten. Worauf aber reagierte Luise so kurz nach ihrer Verheiratung?

Unmittelbar nach der Abreise der Verwandten schrieb sie an ihren Bruder George, der ihr Vertrauter war, einen Brief, in dem alles stand:

> Die Leere, die in meinem Hause ist, ist wirklich unbeschreiblich, und besonders die Frühstücksstunde ist für mich ganz erschrecklich. So ganz allein sitze ich denn da an meinem Fenster, bin aller angenehmen Unterhaltung mit Dir, bester George, beraubt und beschäftige mich allein mit dem Gedanken, wo meine lieben Reisenden sein werden. Gestern war ein harter Tag für mich; ich war über alle Beschreibung melancholisch und traurig, kein Glied von meiner Gesellschaft war heiter, und keiner hatte das Herz, aus Schonung für mich viel zu sprechen, so daß das Mittagessen in tödlichster Stille vorbeiging. *(30. S. 63 f.)*

Der Weg nach draußen war die natürliche Folge. Luise beschritt ihn, ohne um Erlaubnis zu fragen. Die Ehekräche, die sie riskierte, spiegeln sich im Tagebuch der Oberhofmeisterin wieder. Die Respektsperson wandte sich an die Großmutter in Darmstadt, um über das Benehmen der Enkelin Klage zu führen. Der Hauptpunkt war das Tanzen. Denn die Kronprinzessin ging ohne Rücksicht auf ihre Schwangerschaft, die seit dem 1. März offiziell war, allabendlich aus und teilte der Großmutter von sich aus mit, daß in Berlin ein Ball den anderen jage, allein fünf zur Feier ihres Geburtstages am 10. März. Ihre Tanzwut war das ständige Thema im Tagebuch der Leibwächterin:

> Die Prinzessin trieb es so toll, daß ich entsetzt war.
> Die Prinzessin hat gewalzt, als ob sie von Sinnen wäre.
> *(36. Nr. 24, 21. Februar 1794)*

Der Walzer machte in Berlin Furore. Über seinen dämonischen Charakter unterhielten sich Rahel Levin und ihr Freund David Veit, die beide nicht viel älter als Luise waren, in ihren Briefen. Rahel schrieb:

> Glauben Sie, daß man den Verstand bei diesem unheilsamen Drehen behält? – Die Wollust find' ich nur nicht drin; – die fast alle Menschen, die eine Hälfte als so gefährlich, die andere als so himmlisch schildert. *(93. S. 78)*

Und Veit antwortete ihr:

> Aus Ihren Bemerkungen über das Walzen schließe ich positiv, daß Sie in den Menschen nicht verliebt waren, mit welchem Sie walzten. Das haben Sie vergessen, daß ein Mensch, der fertig walzt und nicht schwindlicht ist, in diesem Augenblick nur an die Person denkt und denken kann, die er hält; daß das Walzen die heftigste Gattung des Tanzes ausmacht und darum allein für gefährlich

> ausgeschrien wird, weil die gewaltige Bewegung einen Sturm im ganzen Körper erregt und alle Sinne und alle Leidenschaften durch die wohltuende Erschütterung des Blutes in ein lebhaftes Spiel setzt. *(93. S. 95)*

Luises Tänzer war der Oheim ihres Gatten und Neffe Friedrichs des Großen, Prinz Louis Ferdinand, 21 Jahre alt, der Schwarm der Armee und der fliehende Stern der Familie. Er hatte sich durch seine Bravour bei dem Rheinischen Feldzug hervorgetan und das Interesse der Darmstädter Bräute erregt. Luise suchte in Berlin sofort den Kontakt zu seiner Schwester, der Prinzessin Louise Ferdinand, und besuchte mit Vorliebe sein Elternhaus, sehr zum Mißfallen des Königs und des Kronprinzen, die den Ferdinand'schen Klüngel nicht mochten. Jede Ballnacht, die sie in Louis Ferdinands Gesellschaft verbrachte, kränkte den Ehemann. Sie in den Armen des anderen zu wissen, und sei es nur einen Walzer lang, war schlimm.

Der König, der seine beiden Schwiegertöchter verehrte und liebte, zumal er selbst ihr Entdecker gewesen war, mußte ein eklatantes Vergehen der Kronprinzessin befürchten. Also beschloß er, nachdem er ihr Treiben einige Wochen lang aus der Ferne verfolgt und von seiten der Oberhofmeisterin Voß immer krassere Informationen erhalten hatte, aus der Reserve herauszutreten. Er schrieb seinem Sohn, dessen Glück auf dem Spiel stand, eigenhändig ein Wort zur Sache. Das Datum der Abfassung war der 25. März 1794, ein opportuner Termin, da am 1. April die Frühlingsmanöver in Potsdam beginnen sollten, man sich also für den Umzug nach drüben rüstete und der König einen Vorwand hatte, um seinen Brief zu begründen. Die erste Seite widmete er den Dispositionen für die Einquartierung im Potsdamer Stadtschloß, und kam dann, indem er das Blatt umwendete, übergangslos auf die Angelegenheit zu sprechen, die ihn besorgte:

> Ich gestehe Ihnen im Vertrauen und um der Freundschaft willen, die ich für Sie habe, daß mir der Übermut und die Launen, welche die Prinzessin manchmal an den Tag legt, nicht entgangen sind. Man braucht ihr nur mit der nötigen Strenge zu begegnen und sie in aller Sanftheit fühlen zu lassen, daß sie wie alle Frauen auf der Welt dafür gemacht ist, um den Wünschen ihres Mannes zu folgen, und daß wir hier bei uns daran gewöhnt sind, uns von unseren Frauen den fälligen Gehorsam erweisen zu lassen. Es ist nicht erstaunlich, daß eine junge Person, die sich in der Welt noch nicht auskennt, manchmal eine Zurechtweisung braucht. Man muß dabei nur mit Glück und, wie ich schon sagte, mit Sanftheit verfahren und, falls erforderlich, mit der angemessenen Strenge, um rechtzeitig zu verhindern, daß es mit ihr eine böse Wendung nimmt. Sie und ihre Schwester sind gelegentlich ganz allein in der Kutsche spazieren gefahren, ein Unglück hätte ihnen zustoßen können, ganz abgesehen von der Unschicklichkeit, die sich auf keinen Fall wiederholen darf. Will sie sich draußen ergehen, dann nicht anders als in Ihrer Begleitung oder in der Begleitung ihrer Damen, deren Ratschläge zu befolgen ihr auch wohl anstehen würde, denn sie werden ihr selbstverständlich nur zu ihrem Besten erteilt. Sollte sie durch Zufall in schlechte Gesellschaft geraten, deren Folgen sie zweifellos nicht überblickt, muß man sie davon zurückhalten, es ist absolut nötig, daß sie von allen jenen Verbindungen Abstand nimmt, von denen sie weiß, daß sie Ihnen mißfallen. *(32.)*

Bis hierhin hatte der Vater dem Sohn die Meinung in französischer Sprache gesagt. Nun wechselte er für einen Einschub sowohl die Sprache als auch die Tonart und schrieb auf deutsch:

Du mußt sie nur nach deiner Handt reiten und bisweilen den Sporen brauchen –

Der Rest, wiederum auf französisch, schlug dem Kronprinzen vor, seiner Frau mit dem König zu drohen, der ihr sein Wohlwollen jederzeit entziehen könne, falls er feststellen sollte, daß sie ihrem Mann nicht gehorchte. Schwäche und Nachsicht ihr gegenüber wäre der Anfang vom Ende:

Die Offenheit, mit der ich zu Ihnen spreche, mein lieber Sohn, kann für Sie nur ein neuer Beweis dafür sein, daß ich unwandelbar der bleibe, der ich bin, Ihr Ihnen wohlgesonnener Vater FGuillaume

Das Antwortschreiben stammte vom selben Tag. Der Sohn schrieb dem Vater:

Sire, in diesem Augenblick habe ich den unendlich liebenswürdigen Brief von Euer Majestät bekommen, durch den Sie die Güte haben, mich über die Unterkünfte zu informieren, die für unseren Potsdamer Aufenthalt vorgesehen sind, alles wird entsprechend geregelt werden, und ich werde nicht versäumen, mich dort am Morgen des 1. April einzufinden. Ich bin ganz durchdrungen, Sire, von der liebenswürdigen Art voller Güte, mit der Sie einen gewissen Gegenstand berühren. Ich wage es, Euer Majestät zu versichern, daß ich mich Ihren Anweisungen voll und ganz anpassen werde und daß es mir selbstverständlich niemals geschehen wird, mich von meiner Frau beherrschen zu lassen. Sie selbst ist viel zu wohldenkend, um eine solche Idee jemals auch nur entfernt zu hegen, und wenn sie Fehler begangen hat, so bitte ich Euer Majestät untertänig, ihr Fehlverhalten nicht ihrem Charakter anzulasten, denn der ist gewiß recht gut [bien bon]. Aber ihre Lebhaftigkeit und ihr Übermut haben sie zuletzt zu gewissen Torheiten verleitet. Ich bin überzeugt, daß sie nicht in diesen Fehler zurückfallen wird und nicht mehr taub für gute Ratschläge sein wird, die man ihr in Zukunft um ihrer selbst willen und ihrem Wohl zuliebe geben wird. Sie hat ihre Fehler eingesehen und wird sich fortan hüten, sich von ihren Launen noch einmal verführen zu lassen. Denn ihr erstrebtes Ziel ist es, den Wünschen von Euer Majestät zu entsprechen, und sie weiß, daß auch ich meinerseits nichts anderes als das anstrebe. Wir werden beide gemeinsam das Unmögliche möglich zu machen versuchen, um das Wohlwollen und die Güte von Euer Majestät immer mehr und mehr zu verdienen! Ich erlaube mir, Euer Majestät noch einmal zu wiederholen, daß ich nicht zögern werde, mich voll und ganz im Sinn der ausgezeichneten Weisungen zu verhalten, die Ihre Majestät mir in Ihrem Brief gegeben hat, und daß alle Anordnungen, die Sie mir darin mitteilen, so streng befolgt werden sollen, wie Sie es erwarten dürfen. *(33.)*

Mit dem Ortswechsel von Berlin nach Potsdam endete die kämpferische Emanzipation; wie von Zauberhand aus der Welt geschafft. Von jetzt an war klar, daß Luise nie mehr unverhohlen Front gegen den Ehemann machen würde. Der Entschluß war gefallen und hielt ein Leben lang vor. Andere Mittel und Wege mußten gefunden werden, um an der Seite des maulfaulen und ewig übel gelaunten Menschen nicht vor Langeweile zu sterben.

Zunächst atmete der Kronprinz auf, zögerte aber noch, seinem Glück zu trauen. In der Korrespondenz mit seinem Adjutanten Major von Schack stand ein vorläufiges Fazit:

Wir leben hier sehr still und für mein Teil sehr angenehm, Berlin regrettiere ich gar nicht, und habe ich mir hier noch nie so gefallen. Alles lebt in Einigkeit, da sich keine fremde Hand ins Spiel mischt, und wir benutzen täglich recht fleißig die schöne Gegend, die so manche anmutige Gegenstände bietet, zumal für Personen, denen sie noch unbekannt sind. Meine Frau (die sich hier sehr verändert hat) empfiehlt sich Ihnen bestens. Sie hat öfters Kopfweh, welches man wohl sehr natürlichen Folgen zuschreiben muß, übrigens geht noch alles gut. Gott gebe, daß bei unserer Rückkunft nach Berlin nicht neue Mißhelligkeiten und Klatschereien den häuslichen Frieden stören mögen. *(35.)*

Die Korrespondenz brach im Hochsommer 1794 ab. Der Vertraute, der sie von seinem Krankenlager aus geführt hatte, starb an der Schwindsucht, und sein Herr beklagte ihn wie einen Freund. Die Stelle wurde mit dem Major und späteren Generalmajor von Köckritz neu besetzt, der ein Falstaff war, aber nicht von Shakespeare, sondern ein Plattkopf der schlimmen Sorte. Luise duldetete auch ihn, wie sie alle trivialen Geister im Umkreis ihrer Ehe hinnahm. Über das Opfer, das sie dem Gemahl gebracht hat, weiß man wenig, abgesehen von dem raschen Vollzug. Der Übermut wich dem Wohlverhalten. Offenbar handelte es sich um einen Willensakt von einem Tag auf den anderen und wurde zweifellos auch im Hinblick auf die künftige Karriere vollbracht. Denn eine Königin wollte die Kronprinzessin unbedingt werden.

Gemäß der natürlichen Regel, daß dem Nachfolger eines langlebigen Herrschers nur eine kurze Zeit zum Regieren bleibt, waren dem Neffen Friedrichs des Großen keine vollen zwölf Jahre als König von Preußen beschieden und im Baufieber und Kriegseifer schnell vergangen. Die letzten Feldzüge hatten ihm so zugesetzt, daß er das Kriegführen aufgab und 1795 mit den Franzosen über den Kopf seiner Koalitionspartner hinweg einen Separatfrieden schloß. Zur Rechtfertigung seiner Politik ließ er sich als Friedensfürst feiern und malen. Auf dem entsprechenden Ruhmesbild wurde er nicht leibhaftig dargestellt, sondern erschien überhöht als Repräsentant in Marmor, den seine Schwiegertöchter mit Rosen bekränzen und mit einem Olivenzweig krönen. Links steht die Kronprinzessin Luise, rechts die Prinzessin Ludwig und in der Mitte die Stele mit seiner Büste, also gewissermaßen schon ein Vorgriff auf seine Verewigung.

Zunächst holte der Tod jedoch den zweitältesten Königssohn. Prinz Louis starb 1796 im Alter von 23 Jahren. Weihnachten war eben gewesen und das Jahresende stand bevor, als beide Prinzessinnen an den Krankenbetten ihrer Männer wachten. Die Diphterie, damals »die Bräune« genannt, grassierte in der Hauptstadt und sparte die Königsfamilie nicht aus. Luise behielt ihren Gatten, Friederike aber blieb nach drei Ehejahren mit drei Kindern als Witwe zurück. Die Klagende, händeringend mit dem Blick zum Himmel, wie Schadow sie für das geplante Grabmal des Prinzen modellierte, entsprach dem Eindruck, den er von ihrem Schmerz und ihrer Verzweiflung empfangen hatte.

Im selben Winter, 1796 auf 1797, endete auch das Leben der Seniorin des Hauses, Elisabeth Christine, Gemahlin Friedrichs des Großen. Sie starb nicht an der Seuche, sondern glitt altersschwach allmählich hinüber. Das Delirium dauerte mehrere Tage und Nächte und löste die Vorbereitung auf eine lange Trauerzeit aus. Nach dem Ableben der Greisin versanken die Angehörigen und der Hof in das tiefe Schwarz, das man ihr als der Königin-Witwe schuldig war. Auf sechs Monate veranschlagt das Voßsche Tagebuch die Dauer, erst in Wolle und Krepp und später in Seide; zu Beginn aber in voller Vermummung:

> Schwarze Schleier, von denen der eine vorn herabfällt. Man erkennt sich kaum. *(94. S. 71)*

Auch um den König macht sich die Tagebuch-Schreiberin Sorgen. Von seiner eigenen Hand standen in dem Briefwechsel mit der Frankfurter Bankierstochter, der sporadisch weitergeführt wurde, schon seit dem Herbst 1794 schlechte Nachrichten:

> Ich bin in einer Traurigkeit, die über alle Begriffe geht. Außerdem muß ich seit zehn Tagen das Zimmer hüten. Ach! seit dem Oktober vorigen Jahres habe ich keinen Augenblick des Glückes gehabt. *(16. S. 101)*

Ende des Jahres 1795 drückte der Anbeter der Angebeteten noch einmal seine Resignation aus:

> Ihr Basrelief hängt in meinem Zimmer im Garten. Es ist gut gemacht, aber nicht ähnlich genug. Welche kalte Erinnerung, welch ein trauriger Rest. Leben Sie glücklich, liebe Freundin. *(16. S. 107)*

Aus einem Brief der Mutter Goethe an ihren Sohn geht die Nachricht von der Verlobung der »berühmten Sofia Bethmann« mit dem englischen Gesandten Joachim von

Schwarzkopf hervor. Zur selben Zeit, als in Frankfurt die Hochzeit bevorstand, Ende des Jahres 1796, hatte Friedrich Wilhelm Zuflucht in die Arme der Schauspielerin und Tänzerin Schultzki genommen. Sein wahrer Partner war aber schon der Tod. Das letzte Porträt, signiert und datiert mit »Darbes/pinx. 1797«, war offenbar in der ersten Jahreshälfte entstanden, da der König noch in seiner Leibesfülle erscheint. Die rapide Abmagerung setzte erst später ein. Gleichwohl hatte der Maler die Todeskrankheit erkannt. Der Monarch steht über den Dingen, Serenissimus im vornehmsten Wortsinn heiter, der Welt gerade noch zugekehrt, um ihr Adieu zu sagen, aus schrägen Augen ein Abschiednehmen, ein leiser Spott, der Geisterbeschwörer mit seiner okkulten Neugier zwischen Diesseits und Jenseits.

Anfang April brachte seine älteste Schwiegertochter, die Kronprinzessin Luise, ihren zweiten Sohn zur Welt, wieder einen Friedrich Wilhelm, aber nur Wilhelm gerufen. Die Oberhofmeisterin trug ihn zur Taufe in den Audienzsaal, wo ihn sein Großvater über das Becken hielt und der Geistliche ihn in die Herde des Herrn aufnahm, das heißt, in den Schoß der reformierten Kirche, zu der sich seine Väter seit annährend zweihundert Jahren bis zurück zum Kurfürsten Johann Sigismund bekannten. Frau von Voß aber wurde zum Ritter geschlagen. Sie erhielt aus Potsdam das Medaillon des Königs zusammen mit den huldvollsten Worten:

> Ich weiß, gnädige Frau, daß Sie den Augenblick, als Sie mir meinen jüngsten Enkel zur Taufe übergaben, stets im Gedächtnis behalten werden. Trotzdem bitte ich Sie, zur Bekräftigung des denkwürdigen Tages die Gabe entgegenzunehmen, sei sie noch so gering, die ich diesem Brief beifüge. Ihr Ihnen wohlgesonnener Friedrich Wilhelm. *(94. S. 74)*

Das Souvenir war mit Diamanten umkränzt und von den Erinnerungen umwoben, die der Absender und die Empfängerin gemeinsam hatten. Sie war in ihrer Jugend standhaft geblieben, als sein Vater sich um sie bemüht hatte, und war später im Leben warnend hervorgetreten, als sich der jugendliche Friedrich Wilhelm in ihre angeheiratete Nichte verliebte, ein Fräulein von Voß, Hofdame der Königin in Schönhausen; eine Geschichte, die sich nicht aufhalten ließ. Aus der Nichte wurde Friedrich Wilhelms Eroberung, aus ihm selber wurde der König und aus dem Verhältnis eine Neben-Ehe, der ein Sohn entsprang, Graf Ingenheim, dessen Mutter sich durch ihren frühen Tod zur fernen Geliebten verklärte. Der König behielt sie in seinem Herzen und machte zur gegebenen Zeit aus der Großtante seines Sprößlings die Oberhofmeisterin Voß. Mit der Miniatur, die er ihr sandte, als sein Leben zuende ging, bezeugte er ihr seine Anhänglichkeit. Die Voß sei toll vor Freude und führe sich mit ihrem Medaillon lächerlich auf, teilte die Kronprinzessin dem Kronprinzen mit, dem, wenn nicht alles täuschte, die Thronbesteigung in naher Zukunft bevorstand.

Die Ablebensmonate des Königs verlangten von den Nächststehenden ein hohes Maß an Rücksicht und Diskretion. Frau von Voß sah dem kommenden Glanz ihrer jungen Herrschaften entgegen, sie wußte, daß es für den Kranken keine Hoffnung mehr gab, aber in ihr Tagebuch schrieb sie: »Gott erhalte ihn uns!«

Das Schlimmste für den innersten Teilnehmerkreis war nicht Friedrich Wilhelms Hinscheiden, sollte es der Himmel verfügen, sondern die Konfrontation mit Friedrich Wilhelms Mätresse. Man mußte zur Kenntnis nehmen, daß die Treue, die der Neffe Friedrichs des Großen und die Tochter des Waldhornisten Encke einander in ihrer Jugend gelobt hatten, noch immer galt: Bis daß der Tod uns scheidet. Der

Sterbende klammerte sich an Wilhelmines Gegenwart, und Wilhelmine kämpfte um sein Leben. Der Gräfinnentitel, mit dem sie erst vor kurzem ausgestattet worden war, erlaubte es ihr, dem Hof und der Familie des Königs die Stirn zu bieten. Die Königin kam ihr entgegen und erkannte sie in ihrer Rolle an der Seite des Schwerkranken an. Die Kronprinzessin, weniger lebenserfahren, neigte trotz der Erziehung zur Toleranz, die sie genossen hatte, zum Verdammen. Als sich der König im Frühsommer 1797 noch einmal, dem Rat seiner Ärzte folgend, zu einem Aufenthalt in Pyrmont entschloß, warnte sie ihren Vater, der denselben Kurort frequentierte, vor der dortigen Begegnung:

> Eine gewisse Gräfin wird sicher hingehen. Das ist ein Bissen, den ich nicht verdauen kann. Wenn ich einmal das Glück habe, Sie zu sehen, kann ich Ihnen Dinge erzählen, die Sie mir nicht glauben werden. Ich, lieber Vater, achte mich selbst zu hoch, um ihr das geringste Entgegenkommen zu beweisen. Ich bin höflich zu ihr und versuche zu vergessen, welches Verhältnis uns diesen gesellschaftlichen Zuwachs verschafft hat. Doch erkennt man ihr daraufhin Vorrechte aller Art zu. Es ist empörend. *(30. S. 98)*

Das Ende teilte sie ihrem Vater am 17. November 1797 mit:

> Ach! Der König ist nicht mehr! Und wir armen Kinder, wir beweinen ihn und grämen uns. *(30. S. 105)*

Friedrich Wilhelm II. war tags zuvor in seinem Palais am Heiligen See bei Potsdam gestorben, 53 Jahre alt, unheilbar an der Wassersucht leidend. Eigentlich sei es ein Glück, schrieb Luise, die nun im Unterschied zu der Königin-Mutter die »regierende Königin« war, daß sein schmerzvolles

Dasein geendet habe. Die Qualen während der letzten Tage hätten befürchten lassen, er werde den Verstand verlieren:

> Gott sei seiner Seele gnädig und helfe meinem Mann bei seinen schweren Arbeiten, die schrecklicher sind, als man glaubt. *(30. S. 105)*

Der Hinweis bezog sich auf die bevorstehende Säuberung. Das Stück Arbeit, das innerhalb der vergangenen vierundzwanzig Stunden in Angriff genommen worden war, glich einer exemplarischen Operation. Die Überzeugung, daß Wilhelmine eine Schlange am Busen des Königs gewesen sei und hinter dem vorgeschützten Titel eine Kriminelle stecke, hatte sich in den Köpfen festgesetzt. Der Nachfolger stellte die Begünstigte seines Vorgängers noch an dessen Todestag unter Aufsicht. Sie wurde am Sterbeort über ihre Situation informiert. Der Überbringer der Nachricht, Oberst von Zastrow, der eben noch Personaloffizier Friedrich Wilhelms II. gewesen war, trat mit den Worten bei ihr ein: »Im Namen des Königs, Frau Gräfin, Sie sind verhaftet.« Ihre Aburteilung stand von vornherein fest.

Zunächst vertraute man darauf, daß eine Untersuchungskommission den Verdacht der landesverräterischen Umtriebe bestätigen werde. Als das konfiszierte Material den erwarteten Schuldbeweis dann jedoch nicht lieferte und das Gremium nach einer monatelangen Recherche zu dem Ergebnis kam, die Gräfin habe zwar die Gunst des Königs genossen, aber ihre Privilegien nicht verbrecherisch ausgenutzt, setzte sich der junge Throninhaber über den Befund hinweg und machte vom Absolutismus Gebrauch. Ungnade erging vor Recht. Wilhelmine hatte den Clan provoziert, und der Clan gab ihr nun geschlossen Antwort. Milde war von ihm nicht zu erhoffen, am wenigsten von der Königin, die sich während ihrer eigenen Läuterungsphase mit der

Tugend verbündet hatte und daher das moralische Prinzip kompromißlos verkörperte, auch wenn ein direkter Kriegsgrund nicht vorlag. Die beiden Frauen hatten nie miteinander konkurriert. Allein schon der Altersunterschied schloß die persönliche Rivalität aus.

Das Porträt, das die Mätresse in ihrer Blüte zeigte, stammte von 1776, also aus Luises Geburtsjahr. Die junge Wilhelmine sei so schön gewesen, schwärmte Rahel Levin, daß man bei ihrem Anblick vor lauter Schönheit Kopfweh bekommen habe. Die Hofmalerin Anna Dorothea Therbusch stellte die Geliebte des damaligen Kronprinzen als eine Jägerin dar, wie sie mit ihrem Windspiel auf einer Waldlichtung rastet. Im Geäst schnäbelt sich ein Taubenpaar mit gereckten Flügeln, und auf dem Lagerplatz bespringt das Hündchen die Herrin. Seine Ärmchen stützen sich auf ihren ruhenden Arm und sein spitzes Gesicht schaut sie auffordernd an, trifft aber auf den nachdenklichen Blick. Über der rosa Hülle und rosigen Fülle thront das sinnende Haupt, darauf sitzt der Helm und darüber wölbt sich der Federbusch. Das Bild der Ruhe ist trügerisch. Die Jägerin erwartet den Jäger.

Seither war viel über sie ergangen – die Kindergeburten und Kindertode, die diversen Verheiratungen ihres Herrn, sein Bund mit den Rosenkreuzern, die seine Gespenstergläubigkeit ausnutzen, der obskure Befehl, dem er gehorchte, sich von der Bett- und Lebensgefährtin zu trennen, die Ehe, die sie mit seinem Kämmerer eingehen mußte, einem Herrn Ritz, dem sie nicht nur pro forma angehörte, sondern auch einen Sohn gebar, und schließlich die Krankheit des Königs.

Wilhelmine im Alter von über vierzig Jahren, der die zwanzigjährige Kronprinzessin begegnete, war eine geprüfte Aufsteigerin an der Seite eines moribunden Gebieters. Das Adelsdiplom, das er ihr zuletzt noch verliehen hatte, stellte den Gipfel dar. Es empörte Luise wie eine Libertinage.

Über die Madame Ritz hätte sie hinwegsehen können. Über der Gräfin Lichtenau brach sie den Stab. Die Maßnahmen gegen das schamlose Weib waren in den Augen der jungen Königin zweifellos ein Gebot im Sinn des Hauses und des ganzen Landes. Ob man ihr darüberhinaus zutraut, sie habe sich beratend und zuredend in den Fall eingemischt, bleibt dem Ermessen überlassen, wie man ihren Charakter einschätzt. Die Rache wurde in ihrem späteren Leben ein so beherrschendes Motiv, daß sich nicht ausschließen läßt, Luise habe auch an Wilhelmines Verhängnis einen Anteil gehabt. Der König sah in der Mätresse seines Vaters ein Skandalon, die Königin aber sah in ihr den Inbegriff des Niedrigen und Gemeinen.

Die Gräfin traf der Bannstrahl. Kein Gesetz schützte sie mehr. Man beschlagnahmte ihr Hab und Gut, das beträchtlich war, beraubte sie ihrer Freiheit, deportierte sie nach Glogau und unterstellte sie dem Gewahrsam des dortigen Kommandanten. Der Pöbel triumphierte. Die Mißstimmung, die der verstorbene König in der Bevölkerung hinterlassen hatte, hielt sich an die gestürzte Mätresse. An jeder Station wurde die Kutsche, in der sie ihrem monströsen Bestimmungsort entgegenrollte, erneut mit Geschrei empfangen und mit Dreck beworfen. In der Presse löste der Fall eine Flut von Spott, Hohn und übler Nachrede aus: die Lichtenau, ein Synonym für alle Laster und deren gerechte Bestrafung.

Der Prozeß vor Gericht war umgangen worden. Das Kabinett, das keine richterliche Kompetenz besaß, sondern ein Instrument zur Beratung des Königs war, hatte das schriftliche Votum der Untersuchungskommission beschlagnahmt, es auf den Kopf gestellt und entsprechend den Beschluß gefaßt und erlassen. Er trug das Datum vom 13. März 1798. Die Milde des Königs wurde im Text dick unterstrichen. Ginge es allein nach dem Tatbestand, müßte Seine Majestät mit äußerster Strenge verfahren, die Achtung jedoch, die dem Sohn das Andenken des Vaters zur Pflicht mache, rechtfertige eine gelindere Behandlung:

> Solche aber bis zur gänzlichen Begnadigung zu treiben, würde in gänzliche Verspottung der allgemeinen Volksstimme ausarten. *(38. S. 234)*

Friedrich Wilhelm III. prägte sich seinen Untertanen auf Anhieb als »der Gerechte« ein. Nur er selber haderte mit sich und dem Vorgang. Das Testament seines Vaters, diktiert auf dem Sterbebett, hatte mit den Worten geendet:

> Schließlich empfehlen wir unserm geliebten Sohne und Thronerben, dem Prinzen von Preußen Liebden, diese mit geprüfter Ergebenheit unserer höchsten Person stets zugetan befundene Gräfin v. Lichtenau zur Milde und Wohlwollen, und hegen das Vertrauen zu dessen Uns bekannter Liebe, es werde unser geliebter Sohn unser Andenken auch in denjenigen ehren, die unseres vorzüglichen Wohlwollens und königl. Gnade gewürdigt worden. *(38. S. 230)*

Nun aber schändeten die Verhaftung und Aburteilung der Mätresse den Ruf des Verstorbenen. Nicht die letzten Ehren zählten, die man ihm erwiesen hatte, der Pomp, die Trauerparade, der feierlich geschmückte Dom, die Trauerkantate und die Bataillonssalven, sondern die Lästerungen in der Öffentlichkeit. Die Kanonenschüsse, während der Sarg in die Gruft sank, waren Schall und Rauch, die Häme kam täglich frisch aus der Presse. Mit den Skandalschriften konnte die Gedenkpredigt nicht konkurrieren, die der Hofgeistliche am Sonntag vor Weihnachten gehalten und Frau von Voß in ihrem Tagebuch als »sehr rührend und erschütternd« vermerkt hatte. Die Zerrbilder wurden in Kupfer gestochen, der dicke König und seine Hyäne, die Blätter für einen Groschen. Die Andenkenmedaille zum Ruhm Friedrich Wilhelms II. erschien hingegen in einer numerierten Stückzahl. Man sah den Kopf im Profil, ein leidvolles Haupt mit dem Band um die Stirn und dem aufwärts gerichteten Blick, rückseitig aber einen Adler, der sich aus der Urne schwang, wie es die Inschrift verhieß:

> ER SCHÜTTELT DEN STAUB VON DEN FLÜGELN U. EILET ZUR SONNE EMPOR. *(47. S. 93; I.104)*

Das Silber wog wenig im Vergleich zu der Druckerschwärze. Der junge Monarch, der die Säuberung gewünscht und die Verunglimpfung bewirkt hatte, mußte den Zwiespalt mit sich selber ausmachen. Über das Unrecht jedoch, in das er sich mit der Verfügung gesetzt hatte, klärte ihn der Vize-Kammergerichtspräsident Kircheisen auf, der als Mitglied der Untersuchungskommission die Stimme erhob.

Machtsprüche, sagte er, kompromittieren die Regierung und deren Diener. Früher oder später werde die Unhaltbarkeit offenbar und die Annullierung unumgänglich. Auch die Verurteilung der Lichtenau sei nicht von Dauer. Die Verurteilte könne man mundtot machen, nicht jedoch ihre Nachkommen. Ihnen werde es oblieben, die Wahrheit aufzudecken, daß dem Schuldspruch keine Ermittlung zugrunde gelegen habe:

> Vielmehr wurde das Schicksal der Beschuldigten
> durch eine Kabinettsordre entschieden, die mit dem
> gutachterlichen Bericht der Kommission in keiner
> Weise übereinstimmt. *(38. S. 236)*

Kircheisen hatte die Trennung von Rechtsprechung und Politik bereits gegenüber Friedrich dem Großen verfochten. Die preußischen Herrscher erkannten ihn als einen furchtlosen Diener der Justitia an. Er setzte seine Karriere bis an sein Lebensende fort, während der letzten fünfzehn Jahre als Friedrich Wilhelms Justizminister. Rückblickend auf die lange Zusammenarbeit bescheinigte er seinem Herrn eine gerechte Regierung, abgesehen von dem einen Fleck, der Behandlung der Gräfin Lichtenau:

> Der König selbst fühlte Reue darüber und klagte sich an, seinen Vater im Grabe nicht mehr respektiert zu haben. Die späteren Unglücksfälle sah er als Strafe des Himmels an, der seinen Mangel an Pietät rächen wollte. *(38. S. 237)*

Die Worte des Bedauerns, zu denen sich der Monarch persönlich nach Jahr und Tag in einem Brief an den Kammergerichtsrat Albrecht aufschwang, waren halbherzig, entsprechend seiner Natur, aber verrieten das Rumoren in seiner Brust:

> Oft schon hat es mich gekümmert, daß diese Angelegenheit durch einen Drang verdrießlicher Umstände zu leidenschaftlich behandelt worden ist und eigentlich, wie man sagt, übers Knie gebrochen ist.
> Berlin, 25. 2. 1811. Friedrich Wilhelm III. *(38. S. 9)*

Er war, als er das schrieb, seit kurzem verwitwet. Ihm lag an einem Kompromiß, der ihm helfen sollte, sein Gewissen zu entlasten und zugleich sein Gesicht zu wahren. Die Mätresse kam ihm entgegen. Sie kämpfte nicht um ihr Recht, sondern um die Sicherung ihres Lebensabends. Es ging um materielle Dinge, Rückerstattungen, einen Teil ihres früheren Wohlstandes. Ihre Wünsche ließen sich befriedigen.

Die Kabinettsordre von 1798 brauchte nicht widerrufen zu werden. Wilhelmines Verhaftung, Enteignung und Verschleppung blieben ungesühnt.

Glaube und Liebe

Wenige Monate nach der Thronbesteigung Friedrich Wilhelms III. rief eine Stimme, als käme sie aus dem Äther, dem jungen Monarchen zu:

> Mehr, als ein Königreich gab der Himmel Dir in Louisen,
> Aber Du brachtest Ihr auch mehr als die Krone, Dein
> Herz. *(45. Junius 1798, S. 184 f.)*

Der Anrufer hatte einen ganzen Zyklus solcher Sprüche auf Lager, insgesamt acht Stücke, die er »Blumen« nannte und den Majestäten auf ihrem Weg vorausstreute. Luise war der Zweizeiler »Die Alpenrose« gewidmet:

> Selten haftet auf Höhn ein Funken himmlischen Lebens,
> Aber, als Königin, blüht dann auch die Rose des Bergs.

Eine Mahnung schloß sich an, die abermals dem Staatsoberhaupt galt:

> Nur wer mehr, als König schon ist,
> kann königlich herrschen.
> Also soll König seyn, welcher die Herrlichste liebt.

Das Thema war klar. Der Ort war Preußen, und der Liebesbund zwischen König und Königin war die Garantie für Glaube, Liebe und Hoffnung. Der Ton des Propheten war schroff. Ebenso apodiktisch wie er die Vergangenheit verurteilte, verkündete er den Anbruch der neuen Zeit. Im Tempel seien die Götzen aus Stein und Metall samt der Zeichen ihrer furchtbaren Willkür eingestürzt – anstelle der Dämonen erblicke man nur ein liebendes Paar:

> An der Umarmung erkennt ein jeder die alten Dynasten,
> Kennt den Steuermann, kennt wieder die glückliche Zeit.

Von der zurückliegenden Epoche hieß es, ihr Zwist habe lange gedauert, niemand habe ihn schlichten können, und mancher schöne Kristall sei unter den feindlichen Stößen zerbrochen. Jetzt aber ziehe mit dem liebenden Paar der ewige Frieden herauf.

Nach den politischen Parolen war eine Dank- und Wahrsagung an der Reihe, wie man sie aus der Bibel kennt: Evangelium Lucae, 2. Kapitel, Vers 25 bis 32, Simeons Abschiedsgruß ans Leben beim Anblick des Jesuskindes. Ebenso machte sich in dem Avantgarde-Text ein freischwebender Genius zum Sterben bereit. Lange habe er vergeblich die Throne umflogen, aber endlich winke ihm jetzt durch sie, nämlich die Königin, die alte Heimat. Also könne er getrost dorthin abscheiden:

> Der Duft des Schleyers, der mich vor dem umgab,
> Sinkt dann vergoldet über die Ebenen,
> Und wer ihn athmet, schwört begeistert
> Ewige Liebe der schönen Fürstinn.

Die Sammlung stand, unterzeichnet mit dem Autornamen Novalis, in einer Zeitschrift, die sich »Jahrbücher für die preußische Monarchie unter der Regierung Friedrich Wilhelms III.« nannte, aber kein Amtsblatt, sondern eine freie Gründung war, mutig genug, um das Textbündel abzudrucken, dessen hochfahrendes Pathos dem König mißfallen mußte. Nüchternheit, Mäßigkeit und Sparsamkeit zeichneten den Thronfolger aus, Tugenden, die seinen Staaten verhießen, er werde kein Nachahmer seines Vorgängers sein. Die »Jahrbücher« spekulierten wie das ganze Land auf eine Sitten- und Zeitwende. Die Herausgeber kündigten ein vielfältiges Programm an. Es sollte Politik, Wirtschaft und Kultur umfassen, die inneren Zustände der Monarchie beleuchten, Nachrichten aus der Hauptstadt bringen und mit allen Mitteln zum Bündnis zwischen Thron und Bevölkerung beitragen. Der Eröffnungssatz lautete:

> Jeder Schriftsteller hat etwas auf dem Herzen, was er seinem Leser mitzutheilen wünscht. *(44. Januar 1798. S. 1)*

Die Unternehmung wurde gnädig aufgenommen und durfte in jeder Nummer eine Auswahl aus dem Sammelsurium der Kabinettsbeschlüsse abdrucken, mit Vorliebe solche Beispiele, die den engen Kontakt von Thron und Untertanen bezeugten. Die Folgen von vier Monaten erschienen jeweils in einem Band, »Januar, Februar, März, April« mit dem vorangestellten Bildnis Seiner Majestät des Königs, das in einem Medaillon Friedrich Wilhelm III. als Jüngling zeigte, das lange schmale Gesicht im Profil, das runde Kinn auf der Halsbinde, das Haar zu dem steif abstehenden Zöpfchen gedreht und die Büste in das Jackett geknöpft. Entsprechend die folgenden Monate »May, Junius, Julius, August« mit dem Bildnis Ihrer Majestät der regierenden Königin: die Jugendliche en face, offene Locken, darauf die Haube mit erhabener Stirnschleife, der Blick unter hochgewölbten Augenbrauen auf den Betrachter gerichtet, darin ein Anflug von Scheu oder Skepsis, aber keine Überheblichkeit, der Gesichtsschnitt annähernd herzförmig, der Hals von einer Halsbinde kaschiert und der Busen desto bloßer, nur von einem Hemdrand bedeckt, ein Schal um die Schultern. In der Juni-Nummer war

Luise mit der Alpenrose verglichen worden, die als ein Funke himmlischen Lebens auf kahlen Höhen blüht. Die Juli-Nummer ging weit darüber hinaus. Was die Königin zu sein habe, wurde ihr von dem Verfasser der »Blumen«, der sich erneut zu Wort meldete, kategorisch mitgeteilt. Sie habe, schrieb er, zwar keinen politischen Aufgabenbereich, wohl aber einen häuslichen Wirkungskreis im Großen und solle für die Ausübung ihrer Ämter über eine eigene Kanzelei verfügen. Ihr Mann wäre dann ihr erster Minister. Außer den schönen Pflichten wie Kindererziehung, Anordnung der Familienfeste und Einrichtung des Hoflebens legte ihr Novalis die Abschaffung der Berliner Bordelle ans Herz:

> Sollte der Königin nicht beim Eintritt in eine Stadt schaudern, wo die tiefste Herabwürdigung ihres Geschlechts ein öffentliches Gewerbe ist?
> *(45, Julius 1798, S. 277 f.)*

Ein Mord sei weit schuldloser als der Mädchenhandel. Die härtesten Strafen würden für diese echten Seelenverkäufer nicht zu hart sein.

Der Vordenker, der gegen die Zuhälter der Metropole den Einsatz der Todesstrafe verlangte, war selbst kein Berliner, sondern in Kur-Sachsen geboren. Er entstammte einem Zweig der Hardenberg'schen Familie, hatte die Rechtswissenschaften studiert und eine Beamtenkarriere als Aktuarius in Tennstedt in Thüringen begonnen. Am Ende des Jahres 1795 wurde er nach Weißenfels in die Salinendirektion berufen, der sein Vater, der Freiherr Heinrich Ulrich Erasmus von Hardenberg, vorstand. Nach der erforderlichen Einführung in die Chemie trat er die neue Tätigkeit bereits Anfang 1796 an, entschloß sich aber schon im Jahr darauf zu dem naturwissenschaftlichen Studium an der Bergakademie Freiberg.

Im Sommer 1798 erhob Friedrich von Hardenberg, alias Novalis, seine Stimme in der Juni- und der Juli-Nummer der »Jahrbücher für die preußische Monarchie«. Er war 26 Jahre alt und hatte wenige Wochen zuvor in der frisch gegründeten, schöngeistigen Zeitschrift »Athenaeum« mit einer Sammlung von Sentenzen debütiert, die eine allmähliche Verbesserung des Zeitalters ins Auge faßten. Sein Gedankenkonvolut zu Krone und Thron, das er mit dem Titel »Glaube und Liebe oder Der König und die Königin« überschrieb, schickte er seinem Freund, dem »Athenaeum«-Herausgeber Friedrich Schlegel, nach Berlin mit der Bitte, es an die »Jahrbücher« zu vermitteln. Offenbar wünschte er sich den König als Leser. Dessen Machtwort aber, »mir fatal«, kam einem Publikationsverbot von Novalis-Texten in den »Jahrbüchern« gleich. Was war passiert?

Friedrich Schlegel tippte ganz allgemein auf das intellektuelle Niveau Friedrich Wilhelms III. und seiner Berater:

> Der König hat den »Glauben und Liebe« gelesen, aber nicht verstanden, und daher dem Obristlieutnant Köckritz Ordre gegeben, ihn zu lesen. Weil dieser ihn aber gleichfalls nicht verstanden, hat er den Consistorialrat Niemeyer zu Rate gezogen. Dieser hat auch nicht verstanden, worüber er höchlich entrüstet gewesen und gemeint hat, es müsse gewiß einer von den beiden Schlegeln geschrieben haben. Es ist nämlich für ihn wie für mehrere Philister Axiom: Was man nicht versteht, hat ein Schlegel geschrieben. *(69. S. 122)*

Am wahrscheinlichsten ist, daß dem Fürsten die Zudringlichkeit der Schrift mißfiel. Bereits mit der ersten Verlautbarung, den »Blumen«, war Novalis, ohne anzuklopfen, ins Schlafzimmer der Majestäten getreten: »und wir sehn dort nur ein liebendes Paar«. Den König und die Königin auszustellen, gehört zu dem Programm des jugendlichen Neuerers. Das Ganze war theatralisch gedacht. Denn so stand es im Text:

> Der Regent führt ein unendlich mannigfaches Schauspiel auf, wo Bühne und Parterre, Schauspieler und Zuschauer eins sind und er selbst Poet, Direktor und Held des Stükkes zugleich ist. *(45 Julius 1798. S. 286)*

Der oberste Spielleiter war selbstverständlich der Autor der Schrift, der für sein Sujet eine Propagandasprache mit allen ihren typischen Merkmalen entwickelte, dem herrischen Ton, dem Pathos und der Intoleranz, wie geschaffen für ein totalitäres Regime und dessen Personenkult. Friedrich Wilhelm III. aber sah sich nicht als Absolutist und hatte sich keinen Propagandaminister bestellt. Der literarische Übergriff auf seine Familie und seine Person mußte ihm desto peinlicher sein, als der Verfasser ein Hardenberg war, entfernt mit dem gleichnamigen Staatsmann verwandt, Karl August von Hardenberg, dem Minister im Dienst des Königs. Das Prinzip, auf dem die Schrift beruhte, wurde von Novalis als »Romantisieren« bezeichnet:

> Indem ich dem Gemeinen einen hohen Sinn, dem Gewöhnlichen ein geheimnisvolles Ansehen, dem Bekannten die Würde des Unbekannten, dem Endlichen einen unendlichen Schein gebe, so romantisiere ich es. *(66. S. 38)*

Seine Voraussage hinsichtlich der Personen erfüllte sich nur halb. Die Einschätzung Friedrich Wilhelms III. als des künftigen Idealmenschen war, wie sich bald zeigte, ein Irrtum. Die Darstellung der Königin traf hingegen ins Schwarze. Über alle realistischen Erwartungen hinaus hatte Novalis den künftigen Kultus vorweggenommen. Die junge Heroine Luise, die von dem Bildhauer Schadow erahnt worden war, benannte der Dichter mit marmornen Worten: die Herrlichste, die Geliebte, das schöne Wesen, die schöne Fürstin, die Alpenrose. Allenfalls eine Steigerung konnte noch möglich sein, die freie Entwicklung aber war einer solchen Königin nicht mehr erlaubt. Als jedermanns Liebesobjekt durfte sie gerade noch wagen zu atmen. Nicht auszudenken, wenn sie gegen die Romantisierung verstoßen, erkranken, ermüden, ermatten und altern würde. Das prekäre Verhältnis von Person und Kult wurde von der Schrift »Glaube und Liebe« nicht bedacht. Es lag außerhalb ihrer Interessen.

Wie man einem Monarchen bei dessen Thronbesteigung huldigt, ohne ihm zu nahe zu treten, machte August Wilhelm Schlegel dem genialen Hardenberg vor, als er in derselben Juli-Nummer der »Jahrbücher« einen Hymnus auf Friedrich Wilhelm und Luise anstimmte, der sich damit begnügte, die Ankunft eines edlen Königs zu preisen, ihm das Vaterland zu Füßen zu legen und eine Glücksbringerin an die Seite zu stellen, Luise natürlich:

Vor ihrem Blick ist jedes Leid entflohn,
Sie wär' in Hütten Königin der Herzen,
Sie ist der Anmuth Göttin auf dem Thron;
(45. Julius 1798. S. 265)

Der Triumphzug der Königin

Die Krönung, die seit der Gründung der Monarchie jedesmal wieder in Königsberg stattfand, wurde von Friedrich Wilhelm III. zum Anlaß für eine ausgedehnte Inspektions- und Manöver-Tour genommen. Vorgesehen waren die Provinzen östlich der Oder, die Hinfahrt durch Pommern, Westpreußen und Ostpreußen bis zum Krönungsort, die Weiterfahrt in südlicher Richtung durch die polnischen Erwerbungen bis nach Warschau und die Heimfahrt quer durch Schlesien zurück nach Berlin. Offiziell hieß die Unternehmung »Reise seiner Majestät des Königs zu den Revuen, Junius 1798« und verlief wie geplant, aber entwickelte unterwegs den Charakter einer sensationellen Huldigungstournee, völlig abweichend von der preußischen Tradition. Kein Friedrich oder Friedrich Wilhelm des 18. Jahrhunderts hätte erleben können, was jetzt dem Jüngeren blühte: die Ausfahrt zur Krönung als Triumphzug der Königin.

Aus den Eintragungen im Voßschen Tagebuch geht hervor, daß der Zustrom an Menschen, je weiter man nach Osten kam, immer mehr anwuchs. Eine Königin kannten die dortigen Bevölkerungen nur vom Hörensagen. Selbst die ältesten Leute waren niemals einer begegnet. Jetzt aber hörte man, der König fahre durchs Land und habe seine Frau mitgebracht, die so schön wie die Königinnen im Märchen sei. Jeder, der konnte, lief hin, um sie zu sehen. Das Gedränge wurde stellenweise zum Getümmel, so daß der Konvoi seinen Weg nur mühsam fortsetzen konnte.

Die Oberhofmeisterin berichtet die Fakten: an jeder Station ein Volksfest, an den Wegrändern die Zuschauer und dazu die Scharen, die den Wagen folgten. Die anschwellende Hochstimmung bei der Einfahrt nach Stargard, nach Stolpe, nach Danzig, nach Elbing, nach Königsberg. An den Stadttoren die Begrüßung mit Blumenkörben und Jubelchören, in den Straßen die wogende Menge der Einwohner zwischen ihren geschmückten Häusern, am Hafen die beflaggten und bekränzten Schiffe, die Mützen schwenkenden Matrosen und die Kaufmannschaft den Gästen zu Diensten, um sie an Bord zu geleiten. Vor den Rathäusern die Militärs und die hohen Beamten zum Empfang der Besucher, in den Gärten und Parks die aufgeschlagenen Zelte, die Illuminationen und die Transparente. Immer wieder die gedeckten Tafeln, die Bewirtungen und die Bälle bis spät in die Nacht; von der festlichen Aufnahme ganz zu schweigen, die der ortsansässige Adel den Reisenden bereitete. Die alten Namen im Tagebuch, die Parade der Keyserlinge, der Sackens, der Dönhoffs, Groebens und Ostens. Gelegentlich lassen die Eintragungen aber auch durchblicken, daß Friedrich Wilhelm die ganze Sache nicht wirklich paßte:

> Der König kam erst um acht Uhr, etwas übler Laune von dem unaufhörlichen Vivatgeschrei. Nach dem Souper ging alles zu Bett. *(94. S. 88)*

Von der Königin meldet das Tagebuch, sie sei unermüdlich im Entgegennehmen der Ehrungen und Geschenke und unerschöpflich im Verteilen dankbarer Blicke und freundlicher Worte, zwar schrecklich umdrängt, aber abends immer noch frisch genug für eine oder zwei Polonaisen. Und das alles wenige Wochen vor ihrer Niederkunft, der vierten, der sie entgegensah.

Luise schrieb aus Königsberg an ihren Bruder:

> Lieber bester Freund! Viele hundert Meilen entfernt nehme ich die Feder und denke Dir eine Freude zu machen, indem ich Dir sage, daß ich sowohl als mein Mann, die Fatiguen [Strapazen] der Reise ungeachtet, die beste Gesundheit genießen. Es ist mir selbst ein Rätsel, wie das zugehet; denn Menschen und Hitze setzen uns und unserer Geduld oft so zu, daß wir Halali sind; aber dennoch gibt uns Gott Kraft, dies alles zu ertragen, und der Gedanke, daß bei all der Neugierde doch auch wirklich Liebe und Anhänglichkeit zum Grunde liegt, versüßt die Bitterkeit der Beschwerde. *(30. S. 109 f.)*

Und eine Woche später, 17 Meilen vor Warschau, an ihre Großmutter, die Prinzessin George, die von Darmstadt zu den Neu-Strelitzer Verwandten übergesiedelt war:

> Indem ich Ihnen Nachricht von mir gebe, wünsche ich aus bestimmten Gründen, Ihnen sichtbar zu machen, daß es mir völlig gut geht; denn ich fürchte sehr, daß die Nachricht, ich sei mit meinem Wagen gestürzt, sich schon bei Ihnen verbreitet hat. Allerdings bin ich gestürzt, und das tüchtig, denn das Wagenverdeck lag viel tiefer als die Räder; aber die göttliche Vorsehung und die Sorgfalt, mit der man mich so umsichtig wie möglich aus der Karosse zog, bewirkten, daß ich bei meinem Zustand keine verderblichen Folgen erlitten habe. *(30. S. 111)*

In ihren Briefen und in einem Bericht, den sie an Ort und Stelle in Stargard und Köslin über Pommern verfaßt hatte, bekundete sie ein lebhaftes Interesse an den fremden Gegenden, an der Natur, den Einheimischen, den Spezialitäten, den Kostümen und der Folklore und gab Auskunft über die Manöver und die Empfänge. Das wahre Ereignis kam bei ihr genauso wenig wie bei der Oberhofmeisterin zur Sprache. Entweder es verstand sich von selbst, oder man ignorierte es mit Fleiß, daß ein ganzes Land für die Frau seines Königs entbrannt war.

Luise hat zu ihrer Wirkung auf die Menschen und Menschenmengen nie Stellung bezogen, jedenfalls nicht schriftlich, sich nie zu der Euphorie geäußert, die ihr von nun an bis zu Preußens Zusammenbruch überall, wo sie hinkam, entgegenschlug, auch die Wechselwirkung nicht kommentiert, was die Erhebung zur Kultfigur für sie persönlich bedeutete, und hat sich – könnte man folgern – über ihre Befähigung, die Seelen anzusprechen, keine Gedanken gemacht. Ganz sicher gehörte das Fachwort Charisma nicht zu ihrem deutsch-französischen Vokabular.

Verbürgt ist von unterschiedlichen Seiten, daß sie sich bei allen möglichen Anlässen gerne sehen und bewundern ließ. Niemandem aber, der als Augenzeuge dabei war und darüber berichtet hat, ist es eingefallen, ihre Könnerschaft zu erwähnen. Die Rede ist immer nur von Natürlichkeit, Anmut und Zauber. Man betrachtete sie als ein Gottesgeschenk und ihr gewinnendes Wesen als eine Gottesgabe. Dahinter die Professionalität zu vermuten – das Talent und die Kunst im Verein mit dem Wunsch und Willen – wäre eine Entweihung gewesen.

Auch war den Auftritten ja kein Studium vorausgegangen und kein Text unterlegt. Das Wort in der Öffentlichkeit zu ergreifen, gehörte nicht zu den Obliegenheiten einer preußischen Königin und wurde auch von Luise nicht angestrebt. (Einmal, sehr spät in ihrem Leben, hört man sie öffentlich reden. Berichtet wird über den Jubel, als das Königspaar von seinem ostpreußischen Fluchtort nach Berlin heimkehrte. Bei diesem Anlaß erwähnt der Berichterstatter, man habe die Silberstimme der Königin vernommen, wie sie sich vom Balkon herab bei den Menschen unten bedankte.)

Einmischung in die Politik war ihr streng verboten, ein Tabu, über das der König wachte. »Von ihrer Seite Liebe und Treue, von meiner Seite väterliches Wohlwollen«, hatte seine Devise vor dem Antritt der Reise gelautet. Luises Kür war auch für ihn eine Überraschung. Als Politikum veranschlagte er das Phänomen jedoch nicht und schwieg sich über seine Gefühle aus. Allenfalls erriet man sie an seiner gereizten Reaktion auf das Getöse. Ihm selber genügte die militärische Inszenierung. Seine Rolle beherrschte er korrekt, wenn auch eckig, Friedrich Wilhelm III., König von Preußen. Seiner Gemahlin war es darüber hinaus gegeben, die Heerscharen hinzureißen. Der Boden muß bei ihrem Debüt unter ihren Füßen vibriert haben. Die Öffentlichkeit war ihr Element. In der erhabenen Position, die ihr zukam, brauchte sie nur ihre eigene Person zur Geltung zu bringen: eine Selbstdarstellerin im Einklang mit ihrer Rolle und ihrem Publikum. Jeder fühlte sich von ihr gegrüßt, geachtet und wahrgenommen. Ihr Programm hatte sie vor dem Beginn der Reise in einem Satz zusammengefaßt:

> Ich werde alles anwenden, um ohne Zwang die Liebe der Untertanen durch Höflichkeit, zuvorkommendes Wesen und Dankbarkeit da, wo man mir Beweise der Liebe und Anhänglichkeit geben wird, zu gewinnen und zu verdienen. *(30. S. 107)*

Aus Rücksicht auf Luises Schwangerschaft unternahm der König die Touren ins Landesinnere allein und traf an den Hauptorten wieder mit seiner Frau zusammen: Danzig, Königsberg, Warschau und Breslau. Praktisch wurden zwei Reisen gleichzeitig unternommen, die eine, die den Truppenaufmärschen, Paraden und Manövern galt, und die andere zur Beglückung der Völker. Selbst auf der polnischen Strecke verstummte der Jubel nicht ganz. Praga, die Festung vor Warschau, war von dem Freiheitskampf der aufständischen Polen gegen die preußische Fremdherrschaft auch fünf Jahre danach noch schwer gezeichnet, »herzzerreißend« nennt das Tagebuch der Voß den Anblick, Preußens Königin aber wurde mit offenen Armen empfangen:

> Überall auf unserem Weg festliche Begrüßungen, Erfrischungen, Ehrenpforten, Deputationen und Blumenspenden. *(94. S. 92)*

Die Krönung in Königsberg hatte keinen Wirbel hervorgerufen. Aus der Sensation von damals, als sich der Kurfürst von Brandenburg in seinem Herzogtum Preußen die Krone aufs Haupt gesetzt und unter Europas Monarchen eingereiht hatte, war nach bald hundert Jahren ein Traditionsakt geworden, der nun zum fünften Mal über die Bühne ging. Dem Gottesdienst und Te Deum in der Schloßkirche folgten drinnen im Schloß die Vereidigung der Minister und die Reden in lateinischer, deutscher und polnischer Sprache. Dem Grafen Haugwitz oblag sowohl die Adresse an die Bischöfe als auch diejenige an die Minister. Seine eigene Karriere stand in ihrem Zenit. Der Staatsdiener honoris causa, als den er selber sich einschätzte, hatte den Wechsel von Friedrich Wilhelm II. zu Friedrich Wilhelm III. glatt überstanden und war nun der führende Mann im Kabinett, der den jungen Monarch beriet. Dieser, dem man die Treue schwor, nahm in seiner schlichten Art unter dem Thronhimmel Aufstellung. Das barocke Spektakel vom Winter 1701 wiederholte sich nicht, keine gebratenen Ochsen und kein Münzenregen fürs Volk. Keine Treibjagden wurden veranstaltet und keine Bären gehetzt. Den geladenen Gästen ließ der König Speise und Trank in der Halle reichen, dem berühmten Moskowiter Saal, der so groß war, daß ihn auch tausend Menschen nicht füllten.

Das militärische Schauspiel fand auf dem Exerziergelände draußen in Kalthoff statt. Hier saß Friedrich Wilhelm III. als Zuschauer unter einem Zeltdach, und neben ihm saß die Königin, für die sich das vorbeimarschierende Corps vermutlich geschlossen in den Tod hätte schicken lassen. Der Feind an diesen strahlenden Hochsommertagen waren der Staub und die Hitze.

Am 29. Juni kehrte das Königspaar nach Charlottenburg heim, am 6. Juli fand in Berlin die Huldigung statt, und am 13. Juli brachte die Königin ihr Kind zur Welt. Es war ein Mädchen. Sein Rufname sollte Charlotte sein.

Anfang 1799 mußte sich Luise von ihrer Schwester trennen. Das Paar hatte sich überlebt, es paßte nicht mehr ins Bild. Die eine Prinzessin war das Liebesobjekt des ganzen Landes geworden, die andere das Objekt der Spekulationen.

Der Schmerz und die Verzweiflung der jungen Witwe, die den Bildhauer Schadow zu der Figur der Klagenden bewogen hatten, waren vorübergegangen. Friederike wünschte sich einen Mann, der sie liebte, und es fehlte ihr nicht an Freiern. Das Schloß weit draußen in Schönhausen, das ihr der verstorbene König zur Verfügung gestellt hatte, glich dem Wohnsitz der Erbin in Shakespeares Komödie »Der Kaufmann von Venedig«. Nur die drei Kästchen und das Rätsel fehlten. Die Oberhofmeisterin Voß bemerkte schon während des Trauerjahres, die Witwe wisse sich gut zu trösten. Und dann zu Beginn des Jahres 1799: »Grand tracas avec la Louis«. Großer Ärger mit der Prinzessin.

Der Prinz Louis Ferdinand, vor dem Luise die Zuflucht zu ihrer Tugend genommen hatte, äußerte sich zu dem Oberst Massenbach ungeniert über seine Episode mit Luises Schwester:

> Zweimal bin ich bei ihr in Schönhausen geschlafen. Hätte sie mir den Genuß nicht gestattet, ich hätte sie geheiratet. Aber sie lag schon ganz aufgedeckt da, als ich durch das Fenster stieg – . *(57. S. 109)*

Massenbach erstattete dem König Rapport und antwortete der Königin, die ihn nach dem Benehmen des Prinzen fragte:

> Er ist ein Chamäleon. Bei tugendhaften Frauen nimmt er die Farbe der Tugend an, bis er seinen Zweck erreicht hat. *(57. S. 112)*

Da sei sie rot geworden und auf andere Themen ausgewichen.

Der Liebhaber, mit dem sich die Jüngere folgenschwer eingelassen hatte, war ein Offizier des Königs. Im Tagebuch der Oberhofmeisterin wird er frühzeitig in mißbilligendem Ton erwähnt: »der notorische Prinz Solms« – »der unangenehme Solms-Braunfels«. Der König verfügte eine Verheiratung von jetzt auf gleich. Die Ehe wurde Hals über Kopf geschlossen und das Paar nach Ansbach-Bayreuth abgeschoben, damals eine preußische Exklave im Reich. Den sechsjährigen Sohn der Prinzessin, Fritz-Louis genannt, nahm das Haus Hohenzollern für sich in Anspruch und behielt ihn zurück. Luise beklagte in einem Brief an die Oberhofmeisterin ihren Verlust:

> Ich finde die Seelenruhe, die ich zu genießen begann, so schnell nicht wieder. *(30. S. 116)*

In einem Brief an ihren Bruder George reflketierte sie ihren Zwiespalt:

> Ich bin ein schwaches Weib, das fühle ich alle Tage mehr; aus Güte des Herzens werde ich schwach. Ich wünschte, es ginge allen Menschen wohl, deshalb verzeihe ich leicht, vergesse gern, schelte nicht, wo ich sollte, um nicht zu betrüben, und ich fürchte, ich stifte doch nichts Gutes, weder außer mir noch in mir; denn die menschliche Natur ist verdorben, sie will Härte um der Besserung willen, sie dürfte nicht geschont sein, und ich habe mir zum Grundsatz gemacht, sanft, schonend, gütig gegen jeden zu sein, und eben dadurch, fürchte ich, werde ich schwach und meine Selbständigkeit verlieren. *(30. S. 118)*

Ihrem nächsten Kind gab sie den teuren Namen Friederike, aber dem Neugeborenen waren nur wenige Lebensmonate beschieden.

Die Verstoßung der Sünderin bildete in den entsprechenden Berliner Kreisen das Tagesgespräch. Bei der Voß werden die Details nicht notiert, wohl aber bei dem Grafen Lehndorff, Ahasverus Lehndorff, ebenfalls einem peniblen Tagebuchschreiber, der ihnen eine seiner typischen Betrachtungen hinzufügte:

> Der Sturz vom Gipfel des Glücks beschert dieser reizenden, liebenswürdigen Prinzessin eine grausame Zukunft und tiefe Zerknirschung. Ich hoffe, daß alles, was man sich über ihre jetzige Lage erzählt, übertrieben ist. Ich wünsche es wenigstens. Denn wäre es die Realität, würde ich verzweifeln. *(59. S. 26)*

Aus Lehndorffs Tagebuch

Der Graf war ein alter Herr. Er hatte der Gemahlin Friedrichs des Großen, der früheren Bewohnerin des Schlosses Schönhausen, als Kammerherr gedient, während dieser Epoche seines Lebens hunderttausend Kontakte geknüpft und sie aufrechterhalten, als er sich nach Ostpreußen auf sein Stammgut Steinort zurückzog. Kaum weilte er wieder in Berlin, standen ihm alle Beziehungen zur Verfügung. Nur die Stadt selber war nicht mehr diejenige, die er gekannt hatte. Er ging durch den Park von Schloß Monbijou und versank in Trauer. Die Königin Sophie Dorothea, die Frau des Soldatenkönigs und Mutter Friedrichs des Großen, hatte den Schauplatz im Rokoko-Stil anlegen lassen, und die Mutter des jetzigen Königs ließ ihn verkommen:

> Hier, wo früher ein Garten war, um den Hof und die größten Gesellschaften darin zu empfangen, ist heute ein Wald – eine Wildnis. Mehr als zwanzig Pavillons, Tempel,

> Felsen, chinesische Häuser sind hinter den Bäumen verschwunden. Alles ist dunkel, und die Häuser verfallen. Die Kanäle, in die das Wasser der Spree hineinfließen konnte, sind verstopft und stinken. *(59. S. 218)*

Zugleich mit dem Fazit zog er den Schlußstrich unter sein eigenes Zeitalter:

> Ich vergleiche die Promenaden von früher mit dem heutigen Chaos, das einem auf Schritt und Tritt in die Quere kommt. *(59. S. 218)*

Unterwegs von Berlin nach Potsdam, stellte er dann aber fest, daß man sich nicht mehr in einer siebenstündigen Qual durch den Sand schleppen mußte, sondern wie im Flug von da noch dort gelangte:

> Die Königin war mit dem König bei der Parade in Potsdam, dann zum Mittagessen in Paretz, zum Tee im Neuen Garten, und am Abend sind sie zum Schlafen nach Charlottenburg zurückgekehrt. So ein Programm ist nur dank der neuen Chaussee zu bewältigen. *(59. S. 289)*

Zu seiner eigenen Person merkte er an:

> Die Jungen betrachten mich mit einem gewissen Erstaunen. Ich bin für sie ein Phänomen. Sie wundern sich, daß ich keinen Blödsinn rede, wie das leider bei vielen meinen Altersgenossen der Fall ist. *(59. S. 225)*

Die Generation, die nach ihm gekommen war, befand sich bereits im gestandenen Alter zwischen vierzig und fünfzig Jahren. Er begegnete ihren politischen und militärischen Vertretern, die ihre Karrieren noch unter Friedrich dem Großen begonnen hatten, den Haugwitz, Kircheisen, Lucchesini, Knobelsdorff oder Zastrow – für ihn lauter neue Gesichter. Bei einem Souper im Haus des Prinzen Ferdinand traf er den Minister Hardenberg, bemerkte aber an dem kommenden Mann der nächsten Jahrzehnte nichts weiter als das glänzende Äußere und die beginnende Schwerhörigkeit:

> Seit seiner Verpflanzung aus Ansbach und Bayreuth nach Berlin scheint er sich nicht mehr wohl zu fühlen. Dort war er der Erste und der Chef, hier ist er dem fähigsten Minister, den wir haben, Graf Schulenburg-Kehnert, untergeordnet. *(59. S. 134)*

Als Tagebuchschreiber war Lehndorff das Gegenteil seiner alten Bekannten, der Frau von Voß. Sie geizte mit Zeilen und Worten, er schwelgte im Material. Seinen täglichen Kursus durch die Berliner Salons, seine Besuche in den großen Häusern und seine Teilnahme an deren Assembléen, seine Touren von einem Spieltisch zum nächsten und seine Visiten bei aller Welt unternahm er im Hinblick auf den philosophischen Gewinn:

> Die große Welt bietet unerschöpflichen Stoff zum Nachdenken. Dieselben Leute, die einander schmeicheln, zerstreiten sich bis aufs Blut. Man belügt sich von morgens bis abends, man langweilt sich miteinander und kann trotzdem nicht von einander lassen. Am liebsten wäre ich unsichtbar, um alle beobachten zu können, ohne mit ihnen leben zu müssen. *(59. S. 143)*

Das Motto, das er seinem Tages- und Lebenslauf einverleibt hatte, empfahl ihm den Aufbruch zur richtigen Zeit: »Verlaß' die Welt, bevor sie dich verläßt!« Danach richtete er sich. So gerne er kam, so gerne ging er auch wieder. Als er hörte, die Königin sei auf dem Ball beim Grafen Arnim bis drei Uhr morgens geblieben, war er besorgt um sie:

> Diese reizende Prinzessin tanzt zu viel. Gott möge ihre Gesundheit erhalten. *(59. S. 108)*

Für ihn selber fiel das Walzen ohnehin flach. Er hatte einen verkrüppelten Fuß und verdankte dem Gebrechen womöglich den Scharfblick als Kompensation.

Luises Erscheinung im Karnevalskostüm war bei dem Beobachter Lehndorff auf eine verhaltene Skepsis gestoßen:

> Die Königin und ihre Schwägerin, die Prinzessin von Oranien, sind als griechische Nymphen verkleidet. Über ihren fleischfarbenen Kleidern tragen sie Hemden aus italienischer Gaze und Gürtel mit großen Diamanten. Auf dem Kopf haben sie einen Schleier aus Gaze mit einer Diamanten-Girlande. Die Arme bedeckt das Trikot. An den Gelenken tragen sie Armbänder und über den Ellenbogen ebenfalls große Diamanten. Die der Königin sind eine Million Taler wert oder mehr. Die Prinzessin Louise Radziwill erscheint als polnische Jüdin, auch mit vielen Diamanten besteckt, kann sich aber nicht mit der Königin messen. Die anderen Prinzessinnen, keine von ihnen ohne den obligatorischen Diamantenschmuck, sind als Venezianerinnen verkleidet. *(59. S. 9)*

Das Beharren des Chronisten auf den Kleinodien ist als Kritik zu verstehen. Die Prachtliebe der Königin forderte die Blicke und die Kommentare heraus. Karneval konnte auch im Hochsommer zum Geburtstagsfest des Königs sein:

> Ihr Kleid erinnerte mich an das Porträt der Erbin von Brabant, der Großmutter Karls V., die mit Diamanten,

> Perlen und Goldketten übersät ist. So ungefähr trägt man sich heute. *(59. S. 257)*

Grundsätzlich aber hatte Luise keinen selbstloseren Anschwärmer als den Grafen. Er vergötterte sie und den König. An dem jungen Fürsten gefielen ihm die Schlichtheit, Strenge und Redlichkeit, und an der jungen Fürstin gefiel ihm beinah alles. Beide zusammen pries er, als habe sich in dem Paar die Rousseausche Lehre von der Rückkehr zur Natur erfüllt; deren Charlottenburger Spielart:

> Sie sind wirklich die liebenswürdigsten Gastgeber auf der ganzen Welt, und wir verkehren miteinander wie gute Freunde. Nach dem Essen bittet mich die Königin, mit hinauf zu kommen, wo der berühmte Schadow ihr Büste formt und modelliert. Von vier bis sechs unterhalten wir uns ganz ungezwungen, und ich werde Zeuge, wie zärtlich der König zu seiner Frau ist. Die Gruppe, er, sie und ihre Kinder, werde ich nie vergessen. Wir nehmen den Tee im Park, gehen spazieren und füttern die Karpfen. Vorher sind wir am Zimmer der Kinder vorbeigekommen, wo sie wie drei kleine Engel in ihren Bettchen liegen. *(59. S. 263)*

Nachdem Lehndorff seine Geschäfte in Berlin erledigt hatte, seinen zwei Söhnen behilflich gewesen war – dem in Potsdam beim Abbezahlen einer Schuldensumme von rund zehntausend Talern und dem in Berlin beim Antritt der juristischen Laufbahn –, lüftete er sich von seinem Quartier und trat die Rückreise nach Ostpreußen an. Das Jahrhundertende ließ ihn nichts Gutes für den Jahrhundertanfang erwarten, aber er wollte kein Pessimist sein, sondern setzte die Dinge, wie sie waren oder wie er sie sah, lieber zu einander in Vergleich:

Von Archangelsk bis Sizilien steht alles unter Waffen, und die Verzweiflung ist allgemein. Die Flotten und die Truppen der Russen sind in Italien und Konstantinopel, Bonaparte hält sich unerwartet gut in Ägypten. Zar Paul und Rußland beginnen in Europa eine große Rolle zu spielen. Der Papst wird von einer Stadt zur nächsten gejagt, und Rom ist in der Hand der Franzosen. Die Preußen bleiben inmitten dieser allgemeinen Turbulenz neutral und werden von allen umworben. *(59. S. 130)*

Jedem das Seine

Die Majestäten in Europa kurz nach 1800 gehörten fast alle zu der Generation, die eben volljährig geworden war, als sich in Frankreich der Umsturz vollzog. Unter den jugendlichen Repräsentanten war Alexander von Rußland mit Abstand der jüngste, 1777 geboren, und der Prinz von Wales, der Statthalter seines schubweise umnachteten Vaters, der älteste, 1762 geboren, sechs Jahre älter als der Kaiser in Wien, Franz II., und acht Jahre älter als Friedrich Wilhelm III. Der Emporkömmling in der Runde war Napoleon Bonaparte, 1769 geboren, Heimkehrer von den Feldzügen, die er in Ägypten gegen die englischen und in Italien gegen die österreichischen Armeen geführt hat, Erster Konsul der französischen Republik und bald schon aus eigener Vollmacht Kaiser der Franzosen. Nur Carlos und María Luisa, König und Königin von Spanien, und Ferdinand und Karoline, König und Königin von Neapel, vertraten noch die vorige Generation Ludwigs XVI., dessen volkstümliches letztes Bild ihn beim Besteigen der Guillotine zeigte beziehungsweise im Moment danach sein abgeschlagenes Haupt, wie der Scharfrichter es der Öffentlichkeit hinhielt.

Eines gewaltsamen Todes war auch Alexanders Vater gestorben, Zar Paul I., in der Nacht vom 23. auf den 24. März 1801, hingemordet in seinem Palast in St. Petersburg von seinen eigenen Leuten. Die Nachricht hatte, als sie am 12. April in Paris eintraf, angeblich einen Moment der Panik bei Napoleon ausgelöst. Preußens Unterhändler in der französischen Hauptstadt, der Marquis Girolamo Lucchesini, berichtete darüber an Friedrich Wilhelm III.:

> Bonaparte, dem Sieur Talleyrand die Neuigkeit überbrachte, stieß, wie vom Blitz getroffen, einen Schrei der Verzweiflung aus. Sein erster Gedanke war spontan, daß hinter der Gewalttat die Engländer stecken müßten und er nun seine Hauptstütze gegen England verloren habe. Paul I. sei für ihn ein ebenso zuverlässiger Partner wie Peter III. für Friedrich den Großen gewesen. Daran jedoch, daß er bei Pauls Nachfolger auf eine solche Geneigtheit treffen werde wie der Großonkel Eurer Majestät bei der Kaiserin Katharina, glaubt Bonaparte nicht. *(3. S. 38)*

Der preußische König hatte die Nachricht aus St. Petersburg von Alexander persönlich erhalten. Das Schreiben war unmittelbar nach dem Vorfall verfaßt und mit der Anrede »Monsieur mon Frère et Cousin« eröffnet worden:

> Meine Briefe, deren Überbringer mein Gesandter Herr Baron von Krüdener ist, zeigen Eurer Majestät den Tod des verewigten Kaisers Paul Petrowitsch an, meines sehr verehrten Vaters und Herrn, und meine Ankunft auf dem Thron des Kaiserreiches aller Reußen. Über die Erfüllung der gebotenen Formalität hinaus drängt es mich, die Gelegenheit zu benutzen, um Eurer Majestät ein besonderes Zeugnis meiner Aufmerksamkeit durch meinen eigens dafür bestimmten Kammerherrn, den

> Herrn Gerebzoff, übermitteln zu lassen. Mein Wunsch ist es, zwischen uns die Bande der Verwandtschaft und Freundschaft immer enger zu schließen. *(1. S. 3)*

Die politische Botschaft war unmißverständlich. Alexander bewarb sich um ein Bündnis mit Preußen. Aus Berlin erhielt er eine zuvorkommend-zurückhaltende Antwort:

> Eure Kaiserliche Majestät kennt das ganze Ausmaß der engen Beziehungen zwischen unseren beiden Reichen und unsere großen gemeinsamen Interessen. Nichts ist von mir versäumt worden, um eine Allianz zu pflegen und bestärken, auf der das wechselseitige Glück unserer Völker beruht und zu einem bedeutenden Teil auch das Glück von ganz Europa. *(1. S. 4)*

F. W. III

Der Erbe auf Friedrichs des Großen Thron war ein Dilettant mit einer kolossalen Schwäche für Ruhe und Frieden. Das Motto, das er ebenso auf der Brust wie im Herzen trug, hieß »Jedem das Seine« – »Suum cuique«. Nichts ging ihm darüber. Wenn jeder jeden in Ruhe läßt, resultiert daraus ganz von selber der ewige Frieden. Die Nachfolge Friedrichs des Großen, die Friedrich Wilhelm II. noch gegenwärtig gewesen war, hatte sich für Friedrich Wilhelm III. bereits ins Nebulöse entrückt. Praktisch trat er sie gar nicht mehr an, sondern richtete sich darauf ein, das preußische Königreich wie eine Insel zur regieren.

Stattdessen zwangen ihn die Umstände schon bald nach der Thronbesteigung zur Okkupation des Kurfürstentums Hannover, das zur englischen Krone gehörte und gegen den französischen Übergriff geschützt werden mußte. Der preußische König aber, der seiner Stellung die Aufsicht über Ruhe und Ordnung im Norden Deutschlands schuldete, konnte sich zu dem militärischen Schritt nur mit innerem Widerstreben entschließen. Seine Ratgeber bedrängten ihn, und er gab ihnen nach; beim Ausmarsch der Truppen wurde er jedoch von seiner Aversion überwältigt. Ihm kamen die Tränen. Zum Mitspieler im europäischen Kriegstheater war er so ungeeignet wie ein Holzbein zum Tanzen. Die Realität auf dem Kontinent überforderte ihn. Er zog sich ins innenpolitische Ressort zurück, um der Außenpolitik nicht ins Gesicht sehen zu müssen, werkelte mit seinen Kabinettsräten an Reformen und wich vor den bösen Ahnungen ins Theater aus. Seine dortigen Besuche waren seine Trostpflaster. Die Darsteller auf der Bühne nahmen ihm das schwere Amt, das er innehatte, momentan ab. Solange sie dort oben sangen und tanzten, brauchte er nicht daran zu denken. Sein eigentümliches Steckenpferd waren die Soldaten- und Hofkostüme. Auch bei ihnen fand er Ruhe und Frieden und gefiel sich darin, solche Monturen selbst zu entwerfen. Oder er atmete in der märkischen Landschaft auf. Diese Vorliebe teilte er mit seiner Frau, Ausflüge nach draußen, zur Pfaueninsel bei Potsdam und weiter weg nach Paretz, dem Haveldorf, wo er sein Gutshaus hatte.

Der äußeren Erscheinung nach entsprach er seiner Stellung fehler- und tadellos, groß gewachsen, wohlproportioniert, unbebaucht, die Physiognomie scheinbar ehrlich und wahr. Nichts an ihm wirkte ordinär. Seine Sprechweise in Infinitiven und am liebsten ohne Subjekt war kasten-spezifisch, bei ihm bis zum Tick getrieben, die hybride Mundart zur Unterbindung von Diskussionen. Der Begleiter, der ihm während der schweren ersten Jahrzehnte seiner Karriere wie ein dicker Schutzmann zur Seite stand, war Karl Leopold von Köckritz (1744 – 1821), ein Adjutant wie nach Maß für ihn gemacht, das lebende Polster zwischen ihm und der Welt, von Köckritz oder Köckeritz, von dem die Legende behauptet, er habe sich 1806 nach den verlorenen Schlachten ins Wirtshaus zum Essen gesetzt, während draußen der Schnitter Tod über das Feld ging.

Zunächst aber hatte Friedrich Wilhelm III. alle Optionen auf seiner Seite. Sowohl Alexander als auch Napoleon wünschten ihn sich als Bundesgenossen, so daß er nur zu wählen brauchte, Ost oder West. Sogar die Dreier-Allianz Frankreich-Preußen-Rußland war denkbar und wurde im Kreis seiner Berater erwogen. Als den sichersten Hort sah man jedoch die Verbindung mit Napoleon an und versuchte den König in die entsprechende Richtung zu lenken. Der aber wollte mit dem französischen Aufsteiger weder gemeinsame Sache machen noch mit ihm aneinander geraten, sondern ihm aus dem Weg gehen. Dazu aber war es notwendig, so leid es ihm tat, sich auch gegenüber Alexander distanziert zu verhalten. Denn auf eine preußisch-russische Liaison oder gar eine Verbündung Preußen-Rußland-Österreich würde Napoleon unweigerlich mit einem Krieg reagieren. Also begab sich Friedrich Wilhelm in die Isolation. Er stellte sich Preußen als eine Tabuzone vor: quer durch halb Europa bis zur russischen Grenze. Diese Idee nannte er das »Neutrale System«. Was darunter zu verstehen war, hatte die Königin kurz vor oder nach der Jahrhundertwende in einem Memorandum zusammengefaßt:

> Ab der Thronbesteigung des Königs waren ihm alle Herzen zugetan. Sein Volk liebt ihn noch immer mit der selben Wärme wie gleich zu Beginn, denn es sieht, daß sein junger Monarch unbeirrt den Weg der Gerechtigkeit wandelt. Bald nach dem Tod seines Vaters haben sich ihm alle ausländischen Höfe sozusagen an den Hals geworfen, um seine Freundschaft zu erlangen. Jeder von ihnen war stolz darauf, sie zu besitzen. Der Plan einer allgemeinen Allianz kam zum Vorschein. Welcher Empfang für einen jungen König, der militärisch erzogen worden ist und durch die Kenntnisse, die er sich erworben hat, zweifellos eine große Rolle hätte spielen können! Trotzdem ließ er

sich von dieser enormen Versuchung nicht verführen. Vielmehr wählte er mit Rücksicht auf sein Volk, dem er Frieden und Ruhe schenken will, das System der Neutralität. Preußen wird eine allgemeine Zersetzung und der Monarchie ein Zerfall prophezeit. Aber bis es so weit kommen könnte, müßten viele Bollwerke zusammenbrechen. Die Liebe und der Enthusiasmus eines ganzes Volkes müßten sich in Nichts auflösen, eine Armee, berühmt für ihre Siege im Siebenjährigen Krieg, müßte kapitulieren, und die vereinten Kräfte Nordeuropas müßten auseinanderfallen. *(51. S. 204 f.)*

Aus dem Dokument, dem vermutlich eine Vorlage aus der Feder des Kabinettsrates Lombard zugrunde lag, spricht die zeitlose Haltung des Individuums: apolitisch, egozentrisch und introvertiert, hier in der Übertragung auf den preußischen Staat. Der Wunschtraum, den sich Friedrich Wilhelm III. schließlich auf tragische Art erfüllt hat, war das Refugium, der Fluchtort.

Der junge Monarch, der sich von seinen persönlichen Idiosynkrasien lenken ließ, paßte umso schlechter zu dem Amt an der Spitze einer europäischen Großmacht, als er ebenso konflikt- wie menschenscheu war, starken Persönlichkeiten abgeneigt und dankbar für solche Berater, die ihn nicht überanstrengten, keine offensive Politik von ihm verlangten und ihm keine Angst machten. Mit ihnen igelte er sich in seinem Kabinett ein: Haugwitz, Beyme, Lombard, Köckritz waren ihre Namen. Die Beschaffenheit seines nahen und weiteren Familienkreises kam zu der Misere hinzu. Denn auch dort fehlte es an maßgebenden Häuptern.

Heinrich in Rheinsberg hatte eine europäische Politik verfochten, aber war schon unter Friedrich Wilhelm II. nicht mehr angehört worden. Ferdinand, der jüngste und letzte überlebende Bruder Friedrichs des Großen, enthielt sich vornehm jeder Dreinsprache. Mit Ferdinands älterem Sohn, dem Prinzen Louis Ferdinand, konnte sich Friedrich Wilhelm unmöglich vertragen, die wechselseitige Abneigung war elementar. Der jüngere Ferdinand-Sohn hatte seine Soldatenkarriere kaum erst begonnen. Unter den Brüder des Königs fehlte derjenige, der Friedrich Wilhelm am nächsten gestanden hatte. Prinz Louis, der Gefährte beim rheinischen und beim polnischen Feldzug, war verstorben. Von den beiden jüngeren, Heinrich und Wilhelm, trennte den König mehr als ein Jahrzehnt. Eine Stütze war von ihnen vorerst nicht zu erwarten. Sein Schwager, der Erbprinz von Nassau-Oranien, befand sich in Preußen praktisch im Exil, vertrieben aus Holland, seit sich dort die Republikaner mit französischer Hilfe durchgesetzt hatten. Die Königin-Mutter, Friederike Luise, Witwe Friedrich Wilhelms II., kam für die Rolle einer Beraterin ihres Sohnes ganz und gar nicht in Frage. Man konnte schon froh sein, wenn sie ihr eigenes Dasein in Ordnung hielt. Mit dem Schwiegervater, der seit 1794 zu den regierenden Fürsten zählte, Herzog von Mecklenburg-Strelitz, tauschte sich der preußische König nicht über Politik aus. Militärisch war von dieser Seite nichts zu erwarten. Das Ländchen unterhielt kein eigenes Heer. Der einzige in der Familien-Runde, auf den der Anfänger zählte und den er in problematischen Situationen zu Rate rief, war sein Oheim, Karl Wilhelm Ferdinand, Herzog von Braunschweig, ein Neffe Friedrichs des Großen und preußischer Generalfeldmarschall. Dieser alte Degen würde in einem Kriegsfall, den sich der König nicht vorstellen mochte, der Oberbefehlshaber sein.

In keiner der bedeutenden europäischen Monarchien war das Potential der Königsfamilie so abgesunken wie in Preußen beim Regierungsantritt Friedrich Wilhelms III.; abgesehen von Spanien, wo es sich vollends erschöpft hatte. Nirgendwo sonst aber auf dem Kontinent gab es zur gleichen Zeit eine solche Zusammenballung von Familienmitgliedern wie in Frankreich um Napoleon Bonaparte. Familien- und Herrschaftspolitik gehörten für den Aufsteiger zusammen. Aus seinem Clan die mächtigste Dynastie Europas zu machen, war sein Ziel.

Im Frühjahr 1803 löste der Erste Konsul durch eine Vorwarnung, die er dem preußischen König schickte, in der Berliner Politik eine Krise aus. Sein General Duroc war aus Paris angereist, um die Schutzmacht des Nordens in aller Freundschaft über den furchtbaren Krieg zu informieren, den Frankreich entschlossen sei, gegen England zu führen: »une guerre terrible«. Der Schauplatz werde das weite Meer sein. Das Ziel sei Britanniens Entmachtung zur See. Der Anlaß, der zu einer solchen Aktion scheinbar in keinem Verhältnis stand, war die englische Weigerung, sich von der Insel Malta zurückzuziehen, wie die wechselseitigen Vereinbarungen es verlangten. Napoleon, so versicherte Duroc dem König, wünsche nichts anderes als die Erhaltung des Friedens, werde aber den englischen Affront nicht dulden und den Seekrieg entfesseln. Die Folgen seien beträchtlich. Zu den Maßnahmen würden unter anderen die Besetzung der holländischen Häfen und der Einmarsch in Hannover gehören. Um Seine Majestät, den preußischen König, beizeiten davon zu unterrichten, sei er gekommen.

Friedrich Wilhelm, der nicht umhin konnte, die Drohung zu verstehen, beantwortete sie mit einer Moralpredigt an die Adresse des Machthabers in Paris. Als einem Freund Frankreichs, so versicherte er Napoleon schriftlich, könne es ihm nicht gleichgültig sein, wenn um zweifelhafter oder nichtiger Vorteile willen Opfer in Kauf genommen würden, die auf Frankreich selber zurückfallen müßten. Der Eindruck, den Duroc in Berlin von dem dortigen Herrscher und dessen Umgebung gewonnen hatte, lautete in einem Satz:

> Sa Majesté est timide et entourée de gens timides.
> *(3. S. XXXVI)*

Ein ängstlicher Herrscher, von ängstlichen Beratern umgeben. Zugleich erfuhr Napoleon von seinem Adjutanten Ségur, der mit auf der Reise gewesen war, Friedrich Wilhelm III. habe eine Frau gleich einer Titania. Denken müsse man sich ihre Erscheinung halb hingestreckt auf ein prächtiges Sofa, einen Schleier von orientalischem Purpur um die anmutige Taille und neben ihr ein goldener Dreifuß:

> In dem Klang ihrer Stimme lag eine so harmonische Sanftheit, in ihren Worten ein so lieblicher, ein so rührender Schmelz, in ihrer Haltung so viel Zauber und Würde, daß ich in meiner ersten Betroffenheit meinte, eine jener Erscheinungen vor mir zu sehen, die man sonst nur von den Märchen und Fabeln her kennt. *(4. S. 132 f.)*

Helena und Alexander

Nach sieben Ehejahren verliebte sich Friedrich Wilhelm III. neu. Er schickte seine Gedanken und Briefe über die Landesgrenze nach der Residenzstadt Ludwigslust. Die Empfängerin war Helena Pavlowna, eine der vielen Töchter des Zaren Paul; diese verheiratet mit dem Erbprinzen von Mecklenburg-Schwerin. Das Paar war zum Karneval in Berlin gewesen und brach bald darauf nach St. Petersburg auf, wo sich der Thronwechsel unter den bekannten dramatischen Umständen vollzogen hatte. Helenas Bruder Alexander war jetzt der Zar. Der König grüßte sie aus Potsdam und wünschte ihr eine gute Reise:

> Sei Ihnen in den Armen Ihrer Familie eine heitere Zeit vergönnt, aber haben Sie die Güte, sich gelegentlich auch der Abwesenden zu erinnern. *(1. S. 403)*

Da sie derzeit Trauer trage, erlege er sich Schweigen auf, um ihr nicht lästig zu fallen. (Der Tod einer ihrer Schwestern, der Gemahlin Joseph Palatins von Ungarn, eines Bruders des Kaisers von Österreich, war dem Tod des Vaters nur um wenige Tage vorausgegangen.) Wie hoch er von dem jungen Kaiser denke, »l'Empereur actuel«, möge sie ihren Bruder wissen lassen, falls sich eine Gelegenheit dazu bieten sollte. Eines aber vor allem:

> Tausend, tausend Dank für Ihr Portrait. Sie hätten mir nichts Lieberes schenken können. Es macht mich überglücklich. *(1. S. 403)*

Helena Pavlowna war noch keine zwanzig Jahre alt und wurde auch keine zwanzig Jahre alt. Ihr Beiname »la Fée bienfaisante«, die gute Fee, bezog sich auf eines ihrer Karnevalskostüme. Den König, der von ihr verlangt hatte, daß sie ihn Fritz nennen sollte, enttäuschte sie durch ihre Rückkehr zu den förmlichen Anreden »Sire« und »V. M.«. Zur Strafe benutzte er demonstrativ in zehn Sätzen hintereinander die Formel »V. A. I.«: Eure Kaiserliche Hoheit. Für ihn handelte es sich um die Rückkehr zu den zärtlichen Gefühlen seiner Verlobungszeit damals am Rhein. Nur das Element Hoffnung hatte sich inzwischen verflüchtigt. Stattdessen wich er auf die Väterlichkeit aus. Mehr blieb ihm nicht übrig, als die Frau, für die er entflammt war, durch seine Huldigungen zu erfreuen, wenigstens aus der näheren Ferne an ihrem Leben teilzunehmen, ihren Geburtstag zu feiern und sich nach ihrem Kind zu erkundigen, dem kleinen Paul, der Pauke genannt wurde. Da die offenen Bekenntnisse sich verboten, traten Berliner und Potsdamer Mitteilungen an deren Stelle, Manöver, Gesellschaften und Theaterbesuche, die neuen Stücke, zum Beispiel das »Donauweibchen«, das zum Totlachen gewesen war, die Einweihung des Schauspielhauses, die Geburt seines dritten Sohnes, dessen Patenschaft zu übernehmen er Helena bat, und immer wieder die Erwähnungen der Königin-Mutter in ihrem Abseits in Freienwalde. Offenbar war die Großfürstin der vernachlässigten alten Frau liebenswürdig begegnet. Sehr ausführlich beschrieb der König seiner Adressatin die Gala-Montur, die er für seinen Hofstaat entworfen hatte. Am 10. März sollte sie zum ersten Mal angelegt werden. Das Datum war, wie er nicht hinzufügen mußte, Luises Geburtstag. Die Königin selber erwähnte er in seinen Briefen nicht. Wenigstens hier wollte er ungestört bleiben, nachdem ihm seine Ehefrau seine Liebesgeschichte praktisch entwendet hatte.

Luise hatte die Regie übernommen und aus der schönen Helena einen Kult gemacht. Sie unterhielt mit ihr eine eigene Korrespondenz, lud sie nach Paretz und Charlottenburg ein, erhob sie zu einer Herzensfreundin und erwies ihr den letzten Liebesdienst. Der königliche Leibarzt wurde der erkrankten Prinzessin zu Hilfe geschickt. Die Königin begleitete den König nach Ludwigslust an das Krankenbett, und sie stimmte, als die Nachricht von Helenas Tod eintraf, die Klage an. Friedrich Wilhelm fühlte sich dazu nicht in der Lage. Es sei ihm absolut unmöglich – »absolument impossible« –, teilte er dem verwitweten Erbprinzen mit, die angemessenen Worte für den Verlust zu finden. Der Entwurf zu dem letzten Brief an die imaginäre Geliebte trägt den Vermerk von der Hand des Verfassers:

> Dernière lettre restée sans reponse, la princesse étant morte le 24 septembre 1803, à 91/2 du soir. *(1. S. 434)*

Der Kondolenzbrief an Alexander klingt so, als sei er unter Tränen geschrieben worden. Entschuldigend fügte der König hinzu:

> Ich schreibe Ihnen, weil ich meinen Schmerz jemandem anvertrauen muß, der ihn ganz empfindet. *(1. S. 36)*

Die persönliche Bekanntschaft der preußischen Majestäten mit dem Zaren war Helena Pavlowna mit zu verdanken. Sie und ihr Ehemann hatten sich während der Monate in St. Petersburg für das russisch-preußische Monarchentreffen stark gemacht, das im folgenden Jahr zustandekam, Juni 1802 in Memel. Für Luise war es ihr Debut auf einer politischen Bühne und mehr als das.

In St. Petersburg war das Treffen umstritten. Die Polemik richtete sich gegen die Hörigkeit, die Friedrich Wilhelm III. gegenüber Frankreich unterstellt wurde. Man sah in ihm eine Marionette der französischen Interessen und hielt die Begegnung für ein falsches Signal. Der russische Außenminister, Graf Victor Kotschubej, dachte darüber so:

> Der Kaiser hat unberaten in aller Stille ein Zusammentreffen mit dem König von Preußen irgendwo an der Grenze verabredet. Der Vermittler war sein Schwager, der Prinz von Mecklenburg, ein ausgemachter Idiot. Mich hat der Kaiser erst vor drei Wochen davon unterrichtet und mit der Marschroute beauftragt. Mein Ärger darüber ist seither unvermindert. Wer würde es für möglich halten, daß sich zwei Staatsoberhäupter auf eine Reise begeben, die nichts anderes als das Paradieren von Regimentern bezweckt? Aber wie dem auch sei, ich werde den Kaiser begleiten. *(74. S. 183)*

Alexander saß auf seinem Thron nicht sicherer als auf einem Vulkan. Das Attentat, durch das er hinaufgelangt war, konnte sich wiederholen. Die Drohung wurde gegen ihn ausgespielt. Zu den Erpressern, die ihn durch ein- und zweideutige Warnungen politisch zu steuern versuchten, gehörte die Witwe des ermordeten Zaren, Maria Feodorowna in ihrer Machtposition als Alexanders Mutter. Er aber hatte Lust auf das Risiko.

Sein Selbstbewußtsein war glanzvoll entwickelt. Noch ehe eine Schlacht begonnen hatte, fühlte er sich als Sieger. Hinzu kam die Überzeugung von der hohen Mission, zu der er sich berufen fühlte: Europa warte nur darauf, daß er gegen Napoleon antreten werde. Früher oder später mußte es dazu kommen. Vorerst sondierte er seine Bundesgenossen. Der Aufenthalt in Memel führte ihm die preußische Königin zu.

Luise erkannte in dem Zaren das Ideal, das so lange auf sich hatte warten lassen. Sie fand die Worte dafür, als wären diese in ihrem Herzen längst herangreift:

> Er hat eine Engelsgüte, die sich in allen seinen Handlungen ausprägt und über seine ganze Erscheinung verbreitet. Sein Äußeres ist stattlich, sein Körper wunderbar gebaut. Er sieht wie ein junger Herkules aus. *(30. S. 155)*

Welchen Eindruck sie auf ihn gemacht hat, steht nirgendwo geschrieben. Alexander hat sich über die Königin immer nur ausgeschwiegen. Nicht einmal bei ihrem Tod äußerte er in seinem Kondolenzbrief an den Witwer eine tiefere Anteilnahme oder gar einen Schmerz. Sicher ist, daß er bei dem Kennenlernen in Memel als der Jeune Premier auftrat, seinen Charme spielen ließ und außer der Königin auch die Gräfin Voß für sich gewann, die in ihr Tagebuch schrieb:

> Der Kaiser war unendlich gütig und gnädig. Beim Diner trank er in besonders freundlicher Weise auf meine Gesundheit. Er ist der liebenswürdigste Mann, den man sich denken kann, und dabei durch und durch ein Mann von Ehre in seinen Ansichten und in seiner Gesinnung *(94. S. 98)*

Dabei ging die Oberhofmeisterin wie von einer Naturwendigkeit von der Bezauberung des Zaren durch den Charme der Köngin aus. Der Arme sei begeistert und gebannt von der Königin!

Wahrscheinlicher ist, daß er die interessante Rolle, die sich ihm anbot, schnell begriff und sie mit sentimentaler Könnerschaft spielte. Jedenfalls wurden die Hochsommertage an der Ostsee zu einer seligen Wiege für Luises Gefühle. Luise

In dem Briefwechsel der beiden Monarchen, der den Ort an der russisch-ostpreußischen Grenze als Treffpunkt festlegt und den Termin bestimmt hatte, war von der Königin nicht die Rede gewesen. Ihre Anwesenheit wurde entweder als selbstverständlich vorausgesetzt, oder der König hat sie eigenmächtig beschlossen. Alexander ließ seine Frau zu Hause in St. Petersburg. In Begleitung der Kaiserin zu verreisen, war nicht sein Stil. Er trat unbeweibt auf, der Solitär mit seinem Enigma, umgeben von seinen Ministern und Freunden. Alles, was Ehepaare durch die Art ihres gemeinsamen Erscheinens über sich verraten, fiel bei ihm weg. Keine Partnerin, keine Enttarnung. Aus seiner Domäne heraus konnte er abwarten, was Luise und Friedrich Wilhelm wechselseitig von sich preisgeben würden. Die Beobachtung, daß zwischen der schönen Königin und dem preußischen Gatten ein Mißverhältnis bestand, hatte er zweifellos schnell gemacht, aber dann auch festgestellt, daß dem ungleichen Paar kein Hader anhaftete. Kein ständiges Wetzen zwischen den beiden Hälften; eine Kameradschaft trotz allem.

Friedrich Wilhelm wurde von seiner Kamarilla begleitet, den Kabinett-Schranzen, seinem Adjutanten Köckritz und seinen Brüdern Wilhelm und Heinrich. Die Charakter-Chargen der Königin waren die Oberhofmeisterin, eine Hofdame * und ein Kammerherr. Wäre sie selbst nicht die strahlende Mitte gewesen, hätte das preußische Team so gestrig wirken müssen wie die preußischen Truppen bei den militärischen

* und eine ihr treu-ergebene Bürgerliche

Vorführungen. Hinter vorgehaltener Hand äußerte sich Alexander zu dem müden Tempo; seinen Gastgebern ins Gesicht erging er sich in Lobeserhebungen über den Drill.

Am vierten Tag des Beisammenseins brach Luise zusammen. Die Spannung überforderte ihre Nerven. Brust- und Weinkrämpfe waren die Folge. Alexanders Leibarzt kam ihr zu Hilfe. Man schob es auf die Hitze draußen. Die Krise wurde physisch gedeutet. Der Kaiser leistete der Genesenden Gesellschaft, als sie, immer noch matt, aber wieder Herrin ihrer selbst, vom Sofa aus ihre Gäste empfing und ihnen den Tee servierte.

Das Freundschaftstreffen ging weiter, gemeinsame Ausritte, Gesellschaften, Bälle, Empfänge, Illuminationen und dann der Abschied:

> Ich blieb oben am Fenster, das auf den Hof hinausging, wo sein Reisewagen stand. Ein letztes Neigen des Kopfes sagte mir Lebewohl und verriet mir seinen Schmerz, daß er uns verlassen mußte. *(30. S. 154)*

Unmittelbar nach der Heimkehr verfaßte die Königin ein Memoire über die Begegnung. Es war ihre Flucht nach vorn. Sie hatte sich entschlossen, das Alexander-Erlebnis nicht zu verschweigen, sondern es laut zu verkünden:

> Der Kaiser ist einer der seltenen Menschen, die alle liebenswürdigen Eigenschaften mit allen echten Vorzügen vereinen. Er hat die loyalsten, edelsten und gerechtesten Grundsätze und gleicht in allen wesentlichen Punkten dem König. Er ist so gut und anständig, daß ich es nur mit der Denkweise des Königs vergleichen kann. *(30. S. 154f.)*

Die Handschrift wurde in Umlauf gesetzt. Freunde und Verwandte sollten an dem Wunder teilnehmen, daß es den König und den Kaiser nebeneinander gab:

> Die beiden Monarchen lieben sich zärtlich und aufrichtig, gleichen sich in ihren herrlichen Grundsätzen, der Gerechtigkeit, Menschlichkeit und Liebe zum Wohl und Beförderung des Guten. Auch ihr Geschmack ist gleich. *(30. S. 157)*

Das dramatische Material lag auf der Hand, und Heinrich von Kleist machte eine Komödie daraus.

Die Romantikerin

Das Zeitalter, das sich die Moral als eine natürliche Einrichtung und die Staatsform so anschmiegsam wie die Musselinkleider wünschte, huldigte der Macht der Liebe. Von ihr handelt Napoleon Bonapartes Romanentwurf »Clisson und Eugénie« mit autobiografischen Zügen: Wie der Held, der bis dahin kein anderes Glück als den Kriegsruhm kennengelernt hat, bei seinen einsamen Streifzügen den Freundinnen Amélie und Eugénie begegnet, wie ihm erst die eine gefällt, aber sein Herz dann die andere wählt, wie der an Siege und große Taten gewöhnte Clisson seiner Leidenschaft den entsprechenden Charakter von Stärke und Unbeugsamkeit verleiht und wie Eugénie sich als die Schicksalsgefährtin des großen Mannes begreift:

> Womöglich hat die launenhafte Liebe nie zwei so unterschiedliche Charaktere miteinander vereint. *(64. S. 11)*

Während der Trennungsjahre, die der Krieg erzwingt, vergeht kein Tag ohne einen zärtlichen Brief. Nachdem Clisson aber einen seiner Offiziere zu Eugénie abgeschickt hat, um ihr sagen zu lassen, er sei im Feld verwundet worden und sende ihr bis zu seiner Genesung und Heimkehr den jungen Bréville, schreibt sie ihm immer seltener und verstummt zuletzt ganz. Er, dessen ruhmreiche Wunden inzwischen geheilt sind, nimmt in einem Brief, den er seinem Adjutanten zur unverzüglichen Beförderung aushändigt, von ihr Abschied. Schon im nächsten Moment stürzt er sich mit gesenktem Kopf an der Spitze einer Schwadron in das Getümmel:

> Von tausend Hieben durchbohrt hauchte er sein Leben aus – et expira percé de mille coups. *(64. S. 15)*

Eine vergleichbare Leidenschaft beseelte die Liebesbriefe des Preußenprinzen Louis Ferdinand an Pauline Wiesel. Er wollte die Frau, die mit ganz Berlin verheiratet war, für sich allein. Und mehr noch. Auch seine eigenen vielen Liebesgeschichten störten ihn jetzt in seinem exklusiven Gefühl:

> O wie sehr wünschte ich und wünsche ich noch, nie mehr als Ein Weib geliebt zu haben! Wie glücklich ist der, dessen erste Liebe sein ewiges Glück macht!
> Liebe wünschte ich, Liebe ist der einzige Wunsch meines Herzens, das Ideal, nach dem ich strebte. *(93. S. 73)*

Das letzte überlieferte Blatt, das er von Jena aus an sie adressierte, endet mit der Nachschrift:

> Adieu, Liebe, schreib mir nur gute, liebe Briefe, sie sind mein einziges Glück. *(99. S. 132)*

Acht Tage später, morgens am 10. Oktober 1806, stürzte auch er sich an der Spitze einer Vorhut in die Schlacht und ließ sich genauso wie Clisson vom Feind massakrieren, angeblich in der festen Absicht, dem preußischen Desaster, das er kommen sah, in den Tod zu entweichen. Sie liebe nur noch ihn auf der Welt, hatte ihm Pauline geschrieben:

> Du Krieger, Du Jäger, Du Musikus. Du hast alles in mir getötet, ich weiß nicht, ob mich das glücklich machen soll, oder ob es nicht vielleicht besser wäre, es wäre anders. Nein, Louis, es kann nun mal nicht anders sein. *(99. S. 128)*

Louis Ferdinand beschwor sie, den Liebesakt nicht in die Gosse zu ziehen. Der Rausch war ihm heilig und die Lust in seinen Briefen so gegenwärtig, daß der Wortlaut bei der späteren Publikation durch Gedankenstriche ersetzt worden ist:

> Bald sehe ich Dich, bedecke Dich mit tausend Küssen - Pauline, Einzige, komm' in meine Arme! *(9. S. 265)*

Da die Stelle aber nicht vom Zahn der Zeit, sondern nur von einem Zensor getilgt worden war, machte der nächste Herausgeber sie wieder auf:

> Bald sehe ich dich, bedecke dich mit Tausend Küßen – Jeder Theil des Lieben Leibes soll ein Opfer bekomen, auch denen Launen und Capricen des Lieben Loulou Ferdinand giebt sich Pauline, Tausend Küße bedecken den Mund, die himlische süße, meine Zunge ruht mit Wollust auf den heimlichsten Wohnsitz des Vergnügens – Pauline einzige komm in meine Arme. *(99. S.102)*

Auch bei der freien Liebe, die der Avantgarde von 1800 vorschwebte, stellte sich das Treue-Problem. Zu seiner Lösung lieferte die preußische Königin einen Beitrag.

Führte der König die Königin aus, wandelte zwischen ihnen sein Starrsinn, der ihrem Zauber die rührende Note verlieh, einem so verdrossenen Herrn so ergeben zu sein. Nun aber sprach sich Luises Begeisterung für den Kaiser Alexander von Rußland herum, welch ein herrlicher Mensch er sei, welch ein Ausbund an Tugend und Männlichkeit, und dazu die Behauptung der Königin, daß der Zar und der König einander in allen wichtigen Punkten gleichen. Setzte man dem Wunschdenken den I-Punkt auf, so hatte man schon den Plot: der Kaiser und der König sind eins. In diesem Sinn machte sich Kleist an die Arbeit.

Das Fürstenpaar sind Amphitryon und Alkmene, und der göttliche Dritte ist Jupiter. Benannt wird das Stück nach dem, der es ausbaden muß, natürlich der Ehemann, Amphitryon; sprich: Friedrich Wilhelm. Der Untertitel hieß schlicht »ein Lustspiel nach Molière«. Das genügte zur Kamouflage.

Tatsächlich hielt sich Kleist mit preußischer Pünktlichkeit an das Modell des Franzosen. Der Fürstin blüht das Wunder, daß ihr der Gemahl bei seiner nächtlichen Heimkehr vom Schlachtfeld so herrlich wie nie zuvor erscheint, ein potenzierter Amphitryon, unmöglich derselbe, den sie in die Schlacht entließ, und doch der gleiche. Sie braucht seine Identität nicht zu bezweifeln. Seine Umarmung steht im vollen Einklang mit ihrer Tugend. Nur der Rekord wird gebrochen, nicht die Ehe. Das Verwirrspiel nimmt seinen Lauf, wie man es kennt. Der Gott geht zur Tür hinaus, und der Mensch kommt zur Tür herein, weiß nichts von dem Fest zu zweit, das sich abgespielt hat, und kann seine Frau, die davon schwärmt, nicht verstehen. Das Drama ist programmiert, die wüsten Szenen. Schließlich, im dritten Akt, muß die Enthüllung kommen. Jupiter, Deus ex machina, gibt sich zu erkennen. So steht es bei Molière und hat auch bei Plautus schon so gestanden. Nicht so bei Kleist.

Der Tragiker führte die Gegenüberstellung der beiden Amphitryonen herbei, die Umdrehung der Schraube. Alkmene soll ihren Mann identifizieren. Die Ehefrau muß es wissen. Sie aber, die den Optimalen bevorzugt, kompromittiert ihre Ehe, indem sie den Trivialen verschmäht. Er sei, sagt sie ihm ins Gesicht, seinem Gegenüber nicht ähnlicher als ein Ochse dem Hirsch. (Die Frage, ob sie Amphitryon tatsächlich oder nur angeblich nicht wiedererkennt, bleibt in der Komödie ebenso offen, wie in der Erzählung »Die Marquise von O ...« nicht gesagt wird, ob die Marquise in jener stürmischen Brandnacht tatsächlich ohnmächtig war oder die Augen nur zugemacht hat.)

Die Brücke von den hohen Herrschaften im Drama zu den Majestäten in Berlin schlug Amphitryons Knecht Sosias als ein naher Verwandter des Herrn von Köckritz. Der Adjutant des preußischen Königs war ein Drückeberger und Schwätzer, und sein Pendant auf der Bühne ist ein Maulheld und Feigling. Freßsäcke und Arschkriecher sind beide. Kleist, der sich nach seinem Ausscheiden aus dem Militärdienst um eine zivile Anstellung bewarb, hatte der Schranze im Sommer 1804 in Charlottenburg gegenübergesessen oder -gestanden und war von ihr so abgefertigt worden, daß ihm die Tränen kamen. Der Bericht darüber, den er in einem Brief an seine Schwester Ulrike niedergelegte, endete versöhnlich. Köckritz entschuldigt sich, und der Bittsteller sagt beim Abgehen, er versichere ihn seiner Verehrung.

Die Abrechnung erfolgte im Drama. Hier bekommt jeder, was er verdient. Der Typ, der dem Köckritz gleicht, eine Tracht Prügel, die Fürstin den Gott, der ihr für eine Nacht seinen Arm leiht, und der Fürst die Abfuhr, die ihm seine Frau erteilt:

> Du Ungeheuer! Mir scheußlicher,
> Als es geschwollen in Morästen nistet!
> *(53. S. 133)*

Zu dieser tragischen Deklaration verhalf Heinrich von Kleists imaginäre Bühne der Königin Luise und gönnte dem König die Niederlage. Der Hohn spielte mit, daß sich Friedrich Wilhelm III., der um keinen Preis einen Krieg führen wollte, in einem Feldherrn wiederfand, der just mit seinen Männern vom Schlachtfeld kommt. Die Laschheit des preußischen Herrschers war Kleist schwer erträglich gewesen. Erst die preußische Entmachtung durch Napoleon stimmte den Dichter gegen den König milder. Auf den geschlagenen Herrscher schrieb er, als dessen Rückkehr vom ostpreußischen Fluchtort nach Berlin bevorstand, einen Hymnus, der politisch aber so zweideutig war, daß ihn die Zensur kassierte.

Luise Luise war an Ort und Stelle bei dem Kennenlernen in Memel gegen den Nervenzusammenbruch machtlos gewesen. Als sie sich wenige Stunden später aber wieder ermannte, ging ihr ein Licht auf. Trotz aller Unterschiede waren die beide Männer doch gar nicht so weit voneinander entfernt. Sie waren einander sympathisch und wollten beide dasselbe. Alexanders Vorsatz, Europa vor Napoleon zu beschirmen, entsprach genau dem, was sich Friedrich Wilhelm wünschte. Die Übertragung sollte ihr helfen, ihren Konflikt zu lösen. Der Vorgang war den Romantikern in seinen tragischen und burlesken Versionen vertraut und die Königin, so gesehen, eine originale Figur der Romantik. Die Öffentlichkeit bestaunte das verführerische Weib in seiner Unverführbarkeit.

Aus Luises Glanzzeit, als sich die Menschen an den Wegrändern drängten, an denen die preußische Königin mit ihrem Gefolge entlangkam, stammt die Aufzeichnung eines Göttinger Studenten, dessen Auge sich an der Erscheinung geweidet hat:

> Ihre Gestalt hat etwas ganz eigen Ätherisches, welches durch die sehr dünne Kleidung sehr unterstützt wird. Sie

trug auf dem tief in die Augen gekräuselten Haare einen leichten Hut mit einem Schleier – O, des schönen Weibes, der Königin! hättest Du sie nur gesehen, wie sie mit einem holden Blick alle Herzen fesselte. Sie war in weißen Silberlinon gekleidet, und der Unterzug des Gewebes war so dünn, daß eine jede Bewegung uns ihre Nymphengestalt zeigte. Das Kleid war sehr tief auf dem Rücken ausgeschnitten, und ein runder Schemisenzug bedeckte kaum halb die Brust, so daß man völligen Spielraum der Bewunderung hatte, einige Reihen von Perlen wallten um ihren Hals. Das Haar war leicht aufgeschlagen, in seinen verschiedenen Puffs zitterten Steine und ein der Cynthia entliehener halber Mond schien der einzige Kopfputz zu sein. *(84. S. 126 f.)*

Das Abbild

Der König setzte nach dem Tod seiner Frau den Parnaß in Bewegung, Himmel und Hölle, um ihr Bild genauso, wie sie im Leben gewesen war, von den Malern malen zu lassen. Die nachträglichen Porträts entstanden unter seinen Augen, richteten sich nach seinen Angaben und wurden während der Arbeit ständig den Einwänden angepaßt, die er erhob, sobald seiner Meinung nach an einer Darstellung etwas nicht stimmte. Die Kammerfrau der Verstorbenen kleidete und frisierte sich nach dem teuren Vorbild, um als Modell auszuhelfen, und die Künstler waren so bei der Sache, daß noch im Todesjahr ein erstes Ergebnis vorgezeigt werden konnte. Es erschien, vom Publikum mit Spannung erwartet, in den Sälen der Akademie, deren traditionelle Herbstausstellung im Monat zuvor ihre Pforten geöffnet hatte. Das Bildnis der Königin, dem Tod und der Gruft entlockt, wurde respektvoll begrüßt. Erst nach dem Schluß der Ausstellung schlich sich in den Rückblick ein Wort des Bedauerns ein. Es sei doch unerklärlich, stand in Heinrich von Kleists Gazette, den »Berliner Abendblättern«, daß eine so allgemein bewunderte Königin zu Lebzeiten nie von einem der besten Porträtmaler der Zeit gemalt worden sei. Gemeinsam mit der Trauer über das Versäumnis bildete sich die Legende von Luises undarstellbaren Reizen heraus:

> Wer hätte es auch wagen dürfen, diese erhabene und doch so heitere Schönheit, die lebendige, bewegliche, geistreiche, holdselige Freundlichkeit und den ganzen, unendlichen, immer neuen Liebreitz Ihres Wesens neben dem Ausdrucke des sinnigen Ernstes und der würdevollen Hoheit in dieser königlichen Frau festhalten oder gar wiedergeben zu wollen? *(54. S. 33)*

Tatsächlich existierte aus den Jahren vor 1806 eine Überfülle an Bildern, die der Königin huldigten. Ganze Bildergenerationen säumten ihre Laufbahn und gehören zu dem Eindruck, den sie in der Geschichte hinterlassen hat. Vieles davon wurde nach Vorlagen oder aus der Phantasie produziert, aus dem Fundus oder aus der Luft gegriffen, gelegentlich ein Bildnis aber auch nach der Natur gemalt. Das lebende Original war nicht unzugänglich. Einheimische und auswärtige Künstler haben während der Friedensjahre die Ehre gehabt, an der Königin Maß zu nehmen. Eine Hauptrolle spielten dabei die Accessoires, Diademe und Perlen, Roben, Hauben und Schals, das Make-up und die Frisuren in offenen blonden Locken oder gerafft. Hinsichtlich der Gestalt stimmte man überein, daß sie groß und ebenmäßig war, hinsichtlich der Gesichtszüge, daß die Seele sie verklärte, und hinsichtlich der Gesamterscheinung, daß sie kein geringeres Lob verdiente, als es der Maler Conti in Lessings »Emilia Galotti« Galottis Tochter zollt:

> Dieser Kopf, dieses Antlitz, diese Stirne, diese Augen, diese Nase, dieser Mund, dieses Kinn, dieser Hals, diese Brust, dieser Wuchs, dieser ganze Bau, sind, von der Zeit an, meine einziges Studium der weiblichen Schönheit.
> *(60. S. 245)*

Weniger erwünscht war die Individualität. Den Charakter bloßzulegen, wäre einer Entzauberung gleichgekommen. Im Gegensatz zu dem Zeitalter davor, als das Königsbildnis in seinem Soldatenrock nur aus Geist und Schärfe bestanden hatte, war nun die Wunschfigur eine Aurora, imaginär und wandelbar bis hin zu der Beliebigkeit eines neuen Morgens. Das Defizit, die Hand eines großen Malers, haben die »Berliner Abendblätter« richtig bemerkt. Nur brauchte man sich nicht darüber zu wundern. Selbst wenn ein Goya verfügbar gewesen wäre, hätte ihn der König nicht engagiert. Er ertrug nicht einmal Schadows Prinzessinnengruppe, die unausgepackt in ihrer Transportverschalung in einer Abstellkammer gelandet war.

Dem fahrenden Maler Friedrich Alexander Macco aus Franken war im Jahr 1800 nach seiner Rückkehr aus Rom ein Sieg in den Schoß gefallen, den er in Berlin über die dort ansässigen Maler davontrug. Er war an ihnen vorbei zu dem Auftrag gelangt, die Königin zu porträtieren, und noch im selben Herbst mit dem Bild hervorgetreten, das auf der örtlichen Biennale einen modernen Hauch in die Ausstellung brachte. Die Franzosen Jacques-Louis David und François Pascal Gérard ließen grüßen. Maccos anschließende Vergraulung aus Berlin, angeblich auf Betreiben des Kollegen Chodowiecki, erfolgte mit Hilfe der öffentlichen Meinung, der das Bildnis der Königin nicht dezent genug war. Die Abmahnung war oben angekommen, und das Porträt wurde nach Weimar verschenkt.

Die Arbeit daran war allen Beteiligten sympathisch gewesen. Die Sitzungen hatten im Sommer und Frühherbst erst in Charlottenburg und dann in Paretz unter den günstigsten Umständen stattgefunden. Der Porträtist hatte die nötige Ruhe mitgebracht, die der Königin half, sich zu entspannen. Sie brauchte ausnahmsweise nicht die Göttin der Schönheit zu sein, sondern war schlicht eine Schönheit der Zeit, von der Nachdenklichkeit überschattet, zu der sie neigte, während sie abwartend dasaß und sich betrachten ließ: Luise im Kostüm und Dekor der bevorzugten griechischen Mode.

Die Schmuckstücke, die Gewänder und der krönende Zopf über dem Scheitel dienen zur Charakterisierung der Person. Hinter die Stirn ist nicht zu schauen. Dorthin verlegte der Maler die Hoheit, während er die Gestalt mit der gebührenden Anmut zur Geltung brachte, aber von der Verherrlichung absah. Selbst der Lorbeerkranz lispelt auf dem Tisch nebenbei seine Botschaft nur leise.

Der König habe, wie sich Macco später erinnerte, der Unternehmung wohlgewollt, ihrer Entstehung beigewohnt, ihm während der Arbeit über die Schulter geschaut, das fertige Werk mit 50 Louisdor belohnt und dem Künstler eine Anstellung mit festem Gehalt in Aussicht gestellt. Woraus dann nichts wurde. Anfang des 20. Jahrhunderts entdeckte ein Nachfahre des Malers die Königin Luise in Weimar im Wittumspalais und machte die Öffentlichkeit darauf aufmerksam, daß man sie dort so sehen könne, wie sie selber habe gesehen und gemalt werden wollen. Aber die wahre Luise konnte es nun nicht mehr geben, nachdem sie zwischen ihren vielen unterschiedlichen Bildern abhanden gekommen war. Selbst der Typus scheint Ansichtssache gewesen zu sein, abwechselnd heroisch und empfindsam.

Die französische Malerin Vigée le Brun, ehemals Porträtistin der Marie-Antoinette, berichtet über ihre erste Reaktion bei Luises Anblick: »Je restai comme charmé – Ich war wie gebannt.« Das Ölgemälde, das sie in Paris nach ihren

Potsdamer Vorzeichnungen schuf, sagt dem Betrachter: diese Frau oder keine. Zugleich steht er gegenüber der dargestellten Person auf verlorenem Posten. Ihr Auge, das ihn im Vorübergehen mit einem Seitenblick streift, signalisiert ihm ihre Unnahbarkeit. Eine Princesse de Clève, an den Anfang des 19. Jahrhunderts versetzt. Der Windhauch, der die Gestalt umspielt, muß nicht realistisch, sondern kann auch geistvoll erfunden sein. Der durchsichtige Flor, der sich aus ihrem Turban entwickelt, weht über ihren Rücken herab, ihre bloßen Arme, ihr Dekolleté und ihr Hals sind schwanenweiß, ihr Gesicht hält dem Anbeter unbewegt stand, und ihr Auftritt ist desto dramatischer, als ihn die Tugend und Keuschheit beschirmen. Die deutsche Herkunft der blonden Schönheit erhöht die Exotik und rückt die Ausbeute der Madame Vigée le Brun in die Nähe der Erkundung »De l'Allemagne« von Madame de Staël.

Weit weg von Preußen, nämlich in Dresden, malte der dortige Schmeichler, der dem Lessingschen Conti ähnlich sah, tatsächlich aus Italien stammte und Giuseppe Grassi hieß, Luise auf der Schwelle zwischen Anhimmelung und Pornographie. Der Busen schwebt stützenlos unter der leichtesten Hülle und darüber das Antlitz so rosa und weiß und die Augen so groß und so blau, daß man, dem Maler zufolge, ein Zyniker wäre, würde man an der Unschuld zweifeln.

Der Bildhauer Daniel Christian Rauch, der 1806 in seinem Atelier in Rom Luises Büste als Juno Ludovisi modellierte und dem Antlitz die Züge einer Zwölf- oder Dreizehnjährigen verlieh, kannte die Königin gut. Er war ihr Kammerdiener gewesen und hatte ihren Kopf mehrfach in Gips geformt, ehe er in der Ferne das Idealbild in Marmor schuf. Schon sein Debüt auf der Akademie-Ausstellung von 1804 war eine Büste der Königin gewesen. Die Anfängerarbeit, die in das Hohenzollernmuseum gelangte, den Hauptsitz des späteren Berliner Luisen-Kultus, gilt seit 1945 als verschollen, wird aber durch ein Foto dokumentiert. Der Charakterkopf, die ovale Gesichtsform, der konzentrierte Blick, die schmale und lange Nase, der energische Mund, die vorspringende Oberlippe und zurücktretende Unterlippe, der selbstbewußte Ausdruck und das Alter zwischen zwanzig und dreißig Jahren: eine Persönlichkeit, die sich ebenso auf dem Thron wie auf einem Gutshof oder in einer Pfarrei als Herrscherin denken läßt.

Heute: Die Räuber. Morgen: Die Braut von Messina

Protest aus Berlin gegen die Widmung, die Goethe dem sechsten und letzten Teil seines Briefwechsels mit Schiller vorangestellt hatte. Sie richtete sich an den König Ludwig I. von Bayern und schwärmte, was gewesen wäre, hätte Schiller zu seiner Zeit einen solchen Mäzen gefunden:

> Durch allerhöchste Gunst wäre sein Dasein durchaus erleichtert, häusliche Sorgen entfernt, seine Umgebung erweitert, derselbe auch wohl in ein heilsameres Klima versetzt worden, seine Arbeiten hätte man dadurch belebt und beschleunigt gesehen, dem höchsten Gönner selbst zu fortwährender Freude und der Welt zur dauernden Erbauung. *(24. S. 106)*

Das war, geschrieben im Oktober 1829, eine bloße Reverenz gegenüber dem Adressaten. Ludwig war 1825 auf den Thron gelangt und Schiller 1805 gestorben. Trotzdem regte sich der preußische Minister a. D., Karl Friedrich Beyme, über die Huldigung auf, da er aus ihr den Vorwurf an sämtliche deutschen Fürsten herauszuhören meinte, sie seien nachlässig gegenüber Schiller gewesen. In seiner Erwiderung, die am 21. April 1830 in der Vossischen Zeitung stand, wies er den Herausgeber Goethe auf das Entgegenkommen des preußischen Königs hin, das dem Dichter, wenn es zum Tragen gekommen wäre, ein Gnadengehalt von jährlich 3000 Reichstalern und freien Gebrauch der Hofequipage garantiert haben würde:

> Nur dessen nachher erfolgte Krankheit und frühzeitiger Tod haben den großmütigen Monarchen und unser engeres Vaterland um den Vorzug gebracht, in Schiller einen ausgezeichneten Preußen mehr zu zählen.
> *(96. S. 172)*

Tatsächlich hatte es 1804 eine wechselseitige Annäherung zwischen Berlin und Schiller gegeben. Anfang Mai, die Majestäten hielten sich ihrem Turnus gemäß in Potsdam auf, war er unvermutet in der Stadt erschienen. Niemand hatte mit seinem Besuch gerechnet. Selbst Iffland, der Direktor des Königlichen Nationaltheaters, wurde von der Nachricht überrascht, die ihm Schiller am Morgen nach seiner Ankunft schickte:

> Ich war nach Leipzig gereist in Geschäften, und dort fiel mir ein, daß ich Berlin um 10 Meilen näher gekommen. Die Versuchung war mir zu groß, und so entschloß ich mich, Knall und Fall, einen Sprung hierher zu tun.
> *(42. S. 739)*

Der Intendant reagierte sofort. Schon am folgenden Tag, dem 3. Mai, kündigte die Vossische Zeitung zusammen mit der Meldung, Schiller sei mit seiner Frau und seinen Söhnen in der Stadt, den entsprechenden Spielplan an:

> Heute: Die Räuber. Morgen: Die Braut von Messina.
> *(96. S. 165)*

Stehende Ovationen für den Gast bei seinem Eintritt in die Loge; nach der Vorstellung beim Verlassen des Theaters eine Gasse enthusiastischer Verehrer, durch die er ging. Am folgenden Abend ein Zechgelage beim Prinzen Louis Ferdinand. Ausweitung des Spielplans zu Schiller-Festtagen. Zweimal wurde Ifflands Inszenierung der »Jungfrau von Orleans« angesetzt, berühmt für den Krönungszug vor der Kulisse des Gotteshauses zu Reims. Der Theaterzettel verzeichnete unter ferner liefen:

> Ritter. Magistratspersonen. Hofleute. Herolde.
> Marschälle. Soldaten. Kinder. Volk et cetera p.p.
> *(96. Beilage zwischen S. 158/159)*

Man habe nicht das Stück, sondern den Zug gegeben, meinte der Autor dazu. Seine Überanstrengung, Erschöpfungszustände und das elende Katarrhfieber stellten sich ein. Er wechselte vom Hotel de Russie in das Haus seines Freundes, des Mediziners Hufeland. Weitere Bankette, Empfänge und Theaterbesuche. Auch Ifflands Lustspiel »Die Aussteuer« stand auf dem Plan, ebenso eine Glucksche Oper und »Merope« von Voltaire. Am 14. Mai war die Schlußvorstellung, »Wallensteins Tod« mit Iffland als Wallenstein, und am 15. Mai folgte der Besuch in der Singakademie bei Goethes Freund Zelter. Zwischen allen diesen Terminen hatte am 13. Mai ein Audienztermin bei der Königin stattgefunden und war so positiv verlaufen, daß Schiller gegenüber dem Theatersekretär die Bemerkung fallen ließ, wie gut er sich vorstellen könne, in Berlin zu leben und dem Kronprinzen Unterricht in Geschichte zu geben. Das hingesprochene Wort wurde weitergeleitet, und der 17. Mai führte die Zusammenkünfte in Potsdam herauf, erst das Frühstück in Sanssouci, Friedrich Wilhelm III. und seine Gemahlin im kleinen Kreis mit dem Ehepaar Schiller, dann aber im Haus des Kabinettsrates Beyme bereits das Anstellungsgespräch. Alles – so Beyme in seiner Verlautbarung fünfundzwanzig Jahre später – sei fest vereinbart worden, sowohl die Übersiedlung als auch die Appanage und Equipage. Nur mit Rücksicht auf den Herzog in Weimar habe man ein vorläufiges Stillschweigen vereinbart, bis der dortige Abschied genommen sein würde.

Luise blieb Schiller auf ihre Art lebenslang treu, obwohl er sich nicht an die Abmachung gehalten und sich nicht von Weimar getrennt hatte. Vielmehr war er mit dem Angebot in der Tasche zum Herzog gegangen, um sich eine Verbesserung seiner dortigen Bezüge zu erwirken. Statt 400 Talern wurden ihn künftig 800 verhießen. Seinen preußischen Partnern teilte er mit, er werde, wenn es ihnen recht sei, seine Existenz künftig auf zwei Residenzen verteilen, einen Teil des Jahres in Weimar, den anderen Teil für die Vergütung mit 2000 Talern in Berlin. Die Antwort blieb aus. Ende Juni bei seiner Wiederbegegnung mit Friedrich Wilhelm III. am Hof in Weimar muß er von dem König hinhaltend beschieden worden sein, da er noch im folgenden Monat täglich mit dem Eintreffen der Zusage gerechnet hat. Zur selben Zeit wurde die Berliner Erstaufführung des »Tell« mit sechs Wiederholungen innerhalb von vierzehn Tagen ein Erfolg, der ihm mehrere hundert Taler Honorar einbrachte, nur nicht den erhofften Bescheid in der schwebenden Sache.

Im Oktober meldeten die Zeitungen irrtümlich Schillers Tod. Den Genesenden erreichte aus Stuttgart von seinem Verleger Cotta eine Kiste mit Portwein und Malaga; aus Berlin kein Wort. Im Jahr darauf setzte Iffland wieder eine Sondervorstellung der »Jungfrau von Orleans« an, am 22. Mai 1805, nun jedoch aus dem traurigsten Grund. An der Depesche aus Weimar hatte es keinen Zweifel gegeben:

> Schiller ist nicht mehr. Nach einem neuntägigen Krankenlager starb er am 9. dieses Monats an einem Nerven- und Brustfieber. Er hinterläßt seine Witwe mit vier unmündigen Kindern. *(96. S. 167)*

Als sich dann aber der Vorhang über dem Drama senken sollte, das zu Ehren des Verstorbenen seinen Lauf genommen hatte, hing der Lappen an einem gerissenen Seil halbschräg herunter. Die Schauspieler verharrten in ihren Posen um die tote Johanna, und mit ihnen verharrte der Schlußvers im Raum: »Kurz ist der Schmerz, und ewig ist die Freude!«

Die Schiller-Begeisterung beruhte auf solchen Sätzen. Auch Luise schmückte ihre Briefe am liebsten mit Zitaten aus Schillers Werk. Ihr Wunsch, ihn selber nach Berlin zu holen, spricht für die Hoffnung, die sie sich vermutlich gemacht hatte, mit seiner Hilfe ins Geisterreich aufzubrechen. Dem improvisierten Schiller-Festival von 1804 war ihr Auftritt als Solo-Tänzerin nur um wenige Wochen vorausgegangen: Luises Selbst-Darbietung im Königlichen Nationaltheater.

Das Haus zwischen den beiden Domen auf dem Gensdarmen-Markt war ein Neubau mit langem Korpus und gewölbtem Dach, im Jargon »die Tonne«, für die Königin der gegebene Ort, um ihre Seele zu bilden und gleichzeitig unter Menschen zu gehen. Iffland widmete der Schirmherrin alljährlich zu ihrem Geburtstag eine Gala-Vorstellung. Dann jubelten ihr die Theaterbesucher zu, und die Vossische Zeitung brachte darüber einen Bericht. Im Jahr 1804 hatte der Hof die Sache in die Hand genommen. Die Tonne diente als Stätte für einen Großen Maskenball, um Luise zu feiern.

Bühne und Parkett bildeten eine Einheit, zwölf Lichterkränze und hunderte von Kerzen wetteiferten mit dem Kronleuchter in der Verbreitung der Tageshelle. Gegenüber der Königsloge öffnete sich das Bühnenportal vor einer

Weinlaube, zu der man den Guckkasten umdekoriert hatte. Dort postierte sich das Orchester im Hintergrund, hundert Mann stark. Die Eintrittskarten trugen die Namen der Gäste und waren an die Person gebunden, zweitausend Teilnehmer der Berliner Hautevolee oder, wie es verbindlicher hieß, »aller gebildeten Stände«. Man erschien maskiert, mußte aber am Eingang die Maske lüften, um sich auszuweisen. Dann schritt man über zwei Treppen rechts und links der Mittelloge in den Saal hinunter oder stieg zu einer der beiden Logenstockwerke hinauf. Das Parterre, das gleich einer Arena von Sitzreihen umgeben war, diente als Spielfeld. Das Theater trug zu der Veranstaltung die Räumlichkeit bei und die Königliche Oper den Klangkörper und das Corps de Ballet. Mitunternehmer war Berlins Hochadel inklusive der Ferdinandschen Familie, der Prinzen Louis und August, und der Minister Haugwitz und Hardenberg. An der Spitze der aristokratischen Spielschar aber stand die Königin selbst.

Eingeübt hatte man sogenannte Balladen, deren Mitteilung keiner Worte bedurfte. Die Kostümierung, Gebärdensprache und Musik beschworen den Ort und den Gang der Handlung herauf. Der Einsatz von Pantomime, Gestikulation und Mienenspiel drückte die Gefühle aus, die Fanfarenstöße kündigten den Sieger an, die Hörner und Trompeten glorifizierten seine Ankunft, und die Schalmei schilderte die Seele, die sich ihm neigt. Denn darum ging es, daß Alexander der Große in die unterworfene Stadt Susa einzieht, daß ihm die Abgesandten aller Völker entgegenwallen und daß sich Statyra, die älteste Tochter des geschlagenen Perserkönigs und schönste Frau ihrer Zeit, ebenso in den Helden verliebt wie er sich in sie. In der Rolle des Siegers trat der Bruder des Königs auf, Prinz Heinrich, ein athletischer Jüngling. In der Rolle der siegreichen Besiegten sah Berlin seine Königin:

> Sie erschien mit der Würde der Majestät und der unwiderstehlichen Anmut der Göttin der Liebe in einem höchst zarten weißen Gewande, begleitet von ihren Frauen. Alexander eilt ihrem Kniefall zuvor und erwählt sie durch Darreichung seiner Hand zu seiner Gebieterin. *(61. S. 7)*

In diesem Moment habe sich ein Kranz von der Decke herabgesenkt, habe das Haupt der Statyra gekrönt und der Kreis der Damen sich um sie zu einem reizenden Gemälde vereint, aus dem hervor sie in einem Einzeltanze geschwebt sei. Das Solo war das Geburtstagsgeschenk, das Luise sich selber machte: ihren Auftritt nicht als Herrscherin von Beruf, sondern als Kunstfigur und als Dilettantin.

Das Jahr 1804 politisch

Der König brauchte die Königin rund um die Uhr. Zumindest in seiner Nähe mußte sie sein. Ohne ihre Gegenwart war er ein Mühlrad ohne Wind oder Wasser. Luise als die treibende Kraft des Herrschers konnte niemandem, der in der Politik beschäftigt war, verborgen bleiben. Ihre Nichteinmischung in die Staatsgeschäfte wurde nach wie vor deklariert, war aber nur eine Redensart. Schon im Sommer 1802 hatte die Anwesenheit der Königin bei der preußisch-russischen Begegnung in Memel eine entscheidende Rolle gespielt.

Ohne Rücksicht auf politische Abwägungen und Bedenken setzte Luise zwischen den beiden Monarchen, Alexander und Friedrich Wilhelm, den Bund fürs Leben voraus. Über die Konsequenzen zerbrach sie sich nicht den Kopf. Für sie stand Preußens und Rußlands gemeinsame Sache fest, gegründet auf die Macht der Liebe.

Europa aber befand sich in der angespannten Situation zwischen den Kriegen von gestern und den Kriegen von morgen. Wollte Friedrich Wilhelm III., wie er es sich geschworen hatte, die Neutralität seines Landes bewahren, kam eine einseitige Allianz für ihn nicht in Frage. Den Nachbarn im Westen zu schonen, war sein fester Vorsatz. Graf Haugwitz, zuständig für die Außenpolitik, hatte sich vormals gegenüber dem Gesandten der französischen Republik noch viel radikaler geäußert:

> Rußland müssen wir respektieren, Österreich fürchten und Frankreich lieben. *(3. S. XVIII)*

Jedenfalls wollte man keine Störung mit dem Ersten Konsul, Napoleon Bonaparte, der sich, nachdem er seine Bastionen in Holland, Belgien, Norditalien und Neapel befestigt hatte, als Europas Friedensbringer verstand, abgesehen natürlich von seiner erklärten Feindschaft gegenüber der Seemacht Britannien. Eine französische Invasion auf der Insel rückte am Horizont in den Bereich der Möglichkeiten und forderte die drei anderen kontinentalen Großmächte zu einer Entscheidung heraus. Haugwitz plädierte für eine West-Ost-Verbündung quer durch Europa, die sogenannte Dreier-Allianz von Frankreich, Preußen und Rußland. Für sie, meinte er, solle der König den Zaren gewinnen, statt nur auf ein russisch-preußisches Einverständnis zu bauen:

> So eindrucksvoll die Union der beiden Nord-Monarchen auch sein mag, so reicht sie doch weder im Hinblick auf unsere offenen West-Grenzen noch hinsichtlich der Befürchtung aus, daß wir von seiten unseres Nachbarn Frankreich weitere Schikanen zu gewärtigen haben, falls wir ihn nicht mit Hilfe derjenigen Angebote zügeln, die er selber uns macht. *(3. S. 94)*

Der Zwiespalt, in den Friedrich Wilhelm bei der Memeler Zusammenkunft geraten war, reiste mit dem Königspaar heim nach Berlin. Die Königin feierte den Herzensverbündeten überschwenglich, und der König hielt sich zurück.

Über die Diplomatie informieren uns der Luxus und die Moden. Die Prinzessin Ypsilanti, Fürstin der Walachei, die sich von dem wachsenden russischen Interesse an den Donau-Staaten bedroht fühlen mußte, gab dem preußischen Gesandten, der seinen Heimweg aus Konstantinopel über Bukarest nahm, für die Königin in Berlin acht Schals und vier Kleider mit. Alexander schickte ihr aus St. Petersburg den passenden Spiegel für ihre Größe und Schönheit. Aus Brüssel aber, wohin der König seinen Kabinettsrat Lombard mit einer Mission zu Napoleon geschickt hatte, Juni 1803, erhielt sie den allerliebenswürdigsten Brief von Madame Bonaparte, den ein Turm von Schachteln begleitete:

> Ich packe aus, finde 12 Hüte und Bonnets, einen Karton voll Blumen und einen Karton mit einem Spitzenkleid von ungeheurem Wert, ein schwarzes Spitzenkleid und ein Ballkleid in Stahl gestickt, pompös. Wer hätte das je geglaubt?? *(30. S. 168)*

Die Fragezeichen machen den Vorbehalt deutlich, den die Empfängerin gegenüber dem Absender hatte. Schon im folgenden Jahr, 1804, brach bei Luise der Napoleon-Horror aus. Der tragische Tod des Herzogs von Enghien war dafür der Grund. Wäre es nach der Königin gegangen, hätte sich der Hof in Trauer hüllen müssen, um den Bourbonen-Prinzen als das Opfer des französischen Machthabers angemessen zu würdigen. Logischerweise war es Lombard, Frankreichs Anwalt im Kabinett, der die heikle Garderobenfrage dem Staatsminister Hardenberg vortrug:

> Ich flehe Euer Exzellenz an, mir Ihre Meinung hinsichtlich einer Angelegenheit zu sagen, mit der man mich seit gestern plagt. Die Königin brennt darauf, Trauerkleidung wegen des Herzogs von Enghien anzulegen. Der König hat eben mit mir darüber gesprochen. Offenbar schwankt er, seit Sie ihm das Schreiben des Grafen von Lille [Bruder Ludwigs XVI.] mitgeteilt haben, was in dieser Sache zu tun sei. *(3. S. 261)*

Napoleons Aufschwung zum Machthaber der Republik wurde von einer Serie von Attentatsversuchen und Verschwörungen begleitet, die ihm persönlich galten. Abends am 24. Dezember 1800 – »3 nivôse an VIII« – explodiert mitten in Paris auf der Strecke, die der Staatschef unterwegs zur Oper zurücklegt, direkt hinter seiner Kutsche eine sogenannte Höllenmaschine und richtet Gräßliches an, acht Tote, mehr als zwei Dutzend Verwundete und 46 demolierte Häuser. An den beiden folgenden Tagen plädierte der knapp dem Attentat Entronnene vor dem versammelten Staatsrat für eine exemplarische Bestrafung der eingefleischten Ehemaligen, Jakobiner und Anarchisten, die er für die Täter hielt.

Das Wiederaufleben der Revolution war Napoleons große Angst. Seinen Polizeichef Fouché kostete es eine gewisse Mühe, ihm klarzumachen, daß die Anstifter nicht die Königsmörder von 1793, sondern die Brüder Ludwigs XVI. waren: der ältere (nachmals Ludwig XVIII.), der im Exil als Comte de Provence oder Comte de Lille auftrat, hielt sich an seinem Fluchtort in Riga weitgehend zurück, der jüngere aber, (nachmals Karl X.), Comte d'Artois, sann in England auf Napoleons Sturz. Von dort ging die Lebensgefahr aus. Dort scharten sich die Königsrächer um die Bourbonen und setzten bei Nacht und Nebel hinüber nach Frankreich, wo sie sich mit den Gesinnungsgenossen vereinten und gemeinsam mit den Neidern und Rivalen des Ersten Konsuls den gärenden Untergrund speisten. Napoleon, der gewünscht hatte, mit den Bourbonen seinen Frieden zu machen, überstand die ersten drei Jahre seines Konsulats unter ständiger Lebensgefahr. Im vierten Jahr holte er zu dem Schlag aus, mit dem er aller Welt zeigte, daß man ihn nicht wie einen Eber hetzen konnte. (Von dem englischen Geschäftsträger in München, der mit dem französischen Untergrund konspirierte, stammt die Äußerung, es sei gleichgültig, wer das Tier schließlich zur Strecke bringe, nur müßten alle bereit sein, zur Jagd zu stoßen.)

Im badischen Ettenheim, auf der rechte Seite des Rhein, drei Meilen von der französischen Grenze entfernt, wurde Louis-Antoine-Henri de Bourbon, Herzog von Enghien, 32 Jahre alt, Enkel des am royalistischen Kleinkrieg beteiligten Prinzen Condé, von 300 Dragonern unter der Anführung des napoleonischen Offiziers Ordener überfallen, zunächst nach Straßburg verschleppt und dann in die Festung Vincennes bei Paris geschafft, wo ihn das Kriegsgericht, von Napoleon bestellt, schon erwartete. Noch am Abend der Ankunft erfolgte die Vernehmung, wahrscheinlich mit dem Vorsatz, ihn abzuurteilen. Der Todeskandidat fügte seiner Unterschrift unter das Protokoll die Aussage hinzu, daß er angesichts seiner hohen Abkunft, seiner Unschuld und seiner schrecklichen Lage dringend um eine persönliche Unterredung mit dem Ersten Konsul gebeten habe. Der Zusatz wurde ihm gewährt, der Aufschub jedoch verweigert. Den Sonnenaufgang hat der Herzog nicht mehr erlebt.

Die französischen Geschäftsträger in den europäischen Hauptstädten wurden von zu Hause angewiesen, die Sache als eine innere Angelegenheit der Republik zu deklarieren. Der Gesandte in Berlin, Laforest, der bei einem Erklärungsversuch offenbar ins Stottern geraten war, erhielt von seinem Dienstherrn, Napoleons Außenminister Talleyrand, eine Rüge. Der Zar jedoch, Alexander I. von Rußland, fühlte sich zu einem Gang vor das Reichsgericht in Regensburg herausgefordert. Dort verklagte er die Entführung als Völkerrechtsbruch. Da aber der Kurfürst von Baden, auf dessen Boden sie sich abgespielt hatte, ein leidliches Auskommen mit Napoleon einem Protest gegen den Übergriff vorzog, fehlte der Anklage der Rückhalt. Alexander schrieb an den König von Preußen:

> Seien Sie versichert, Sire, daß Bonapartes Macht wesentlich auf dem panischen Schrecken beruht, den er den Regierungen einzuflößen versteht. Mein Gefühl und meine Vernunft raten mir, gegenüber der französischen Regierung diejenigen energischen Schritte zu unternehmen, die allein dazu imstande sind, die Eskalation der Rechtsverletzungen aufzuhalten. Dazu bin ich entschlossen. Von Ihnen, Sire, hoffe ich, daß Sie es nicht mir allein überlassen werden, zugunsten der Wiederherstellung der Ehre und Sicherheit des Deutschen Reiches zu handeln. *(1. S. 43 f.)*

Und Alexander in einem Satz:

> Es gibt im privaten und öffentlichen Leben eine Menge Gelegenheiten, bei denen man den Frieden mit der Spitze des Degens wiederherstellen muß. *(1. S. 44)*

Dieser Appell löste bei Friedrich Wilhelm Depressionen, bei Luise hingegen Enthusiasmus aus. Hardenberg antwortete Lombard auf dessen Anfrage wegen der Kleidung:

> Die Trauer über die unglückselige Katastrophe des Herzogs von Enghien wird zweifellos von allen fühlenden Herzen lebhaft empfunden und der Wunsch, sie öffentlich zur

> Schau zu tragen, kann ihnen nur Ehre machen. Unsere dornige Einbettung aber ist nicht so beschaffen, daß wir uns dem russischen Beispiel hingeben könnten. In Rußland befindet man sich in einer sehr anderen Situation als wir hier. Dort braucht man für die Ausstellung seiner Gefühle keinen Preis zu bezahlen. *(3. S. 262)*

Zu Preußens dorniger Lage – »notre position épineuse« – gehörte erstens, daß die Allianz-Verhandlungen mit Frankreich ergebnislos abgebrochen worden waren, da man sich über die russische Einbeziehung nicht hatte einigen können; zweitens aber, daß die Franzosen, seit sie sich im offenen Krieg mit England befanden, das Kurfürstentum Hannover besetzt hielten. Dieses krisenträchtige Stück deutschen Territoriums, das dem englischen König persönlich gehörte und unter preußischem Schutz stand oder stehen sollte, war künftig das Pfand in Napoleons Hand, um Friedrich Wilhelm damit zu quälen und zu erpressen. Der wirtschaftliche Rückgang in Frankreich, den Napoleon mit seinen Maßnahmen gegen England ausgelöst hatte, konnte Preußen nur freuen. Die Mißstimmung galt den Blockaden infolge des Krieges. Schon im Hochsommer 1803 hatte man Lucchesinis Berichten aus Paris entnommen, eine wahre Kalamität sei im Herzen des Landes eingetreten:

> Entmutigung und Widerwille in der Stadt. Nicht die mindeste Hochstimmung bei der Feier des 15. August [Napoleons Geburtstag]. Applaus nur von seiten der Generäle und Funktionäre. *(3. S. 199)*

Dann aber die Proklamation vom 20. Mai 1804: die Republik bekommt einen Kaiser. Napoleon wird zum Gründer seiner eigenen Dynastie. Hardenberg weist an dieser Stelle auf die Ähnlichkeit der römischen Geschichte mit Bonapartes Geschichte hin und führt als Beleg ein Zitat aus den Annalen des Tacitus an, das dort auf Augustus gemünzt ist:

> Er legte den Titel eines Triumvirs ab und trat als Konsul auf. Sobald er das Militär mit Geschenken, das Volk durch Getreidespenden, alle durch die Annehmlichkeiten einer Friedenszeit für sich gewonnen hatte, erhob er allmählich sein Haupt höher und zog die Befugnisse des Senats, der Staatsverwaltung und der Gesetzgebung an sich. Dabei fand er keinen Widersacher, da die tatkräftigsten Männer auf den Schlachtfeldern geblieben oder den Proskriptionen zum Opfer gefallen waren, während die übriggebliebenen Angehörigen der Nobilität bereitwillig das Joch der Knechtschaft auf sich nahmen und dafür um so mehr an Reichtum und Ehren gewannen. *(73. B. S. 68)*

Napoleons Emporkunft zur Kaiserwürde war nicht überraschend gekommen und war aus Hardensbergs Sicht kein Unding. Er hatte seinem König sogar geraten, sie zu begrüßen. Man könne sich von ihr eine Gemütsberuhigung des gewalttätigen Mannes an Frankreichs Spitze versprechen. Seiner Psyche werde es guttun, fortan ein Fürst unter den Fürsten zu sein.

Nachdem die Deklaration erfolgt war, las der König, der sich unterwegs zu seinen Revüen befand, Luises Bemerkung in einem Brief aus Charlottenburg:

> Hier regt sich alles über die Verleihung der Kaiserwürde an Bonaparte auf. Man ist darüber empört. *(30. S. 181)*

Der Standesstolz der Königin rebellierte gegen das Aufsteigertum. Der Hochmut einer Prinzessin von Geblüt, der sonst durch Luises Charme und Leutseligkeit verdeckt wurde, kam jäh zum Vorschein. Vorerst hatte sie von Napoleons Seite noch keine persönliche Kränkung erfahren, aber der Wächter in ihrer Seele war auf seinem Posten. Die Politikerin, autodidaktisch gebildet, äußerte ihren Horror kindlich, befand sich aber in der höchst anspruchsvollen Gesellschaft des führenden Ideologen der antinapoleonischen Fronde: Friedrich Gentz.

Der frühere preußische Kriegsrat, inzwischen freischaffender Publizist in Wien, Chevalier de Gentz, wie er sich nannte, verlieh dem emotionalen Widerwillen gegen die Gründung der Dynastie Bonaparte den geschliffenen Ausdruck einer Ansprache an alle Fürsten Europas:

> Mémoire sur la Nécessité de ne pas reconnaître le Titre Impérial de Bonaparte – Denkschrift über die Notwendigkeit, Bonapartes Kaisertitel nicht anzuerkennen. *(79. S. 1)*

Seine Argumentation zugunsten der »alten und der legitimen Ordnung« war geschwellt von Moral, sein Vortrag aber eine Standpauke, adressiert an die Mächte, denen er Napoleons Aufstieg zur Last legte. Bis hin zum 14. Juli 1789 datierte er die Säumigkeit der europäischen Häupter zurück. Sie haben gezögert, sie haben gewartet, sie haben geschlafen, sie waren untereinander zerstritten, sie haben nur halbe Maßnahmen ergriffen, und sie haben gekuscht. Also rief ihnen Gentz das Fazit zu:

> Die Krise, in der Sie sich befinden, ist Ihr eigenes Werk. *(79. S. 17)*

Sich selber beglückwünscht er zu seinem Status eines bloßen Beraters, der die Last der Verantwortung nicht zu tragen braucht. Wenn ihn die Fürsten in ihrer bedauernswerten Lage aber ernsthaft um Rat fragen würden, wäre seine Antwort klar:

Ich würde mich dem Mitleid Gottes empfehlen – und wählte den Krieg. *(79. S. 19)*

Am 2. Dezember 1804, einem Werktag, krönte Napoleon erst sich selber und dann Joséphine in Paris in der Kirche von Notre Dame in Anwesenheit des Papstes, Pius VII., zum Kaiser und zur Kaiserin der Franzosen. Vorher war er noch einmal als Bandit tätig gewesen. In der Nacht vom 25. auf den 26. Oktober wurde der englische Geschäftsträger in Niedersachsen, Sir George Rumbold, in seinem Landhaus nahe der Stadt Hamburg überfallen und nach Paris verschleppt. Auf diesen Affront reagierte der preußische König sofort. Sein persönliches Schreiben an den Entführer hob mit der Erklärung an:

Monsieur mon Frère, ich bin kompromittiert und bin es auf eine äußerst empfindliche Weise. Ich bin kompromittiert, weil ich für die Sicherheit eines Gesandten in meiner unmittelbaren Nachbarschaft hafte und mir die Aufrechterhaltung der Generalpolizei als meine erste Pflicht obliegt. Ebenso bin ich in meinem Verhältnis zu Ihnen kompromittiert, das ich nun nicht mehr einzuschätzen vermag.
Was aber sollen meine Nachbarn von mir halten, bei denen ich mich für die Sicherheit des Nordens verbürgt habe, als ich im Namen der französischen Interessen weder die Bewaffnung in Schweden noch den Durchzug der russischen Truppen durch mein Gebiet duldete?
Die Sicherheit des Nordens existiert nicht mehr. Um der Wohltäter Europas zu sein, wie Sie es sich wünschen, sind Sie darauf angewiesen, daß man Ihnen glaubt.
Sie sind zu mächtig, um das Vertrauen verscherzen zu können. *(3. S. 307 f.)*

Der Brief markiert die einzigartige Stelle im politischen Leben Friedrich Wilhelms III., an der er sich gegen Napoleon behauptete. Der Gefangene wurde den Engländern zurückerstattet.

Der Kaiser der Franzosen aber häufte von nun an Titel auf Titel für sich und die Seinen. Bereits 1805 setzte er sich die uralte eiserne Krone der Langobarden auf und machte seinen Stiefsohn, Eugène Beauharnais, zum Vizekönig von Italien. Joseph Bonaparte, zeitweilig König von Neapel und später von Spanien, sagte von seinem jüngeren Bruder:

> Er war von Anfang an überzeugt, daß die revolutionäre Bewegung in Frankreich ganz Europa gegen sich haben und zu ihrer Verteidigung der Männer bedürfen werde, die sich der Gloire bereitwillig opfern, todesmutig, um ewig zu leben. Bei dem Gedanken an seinen Nachruhm schlug sein Herz höher. Er war weniger ein Bewunderer Ossians als Rousseaus. *(73. A. S. 487)*

Der Herbst 1805

Die Stadt überschlägt sich vor Jubel. Bei emotionalen Anlässen tut sie das gern. Der Gast gleicht Mars. Die Königin küßt ihn bei seiner Ankunft, gemäß dem russischen Brauch. Es ist das erste Wiedersehen seit damals in Memel. Wie damals kommt Alexander auch jetzt wieder ohne die Zarin. Dieses Mal aber ist er nicht direkt von St. Petersburg, sondern von Galizien aufgebrochen, wo sich sein Heer versammelt. Er rüstet sich zum gemeinsamen Krieg mit Österreich, um Napoleons Vormacht zu brechen, und möchte Preußens Streitkraft hinzugewinnen. Daß Luises Herz ihm entgegenschlägt, setzt er voraus. Über die Sehnsucht des Königs, ihn wiederzusehen, macht er sich keine Illusionen.

Beinah wäre man während der vergangenen Wochen, Herbst 1805, militärisch aneinander geraten. Der russische Aufmarsch an der Weichsel hatte die Mobilisierung der preußischen Truppen bewirkt. Bewaffnet war man sich im Osten gegenübergestanden, der Zar mit dem Wunsch, seinen Weg zum Kriegsschauplatz durch das befreundete Preußen zu nehmen, und Friedrich Wilhelm mit dem Imperativ, den die Anwesenheit seiner schlesischen Armee untermauerte: bis hierher und keinen Schritt weiter!

Auf ein persönliches Zusammentreffen mit Alexander war er nicht scharf gewesen. Der Zar hatte dringend danach verlangt, und der König hatte es ihm versagt. Der Russe wollte den Preußen sehen, aber der Preuße konnte nicht gehen. Sein Arzt schrieb ihn krank. Er habe sich leider den Fuß verletzt.

Erst die Meldung aus dem Westen, daß die Franzosen unterwegs über den Rhein in Richtung Österreich das Kurfürstentum Ansbach nicht umgangen, sondern quasi besetzt hatten, erschütterte den König bis in die Grundfesten seiner Neutralitätspolitik. Ansbach war preußisch und die Nachricht peinlich. Selbst wenn der Marschall Bernadotte seine Truppen nur im Geschwindmarsch durch den neutralen Flecken hindurchgeführt hätte, wäre das ein Rechtsbruch gewesen. Aber sie hatten dort gehaust. Friedrich Wilhelm war so empört, daß er dem französischen Geschäftsträger in Berlin am liebsten den Stuhl vor die Tür gesetzt hätte. Im Gegenzug tat er nun einem Teil der russischen Armee den Weg durch sein Königreich auf. Ein militärischer Sendbote, Graf von Kalckreuth, der zum Zaren an dessen Sammelplatz nach Pulawy abgeschickt wurde, sollte die Route festlegen. Der König bedauerte, selber derzeit nicht abkömmlich zu sein. Bei einem Typ wie Napoleon müsse man jeden Moment mit der Verletzung entscheidender Interessen rechnen und daher zu Hause auf dem Posten sein. Er befürchtete das Schlimmste:

daß ich mit meinen Hoffnungen scheitern werde. Ein System, dem ich mich seit acht Jahren mit glücklichen Ergebnissen verschrieben habe, ist zerstört ... *(1. S. 82)*

Alexander, der Friedrich Wilhelm umschmieden wollte, solang dessen Zorn noch glühte, lud sich selber zu dem Berlin-Besuch ein, und der König schickte ihm den Köckritz als Empfangschef bis nach Frankfurt/Oder entgegen:

> Den Ausdruck aller meiner Gefühle, die ich Ihnen schulde, hebe ich mir bis zu den glücklichen Augenblicken unseres Zusammenseins auf. *(1. S. 83)*

Ab Friedrichsfelde geleiteten die Königsbrüder Wilhelm und Heinrich den Gast zur Stadt. Grenadier-Bataillone und das Regiment Möllendorff säumten den Weg. Auf der letzten Strecke von der Langen Brücke über die Spree bis zum Lustgarten hatte sich das Regiment Gens d'armes in zwei Reihen zu Pferde postiert. Die Kanonen donnerten, das Vivat erschallte, und die Menschenmenge nahm es stürmisch auf:

> Es lebe seine Majestät der Kaiser Alexander!

Die Gardes du corps vollendeten den Aufmarsch bis zum Schloßportal. An der Treppe stand Friedrich Wilhelm III. mit dem Kronprinzen an der Hand, einem Jungen von inzwischen beinah zehn Jahren. Der König, der Kaiser, die jeweiligen Begleiter und das Kind begaben sich drinnen im Haus zu den Empfangszimmern, die traditionell als die Kammern König Friedrich Wilhelms II. bezeichnet wurden. Dort sahen Luise und Alexander sich wieder, umringt von den Angehörigen des Hochadels und der Familie. Dem Vorstellungszeremoniell folgt das militärische Schauspiel. Seine Exzellenz, der Generalfeldmarschall Möllendorf, machte

Meldung, daß die Kavallerie und Infanterie den allerhöchsten Befehl erwarten, um draußen en parade an den Majestäten vorbeizuziehen.

In der Gestalt des Greises an der Tête der Kavalkade, Wichard Joachim Heinrich Graf Möllendorf, 1724 in der Priegnitz geboren, hatte Alexander das friderizianische Zeitalter vor sich, wie es noch immer seine Pflicht tat. Der Einundachtzigjährige reichte bis zur Thronbesteigung Friedrichs II. zurück, damals Page am preußischen Hof, dann Teilnehmer am ersten schlesischen und allen folgenden Kriegen, erprobt in den berühmtesten Schlachten, Erstürmer des Kirchhofs von Leuthen, Träger des Ordens pour le mérite, 1760 bei Torgau den Österreichern in die Hände gefallen, aber schon 1762 bei Burkersdorf wieder dabei und so fort und so fort, 1794 als Siebzigjähriger der Oberbefehlshaber der preußischen Armee am Rhein und der Sieger von Kaiserslautern, jetzt aber nach den zehn Friedensjahren, die seit dem Frieden von Basel vergangen waren, einer der Warner vor der preußischen Teilnahme am antinapoleonischen Bündnis. Denn darum ging es.

Mit der Kriegsfackel in der Hand war Alexander gekommen, und das Berliner Feuer umzüngelte ihn rings umher. Die Vivats aus dem Mund der Bevölkerung sagten es ihm: man will sich mit Napoleon schlagen. Auch in den Augen der Königin konnte er es lesen.

Zunächst stand der Kriegsgegner und Neutralitätsverfechter Friedrich Wilhelm III. aber noch nicht auf verlorenem Posten. Seine führenden Militärs wollten dem Kaiser der Franzosen lieber nicht in einer Feldschlacht begegnen. Ihr Wortführer, der Herzog von Braunschweig, Karl Wilhelm Ferdinand, riet von dem Feldzug ab. Ebenso waren die beiden preußischen Außenminister, Graf Haugwitz und Baron Hardenberg, gegen den Krieg, wenn auch mit jeweils unterschiedlichen Argumenten und Positionen. Die Besonderheit, daß der König seine auswärtigen Angelegenheiten neuerdings von einem Duo wahrnehmen ließ, wies aber bereits auf die Niederlage voraus, die er erleben mußte, noch ehe Alexander Berlin verlassen hatte. Bisher war es ihm in mühseliger diplomatischer Kleinarbeit möglich gewesen, sich mit Napoleon weder zu vereinen noch zu entzweien: weder Allianz noch Bruch. Nun aber hielt er den schwierigen Kurs nicht länger durch und gab dem Sog der anderen Seite nach.

Napoleon war in den Augen Friedrich Wilhelms III. ein Gangster, aber seine Macht erzwang ihm die Achtung. Der respektvolle Umgang und die Anerkennung waren das Zugeständnis an den Serien-Sieger. Von Herzen kam nichts. Dem Preußen ging das ständige Lavierenmüssen gegen die Ehre. Grundsätzlich ekelt es ihn vor den Konzessionen, den Anerkennungen, den Kompromissen, den Phrasen, den Höflichkeitsfloskeln: diesem »Monsieur mon Frère«. Zuletzt hatte Napoleon noch auf den wechselseitigen Austausch der höchsten Dekorationen gedrungen, die man hüben und drüben jeweils vergab. Und Friedrich Wilhelm III. war darauf eingangen. Die Brust des Aufsteigers wurde mit dem Schwarzen Adlerorden geschmückt. Woraufhin der König von Schweden, Gustaf IV. Adolph, eben diese Auszeichnung, deren Empfänger auch er einst gewesen war, dem Geber mit der Bemerkung zurückgeschickte, er könne eine derart beleidigte Dekoration nicht länger tragen. (Der Chevalier de Gentz applaudierte dem Schweden: Ginge es in Europa mit rechten Dingen zu, müßte seine Handlungsweise wie ein Meteor einschlagen. Aber leider sei dem nicht so, da alle Welt sich daran gewöhnt habe, vor dem Tyrannen zu kriechen.) Der Vorschlag, den der Kaiser der Franzosen dem König von Preußen gemacht hatte, sich auch seinerseits als Kaiser betiteln zu lassen, zielte auf eine Verbrüderung ab, widersprach aber dem preußischen Staats- und Selbstverständnis und wurde ignoriert.

Die Eiseskälte gegenüber den Partnern, die nötig gewesen wäre, um Preußens Frankreich-Politik als unverhandelbar aufrechtzuerhalten, stand Friedrich Wilhelm nicht zu Gebot. Sein geheiligtes System, Gleichmut nach allen Seiten, überanstrengte ihn mehr und mehr. Die Furcht vor der persönlichen Wiederbegegnung mit dem russischen Kaiser war keine Laune gewesen. Er wußte im voraus, daß er dem Draufgänger nicht werde standhalten können.

Die Verhandlungen liefen auf den Beschluß hinaus, das vornapoleonische Europa zu seinen alten Bedingungen und mit den früheren Grenzen mehr oder minder wiederherzustellen. Indessen befand sich Napoleon auf seinem Vormarsch durch den Süden des deutschen Reiches nach Osten. Er hatte Bayern hinter sich gebracht, Württemberg sich gefügig gemacht, die österreichisch-russische Kriegserklärung mit dem Schachzug erwidert, der ihm bei Ulm einen haushohen Sieg verschaffte, den Kaiser von Österreich zum Rückzug genötigt und Wien eingenommen, ohne dort zu verweilen. Die Große Armee, »la Grande Armée«, so der Sammelname für Napoleons mobiles Heer einschließlich der nicht-französischen Kontingente, war unterwegs nach Mähren und mit Alexanders Truppen bereits mehrfach aneinander geraten, während der Zar und der König von Preußen sich Gedanken über eine ausgewogene Gebietsverteilung machten, den Raum von der Ostseeküste bis Neapel betreffend.

Das Monarchentreffen in Berlin war, so gesehen, eine Träumerei am Kamin, ausgestattet mit dem alt-diplomatischen Regeldenken und dem intriganten politischen Feinverstand verflossener Epochen. Alexander hatte seinen Obermarschall, den Grafen Fjodor Andrejewitsch Tolstoj, seinen Außenminister, den Fürsten Adam Czartoryskij, seinen Adjutanten, den Fürsten Pjotr Dolgorukij, und dessen Bruder, den Prinzen Fjodor, mitgebracht. Der russische Resident in Berlin, Maximilian Alopaeus, wurde hinzugezogen. Von preußischer Seite umfaßte das Aufgebot Militärs und Minister, den greisen Herzog von Braunschweig, der die Aufgabe des preußischen Feldherrn, falls der Krieg geführt werden sollte, auf sich zukommen sah, den Feldmarschall Möllendorf, den General und Staatsminister Graf von der Schulenburg-Kehnert und Friedrich Wilhelms Generaladjutanten, die Herren Köckritz und Kleist, die Außenminister Haugwitz und Hardenberg und selbstverständlich die Kabinettsräte Lombard und Beyme. Die Konferenz war in Potsdam anberaumt und in ihrer Runde eine klaffende Lücke. Kein voll befugter Vertreter der englischen Interessen saß mit am Tisch, so daß sämtliche Vorsehungen und Vorkehrungen, die im Hinblick auf das Kurfürstentum Hannover ins Auge gefaßt wurden, von vornherein fragwürdig waren. Das Problem Hannover und dessen mögliche Lösung bildeten einen Hauptpunkt der Konferenz. Österreich kam durch seinen Berliner Gesandten zu Wort, den Fürsten Metternich. Auch war aus Wien der Erzherzog Anton gewissermaßen als Stellvertreter seines Bruders, des Kaisers Franz, zu der Gesellschaft der Monarchen gestoßen und mit der Bitte um schleunige Hilfe in den König gedrungen. Aus Weimar fand sich der Herzog Carl August ein. Zu dem äußeren Gepräge des Zusammenseins merken Hardenbergs Memoiren an:

> Nie war der preußische Hof glänzender gewesen als in jenen Tagen – der letzte Schein einer erlöschenden Flamme. *(73. B. S. 335)*

Zur selben Zeit hielt sich auch Napoleons Generaladjutant Duroc in Berlin auf, kein Zufall, sondern eine Fügung, die der politischen Situation entsprach. Er war abgesandt worden, um die Entschuldigung seines Herrn wegen der Ansbacher Überschreitung vorzutragen, aber er hatte schlechte Karten und fand wenig Gehör. Schon vor Alexanders

Ankunft hatte der französische Geschäftsträger Laforest die betrübliche Lage in einem Brief an Talleyrand dargestellt:

> Eure Exzellenz machen sich keine Vorstellung, wie isoliert wir sind. Alle Kommunikations- und Informationskanäle sind wie mit Fleiß verstopft. *(3. S. 402)*

Von seinem Abgesandten erhielt Napoleon auf dem Zug nach Mähren den folgenden Schlußbericht aus Berlin:

> Wir stellen fest, daß sich das Kabinett um 180 Grad gedreht hat und nur noch auf die Einflüsterungen des Fürsten Czartoryskij hört. Allerdings will man uns mit der Versicherung schmeicheln, diese Haltung sei nicht zugleich die des Königs. Angeblich leistet er dem Kaiser Alexander Widerstand. Gestern soll er bei einer Beratung unmißverständlich erklärt haben, man dürfe sich nicht mit Frankreich überwerfen, sondern müsse versuchen, zu den früheren engen Beziehungen zurückzufinden. Wir aber sind der Meinung, daß sich das Kabinett strikt an die Weisungen hält, die es bekommt, das heißt an die Aufforderung, gegen uns Stimmung zu machen. *(3. S. 402)*

Duroc verließ die preußische Hauptstadt, während die Zusammenkunft der Fürsten noch im Gange war. Die Worte, die er zuletzt an den König gerichtet hat, als Friedrich Wilhelm III. ihn zu einer Abschiedsaudienz empfing, legte er noch am Abend desselben Tages schriftlich nieder, um sie dem Minister Hardenberg zur Erinnerung zu überlassen:

> Sire, der Kaiser ruft mich ab. Er hat selber an Eure Majestät schreiben wollen, aber wagt es nun nicht mehr, nachdem er aus den Gerüchten, die in Deutschland

umlaufen, herausgehört hat, daß seine Feinde in Berlin ihre Köpfe erheben und im Angesicht Eurer Majestät triumphieren.

Sire, Sie haben in dem Kaiser einen Freund, der, sollte es nötig sein, von den äußersten Enden der Welt herbeieilen würde, um Eurer Majestät zu Hilfe zu kommen. Europa kennt den Kaiser schlecht. Er ist weit eher ein Mann des Herzens als ein Mann der Politik. Sollte es wirklich möglich sein, daß Eure Majestät, veranlaßt durch einen zweifelhaften Vorfall, sich von jemandem entfernen will, der ein so großer Charakter und Ihnen so zugetan ist? Ist die Affaire von Ansbach es wert, dafür als Vorwand zu dienen?

Sire, die Gefühle, mit denen Ihre Güte mich erfüllt, seit ich die Ehre gehabt habe, mehrfach an Ihrem Hof Aufträge zu erfüllen, sprechen aus mir, wenn ich Eure Majestät beschwöre, einen Freund, der seiner Natur nach vor keiner Drohung in die Knie geht, und dessen Wunsch, Ihnen alles zu Gefallen zu tun, ich von jeher kenne, nicht wegen einer Mißhelligkeit zu verstoßen.
(73. B. S. 334)

Eine eigene Audienz bei der Königin war dem französischen Unterhändler dieses Mal nicht vergönnt. Luise konnte als Befürworterin des Krieges nur wünschen, daß er sich aus Berlin entfernte. Der politische Gang der Dinge kam ihr entgegen. Zwar war der König nicht mit fliegenden Fahnen zu den Verbündeten hinübergewechselt, aber er hatte sich ihnen doch als ein geharnischter Vermittler zur Verfügung gestellt. Das Fachwort dafür hieß in der Verhandlungssprache »un médiateur armé« und besagte in der gegebenen Situation, daß Preußen, während es seine Truppen zusammenrief, noch einmal den Versuch einer Verständigung mit Napoleon auf dem friedlichen Weg unternehmen werde.

Die Forderungen an Frankreich gingen aus dem Potsdamer Abschluß-Traktat hervor. Für den Fall ihrer Ablehnung war Preußens militärisches Engagement im Lager der Koalition beschlossene Sache. Aller Wahrscheinlichkeit nach befand man sich also am Vorabend eines Krieges.

Am 25. Oktober war Alexander angekommen. Seine Weiterreise hatte er für die Morgenfrühe des 5. November festgesetzt. Der Spielraum, der zwischen den Verhandlungen blieb, wurde für Paraden, Manöver, Garnisonsbesichtigungen und Ausfahrten zwischen Berlin und Potsdam genutzt. Ein Déjeuner in Sanssouci, ein Diner im Orangenhaus des Neuen Gartens und ein Ball und Souper im Marmorpalais gehörten auf der Potsdamer Seite dazu und in Berlin erst das Festessen im Rittersaal, wo man aus den goldenen Schüsseln und von den goldenen Tellern Friedrichs des Großen speiste, und dann der Besuch in der Oper, wo man die Glucksche »Armida« sah, das Drama der siegesgewohnten Fürstin, die aus Zorn darüber, daß ihr Liebhaber sie verläßt, ihren Palast verbrennt. Zwischendurch war die Teilnahme der Majestäten am Konferenztisch anberaumt und am 3. November die Besiegelung des Traktats durch den Handschlag und die Umarmung Friedrich Wilhelms und Alexanders erfolgt. Aber die Freundschaftsgesten fielen dem König schwer. Sie seien ihm nicht von Herzen gekommen, heißt es bei Hardenberg.

Das Befinden der Königin war schwankend. Die nervöse Störung, das Warnsignal bei der Begegnung von Memel, wiederholte sich bei dem Wiedersehen in Berlin. Jahre später hat Luise in einem Brief an ihre vertrauteste Freundin etwas von dem Kummer preisgegeben, den sie damals litt: »me mourant d'amour«, liebeskrank neben dem Helden, der ihren Schmerz nicht teilte. Brüsk bis zur Unhöflichkeit sei sein Verhalten ihr gegenüber gewesen, am allerschlimmsten bei dem Abschiedsessen im Potsdamer Stadtschloß.

Dann aber ging der Abend des 4. November durch Alexanders Gefühlstheater in die Geschichte ein. Das Oberhofmarschallamt berichtete darüber:

> Des Kaisers Majestät hatten gewünscht, vor der Abreise noch die Gruft Friedrichs II. zu sehen. Nach dem Souper, welches um 11 Uhr aufgeladen wurde, verfügten sich des Kaisers und die Königlichen Majestäten nach ihren Räumen. Um 12 1/2 Uhr begaben sich der Kaiser und die Königlichen Herrschaften nach der in aller Eile erleuchteten Garnison Kirche, worin die Gruft eröffnet war. Die innigste Rührung hatte jeden der hohen Herrschaften ergriffen, und der Kaiser, überwältigt von seiner Empfindung, küßte den Sarg. Hier war es, wo der Kaiser den rührendsten Abschied von der Königlichen Familie nahm und seine Reise nach Weimar fortsetzte.
> *(83. S. 243)*

Austerlitz, 2. Dezember 1805

Nach der Entscheidungsschlacht lobte der Sieger seine Soldaten und versprach ihnen die Heimkehr lieber heute als morgen aus dem mährischen Albtraum:

> Ihr habt mein Vertrauen in eure Unerschrockenheit gerechtfertigt. Was eurem Eisen entging, ertrank in den Seen. Der Friede kann nicht mehr fern sein. Wenn alles geschehen ist, was nötig ist, um das Glück und Gedeihen unseres Vaterlandes zu sichern, werde ich euch nach Frankreich zurückführen, und dort sollt ihr der Gegenstand meiner zärtlichsten Fürsorge sein.
> *(97. S. 152)*

Hinter ihnen lag der 2. Dezember. Österreichs Kronland Mähren, »Moravie« auf französisch, war für sie zum Synonym für den Tod geworden: »Mort-à-vie«.

Nie habe ein Schlachtfeld einen schauerlicheren Anblick geboten, heißt es in der Siegeserklärung, dem 30. Bulletin der Grande Armée. Das Herz blute einem bei diesem Anblick. Schuld an dem Elend sei die Regierung in London. Sie habe den Kontinent in den Krieg gehetzt.

Die Schlacht hatte bei Sonnenaufgang gegen acht Uhr morgens begonnen und war bei Anbruch der Dunkelheit gegen vier Uhr nachmittags aus gewesen. Die Franzosen hatten 80 000 Mann ins Treffen geführt und 1500 von ihnen verloren. Von den Österreichern und Russen, die mit 100 000 Soldaten aufmarschiert waren, fehlte tags darauf annähernd die Hälfte, 8000 waren tot, 15 000 verwundet und 23 000 gefangen. Preußen hatte nicht geblutet. Es hatte seine Truppen zwar mobilisiert, aber mit einer solchen Verzögerung losgeschickt, daß sie den Krieg verpaßten und unversehrt heimkehrten. Napoleon aber nahm Preußens Kriegsbereitschaft für die Tat. Dem Unterhändler Graf Haugwitz, den er in Wien im Schloß Schönbrunn empfing, nachdem Austerlitz das Gesicht Europas verändert hatte, reichte er das Papier, auf dem die Forderungen der Potsdamer Konferenz geschrieben standen, mit den Worten zurück:

> Der König wird sich ebenso an die Spitze seines Heeres stellen, wie ich es tue. Wir werden dann sehen. Bis hierher ist mir das Glück noch immer günstig gewesen. *(73. A. S. 556)*

Die Verhandlungen wurden von Wien nach Paris verlegt und dauerten bis zum Frühjahr. Sie erbrachten mehrere Verträge hintereinander, denen das Kabinett in Berlin regelmäßig die Zustimmung versagte. Dabei verschlechterten sich die Bedingungen von Mal zu Mal. Ratifiziert wurde am 13. Februar 1806 der ungünstigste Vertrag von allen. Praktisch diktierte Napoleon nun die preußische Politik. Der König mußte tun, was der Kaiser wollte, sich mit England überwerfen, die Häfen an der Elbe und Weser sperren und damit den Handel blockieren, er mußte mit Frankreich kooperieren und mußte sich von Besitztümern trennen, die zu seinem Erbe gehörten. Napoleons Favoriten, die Marschälle Murat und Berthier, wurden zu Eigentümern ehemals preußischer West-Territorien ernannt, der eine zum Herzog von Kleve, Comte du Clève, und der andere zum Herzog von Neuenburg, Comte du Neuchâtel. Der Zankapfel Hannover aber wurde Friedrich Wilhelm III. wie ein faules Stück Obst aufgedrängt, Napoleons Geschenk, um damit den preußisch-britischen Zwist zu befördern. Andererseits legte der Kaiser die Hand auf Ansbach, entzog es der preußischen Aufsicht und schlug es zu Bayern. Die vollen Kornkammern, prosperierenden Ortschaften und geordneten Finanzen in dem kleinen mainfränkischen Kurfürstentum waren Hardenbergs Werk gewesen. Er hatte dort als Preußens Minister gewaltet und erlebte nun, wie das wohlbewirtschaftete Land für Preußen verloren ging, zwangsweise eingetauscht gegen Hannover, den malträtierten, von der Besatzung ausgeplünderten norddeutschen Bezirk, der eigentlich dem englischen König gehörte.

Luise aber machte bei dem Hin und Her einen Gewinn. Sie bekam, was keine preußische Königin vor ihr jemals bekommen hatte, ein eigenes Regiment und dazu die passende Uniform. Die Ansbach-Bayreuther Dragoner, denen der Verlust dieses stolzen Namens bevorstand, legten sich der Königin zu Füßen und wünschten sie sich als Patronin. Das war am 22. Februar 1806 anläßlich der Heimkehr der Soldaten aus einem Krieg, für den man zwar mobilgemacht, aber kein Pulver verschossen und kein Blut vergossen hatte.

Das Regiment war bei seinem Durchmarsch durch Berlin von König und Königin besichtigt worden; sein kommandierender Kavallerie-General, Graf Friedrich-Adolf von Kalckreuth, hatte die Gelegenheit genutzt, um sich mit einem kühnen Sprung über alle Zwischeninstanzen hinweg direkt an den obersten Feldherrn und Landesvater mit dem Gesuch zu wenden. Das Jawort war auf der Stelle mündlich erfolgt. Am 3. März erhielt man die Bestätigung durch einen Kabinettserlaß schriftlich. Darin hieß es, der König lege den »Bayreuthern« den Namen »Regiment Königin-Dragoner« in der Überzeugung bei, daß sie zu ihrem alten Ruhm neue Lorbeern hinzufügen werden. Eine Woche später, am 11. März, einen Tag nach Luises 30. Geburtstag, stand in der Vossischen Zeitung der Vierzeiler eines anonymen Verfassers, adressiert an sie selbst, die Königin:

> Was rühmen sich die tapfern Scharen,
> Daß sie Dein Name nennt?
> Sie sind geworden, was wir längst waren:
> Ganz Preußen ist Dein Regiment.
> *(26. S. 148)*

Luises Trauer um Charles Napoléon

Das Land betete seine Königin an, und sie selber war durchdrungen von ihrer Mission. Ihr Selbst- und Sendungsbewußtsein waren miteinander identisch. Großer Worte bedurfte es nicht. Äußerte sie sich zu ihren Prinzipien, so kam die Wahrheit ans Licht, daß sie sich ganz auf ihren inneren Menschen verließ:

> Ich behaupte, daß eine unverdorbene Seele nur ihren Gefühlen folgen darf [zu folgen braucht], um gut und edel zu sein, und daß für solche die Philosophie ganz unnötig. *(30. S. 132)*

Jean Paul hatte den vier Mecklenburgerinnen, Luise und ihren Schwestern, den »Titan« gewidmet, und das Quartett in der Vorrede als Aphrodite, Aglaja, Euphrosyne und Thalia angesprochen. Sie seien der olympischen Kälte überdrüssig gewesen, seien aus ihrer Höhe zu den Menschen herabstiegen und dabei selber Menschen geworden, umschwebt von der Geisterwelt und umflattert von Nachtigallen:

> Die Genien und Amorinen verwandelten sich in ihre Kinder und flogen ihnen in die Mutterarme und die mütterlichen und schwesterlichen Herzen schlugen voll neuer Liebe in einer großen Umarmung. *(42. S. 11)*

Die Adressatin bedankte sich bei dem Dichter mit einem graziösen Billett. Was er an ihr rühmte, daß sich rund um ihre Person Glück, Liebe, Harmonie und Wohlgefallen verbreiteten, stimmte mit ihrem Ehrgeiz überein.

Dort, wo sich Gleich zu Gleich gesellte, war die Welt in Ordnung. Dort aber, wo die Schranken durchbrochen wurden, protestierte Luise spontan. Aphrodites Verwandlung in die Königin von Preußen durfte sein, und war von Jean Paul ja auch nur als »der Traum der Wahrheit« gedacht. Wilhelmine Encke jedoch, aus der eine Gräfin Lichtenau wurde, war ein Skandal, und der Erbprinz von Mecklenburg-Strelitz, der eine Liebesheirat mit einer bürgerlichen jungen Person aus Rostock erwog, mußte damit rechnen, aus dem Leben seiner Schwester verstoßen zu werden. »Wo wirst du Ruhe finden«, schrieb sie ihrem Bruder George, »wenn Du Dich mit Deiner ganzen Familie überwirfst?« Sie selber war das leuchtende Beispiel, das sie dem Jüngling vor Augen führte, um seine Widerstandskräfte zu stärken:

> Hätte ich nicht so gut wie Du eine Leidenschaft fassen können zu jemandem, der nicht von meinem Stande ge-

wesen wäre? was hättest Du dann dazu sagen wollen, wenn ich von unüberwindlicher Leidenschaft gesprochen hätte wie Du jetzt? *(30. S. 121)*

Die Mesaillance wurde verhindert. Als dem geretteten Prinzen dann aber eine Partie mit einer Wittelsbacher Prinzessin winkte, stellte sich der Sache wieder ein Hindernis in den Weg, dieses Mal das Konfessionsproblem. Der bayerische Hof verlangte den Übertritt des Bräutigams zum Katholizismus. Luise, die für dieses Heiratsprojekt zunächst Feuer und Flamme gewesen war, fühlte sich von dem kurfürstlichen Haus gekränkt, das gegenüber ihrem väterlichen herzoglichen Haus auf seinen Vorrang pochte, und entlud ihren Zorn auf den Minister in München, den Mann mit der »scheppen Schulter und rundem Katzbuckel«, Montgelas genannt:

Daß man der Sache erwähnen würde, war sehr natürlich zu erwarten, daß man aber den ohnmächtigen Papst mit ins Spiel bringt und eine Sprache des 13. Jahrhunderts führet, ist dumm, miserabel und zeigt einen bösen Willen. Ach Du mein Gott! (30. S. 183)

Das Projekt blieb auf der Strecke. Anderthalb Jahre später gab der Kurfürst Max Josef seine Tochter Napoleons Stiefsohn zur Frau. Austerlitz war eben gewesen, als die Hochzeit vollzogen wurde. Die Bayernprinzessin heiratete Eugène Beauharnais, den Vize-König von Italien, und das Kaiserpaar aus Paris nahm an der Festlichkeit teil.

Die napoleonische Familienpolitik, die auf den alten Adel ausgerichtet war, fügte der einen Erwerbung schon bald die nächsten hinzu. Jérôme, der jüngste Bruder des Kaisers, mußte sich von seiner ersten Ehefrau, die er aus Amerika mitgebracht hatte, trennen und an ihre Stelle eine württembergische Prinzessin setzen. Der andere hocharistokratische Ehebund kam zwischen Napoleons Adoptivtochter Stéphanie Beauharnais und dem Erbprinzen von Baden zustande. Dann aber starb dem Clan der Erbe, Napoleons Neffe, auf dem die Hoffnung des Hauses geruht hatte: Charles Napoléon, der Sohn des holländischen Königs Louis Bonaparte. Die preußische Königin, die sich zu dieser Zeit bereits an ihrem Fluchtort in Königsberg befand, hörte dort von dem Leid, das dem Feind widerfahren war. Sie schrieb an ihren Bruder:

> Wir sind alle recht betrübt über den Tod des Kronprinzen von Holland; ich will eine neue Farbe erfinden, um den holden Zweig der Hoffnung aller Käse zu betrauern. – Manchmal lach' ich noch, es wird mir aber hart eingesalzen. Adieu für heute. Den 30. [Mai 1807] Luise.
> *(30. S. 261)*

Der Verstorbene war ein vierjähriges Kind.

Denkschriften

Das Jahr 1806 hatte mit der französisch-preußischen Krise begonnen, die sich in den Verhandlungen zwischen Napoleon und Haugwitz niederschlug. Der Schwächere mußte es leiden. Haugwitz, der seiner Natur nach kein Krieger war, badete die Mißstimmung aus, die in Berlin rumorte. Ihr Adressat war nicht allein Frankreich. Sie richtete sich ebenso gegen den Vermittler. Der gekränkte Preußenstolz mischte sich ein. Man hatte die Truppen mit dem üblichen klingenden Spiel entlassen, um den Kaiser der Franzosen zu schlagen, und sie waren sang- und klanglos zurückgekehrt. Der Mobilisierung war die Demobilisierung gefolgt. Die Waffen ruhten und schwiegen. Was aber hätte Fridericus Rex dazu gesagt? Sein Großneffe, Friedrich Wilhelm III., wurde mit der Frage nicht direkt konfrontiert, dazu war man dem Monarchen zu respektvoll ergeben. Dessen Ratgeber und Vertraute aber schützte kein Gottesgnadentum. Ihnen hatte man nichts geschworen. Wut und Ärger in der Öffentlichkeit und im Militär hielten sich an das Kabinett, das die Politik bestimmte.

Die politischen Köpfe hatten es dagegen schwer, in einen Diskurs mit dem König einzutreten. Hardenberg formulierte das Problem in einem Brief an den Fürsten Wittgenstein als offene Frage: Wie könne man die Wahrheit so erfolgreich an den König bringen, daß er den Mißstand einsehen und zu den richtigen Mitteln und Personen greifen würde, um das Übel mit der Wurzel auszurotten? In seinen Memoiren fügt er die Antwort hinzu. Um auf den König Einfluß zu nehmen, sei die Königin das einzige Mittel gewesen.

Luise wurden innerhalb weniger Monate zwei Denkschriften übermittelt: beide zum akuten Thema der Regierungskrise, der immer bedrohlicheren Abschottung des Monarchen durch sein Kabinett, also dem Erzübel Friedrich Wilhelms III., der intransigenten Kabinettspolitik anstelle des Zusammenwirkens aller politischen Kräfte. Beide Schreiben waren in der Absicht verfaßt worden, die Botschaft auf dem Weg über die Königin an den König gelangen zu lassen und ihr durch Luises Fürsprache den nötigen Nachdruck zu verleihen. Der Absender der einen Denkschrift war der Staatsminister Karl Freiherr vom und zum Stein, zuständig im Generaldirektorium für das Ressort Handel, Gewerbe und Finanzen; der Absender der anderen war Hardenberg. In der Form und Darstellungsweise waren die Schreiben einander diametral entgegengesetzt, entsprechend den unterschiedlichen Charakteren ihrer Verfasser, die außer ihrem politischen Engagement und ihrer tiefen

Sorge um den Staat Preußen nichts miteinander gemeinsam hatte als die nicht-preußische Herkunft und die Zugehörigkeit zu der Generation des Jahrzehnts zwischen 1750 und 1760.

Stein, der jüngere der beiden Politiker, führte eine rückhaltlos offene Sprache und kam direkt zur Sache. Er schrieb deutsch, steigerte sich bei seiner politischen Diagnose bis zur Warnung vor Preußens Untergang und bei der Beschreibung der Kabinettsmitglieder bis zum Totalverriß. Zur Person des Herrn von Köckritz, des Generaladjutanten und Intimus des Königs, stellte er fest:

> ein eingeschränkter ungebildeter Kopf von einem gemeinen Charakter, einem unwiderstehlichen Hang zur Plattheit, verbunden mit einer höchst schädlichen Geschwätzigkeit. *(73. E. S. 374)*

Außer der Befürchtung, daß Preußens politische und ökonomische Selbständigkeit auf dem Spiel stehe, nannte er als Rechtfertigung für seinen Entschluß, sich zu Wort zu melden, noch ein zweites Motiv, nämlich den Unmut draußen:

> den allgemeinen Unwillen der Nation über den Zustand der Erniedrigung, in dem sie sich befindet, über den Verlust ihres alten wohlerworbenen Ruhms. *(73. E. S. 368 ff.)*

Der König regiere nicht, sondern werde regiert. Als hoher Staatsbeamter schäme man sich einer Stelle, deren Schatten man nur noch besitze, da die Politik der Raub einer untergeordneten Clique geworden sei.

Der Weg aus der Misere verstand sich demnach von selbst: Rückkehr zur ernsthaften staatsmännischen Politik, Wiederbelebung der Zusammenarbeit zwischen dem König und dessen Fachministern und so fort. Summa sumarum:

die Reform an Haupt und Gliedern. Zur Teilnahme an dem Umwandlungsprozeß erklärte sich der Verfasser der Denkschrift bereit. Anderenfalls würde ihm als einem redlichen Staatsbeamten nichts anderes übrig bleiben, als seine Stelle, mit unverdienter Schande bedeckt, zu verlassen:

> Sollte der König die vorgeschlagenen Veränderungen nicht beschließen, so ist es zu erwarten, daß der Staat entweder sich auflöst oder seine Unabhängigkeit verliert und daß der Monarch die Liebe und Achtung seiner Untertanen nie wieder erhält. *(73. E. S. 376)*

Unterzeichnet hatte der Minister sein Schreiben mit seinem Kürzel: »Stein.« Eine Antwort darauf erhielt er nicht.

Hardenberg, der als Mitteilungsform den ostensiblen Brief wählte, adressiert an den Fürsten Wittgenstein zur diskreten Weitergabe an die Königin, erging sich zunächst in tiefgefühlten Worten über sie selbst, die Fürstin:

> Sie ist für mich das Ideal der weiblichen Vollkommenheit, der Schönheit, Grazie und aller liebenswürdigen Tugenden; auf ihre richtige Einsicht, ihren Patriotismus und ihr Ehrgefühl setzte ich noch meine einzige Hoffnung. *(73. C. S. 106)*

An diese Hommage schloß sich die Charakterisierung der politischen Situation unmittelbar an:

> Wie notwendig es ist, ernstlich an Verbesserung unserer Lage zu denken, wenn wir nicht den preußischen Namen ablegen und uns der Herrschaft Bonapartes ganz unterwerfen, das Schicksal Neapels und Spaniens haben wollen – [die Dynastien beider Staaten waren von Napoleon gekippt und durch Mitglieder seines Clans ersetzt worden] –,

fühlen Sie mit mir, liebster Fürst, und mit vielen braven Männern. Aber die wichtigste Frage ist: wie dazu gelangen? *(73.C. S. 106)*

In der Sache stimmte Hardenbergs Brief mit Steins Denkschrift überein. Persönliche Ausfälligkeiten gegenüber der Entourage des Königs waren bei dem diplomatischen Schreiben selbstverständlich nicht inbegriffen. Aus Pyrmont, wo sich die Königin zu dieser Zeit zur Kur aufhielt und der Fürst Wittgenstein zu ihrer Begleitung gehörte, erhielt Hardenberg von dem Letzteren unverzüglich Bescheid:

Die Königin lassen Ihnen, teuerster Freund, die freundschaftlichsten Komplimente mit der Bemerkung sagen, daß sie Ihren Brief mit Vergnügen gelesen und darin einen neuen Beweis Ihrer patriotischen Denkungsart gefunden hätten. Ihre Majestät können nicht öffentlich erscheinen, werden aber mit desto mehrerem Vergnügen im Stillen wirken und hiezu Gelegenheit finden. Ihren Originalbrief erhalten Sie in der Anlage zurück. Die Königin haben mir aber aufgetragen, Ihnen zu sagen, daß sie es Ihnen zur Pflicht machten, auch mein Schreiben und alle Briefe, in denen von ihr Erwähnung geschehe, zu verbrennen. *(73. C. S. 112 f.)*

In seine Dokumentation der preußischen Schicksalsjahre bis zum Tilsiter Frieden, die 1877 unter dem Titel »Eigenhändige Memoiren des Staatskanzlers Fürsten von Hardenberg« von dem Historiker Ranke herausgegeben wurde, hatte der Verfasser sowohl den ostensiblen Brief vom Juli 1806 als auch Wittgensteins Erwiderung in voller Länge aufgenommen.

Nichts auf der Welt war so leicht wie der Krieg zu haben, zu dem der König gedrängt wurde. Napoleon bot seinen europäischen Partnern Krieg und Frieden immer gleichzeitig an und überließ ihnen die Entscheidung. Der Krieg war für ihn eine Sache, die man gewinnt, und der Frieden eine Sache, die man diktiert. Zur Durchsetzung seiner Interessen standen ihm beide Möglichkeiten voll zur Verfügung. Da er auf dem Friedensfeld erfolgreich operierte und sich geradezu als Friedensbringer verstand, »Le Pacificateur«, stellte er die Kriegserklärung der Gegenseite anheim. Nur mit England führte das Spiel zu einem Hängen und Würgen. Auf beiden Seiten des Kanals hatte man sich über Monate hinweg, länger als ein Jahr, bewaffnet gegenübergestanden. Napoleon verschob die angekündigte Invasion immer wieder. Im Lager bei Boulogne leistete er sich auf einem riesigen Areal ein stehendes, aber unbeschäftigtes Heer aus Linientruppen, Rekruten und Söldnern, die hier am Strand zu der Großen Armee verschmolzen. Währenddessen wurde die französische Flotte bei Trafalgar von den britischen Geschwadern vernichtet, so daß dem Pazifikator im Herbst 1805 die österreichisch-russische Offensive gelegen kam, um den Krieg gegen England in den Kontinentalkrieg umzuwandeln, in welchem er Meister war. Trotzdem ließ er seinen Herausforderern bis zuletzt die Möglichkeit offen, zur Verhandlung zurückzukehren. Wäre die persönliche Begegnung zwischen ihm und Alexander zustande gekommen, die sich unmittelbar vor dem Tag von Austerlitz anbahnte, hätte sie den gefühlvollen Zaren womöglich schon damals zu dem Wechsel hinüber auf die Seite des faszinierenden Immer-Siegers bewegen können.

Preußen, die einzige kontinentale Macht, der Napoleon auf seinen Schlachtfeldern noch nicht begegnet war, wurde von ihm umworben. Auf der Suche nach einer Größe, die der Seinen entsprach, kam niemand anderer als der glorreiche Friedrich in Frage. Sein Andenken war lebendig und seine Hinterlassenschaft seit seinem Tod noch gewachsen; halb Polen gehörte inzwischen dazu, und die preußische Hegemonie über den Norden stand außer Zweifel. Warum also keine Teilung des Kontinents: oben sei Preußen und unten Frankreich der Herr? Die Details würden sich aushandeln lassen. In diesem Sinn ermunterte Europas mächtigster Mann, nachdem er im Sommer 1806 das Deutsche Reich in den Orkus geschickt und stattdessen den Rheinbund ins Leben gerufen hatte, die preußische Majestät zur Aufrichtung eines Nordbundes. Der König möge dem Beispiel folgen, eine entsprechende Konföderation anstreben und sowohl sich selber als auch seinen wichtigsten Mitgliedsstaaten den Rang und die Titel zulegen, die er für richtig halte.

Wie ehrlich Napoleon die Aufforderung meinte, wurde unterschiedlich beurteilt. Hardenberg maß ihr nachträglich eine enorme politische Bedeutung bei und beklagte eine versäumte Gelegenheit. Man hätte nur, stellt der Politiker fest, das Gebäude schnell zu errichten brauchen, Sachsen und Hessen dafür gewinnen und vorab klarstellen müssen, daß der König von Preußen sich nicht als Kaiser von Norddeutschland, sondern als Beschützer des Bundes verstand:

> Durch eine richtige und nicht einen Augenblick aufzuschiebende Darstellung mußte man den Petersburger und den Wiener Hof für die Sache gewinnen, und beides war leicht. Es bot sich an, Dänemark und Schweden in der Folge mit zu diesem Bunde zu ziehen und ihn dann durch eine Allianz mit Rußland und Österreich zu verbinden. Napoleons Einwilligung lag ja im Augenblick vor. Aber diesen Augenblick mußte man nutzen. *(73. C. S. 85)*

Da Memoiren ihrer Natur nach retrospektiv sind, bleibt es zweifelhaft, ob im Hochsommer 1806 noch eine Chance für ein solches Bündnis bestanden hätte. War es die Alternative zum Krieg, so war es zugleich auch ein Gebilde von Napoleons Gnaden und wurde daher von Befürwortern des Krieges als eine Falle verdächtigt, als ein Trojanisches Pferd. Die Losung lautete: Schluß mit den Negoziationen.

Dem Grafen Haugwitz, der als die Seele der Verhandlungspolitik galt, flogen Karabinerkugeln durchs Fenster, und am Torpfosten seines Hauses wetzten die Nachwuchs-Militärs ihre Klingen. In den Kneipen ballten sich die Gerüchte. Dem französischen Geschäftsträger wurden Gewalttätigkeiten angedroht. Der Polizeipräsident sah sich zu Schutzmaßnahmen genötigt. Der Sommer war verregnet, in Berlin aber steigerte sich die hitzige Stimmung bis zum Übermut der Frondeure. Das Schauspielhaus brachte ein Luther-Drama von Zacharias Werner heraus, und das Regiment Gensdarmes antwortet darauf mit einer Verhöhnung. Gegen »Die Weihe der Kraft«, so der Stück-Titel, trat die militärische Elite mit einem Mummenschanz an. Auf der Bühne sah man Iffland als den Mann im Talar, der in einsamer Winternacht mit Gott und dem Glauben ringt; Unter den Linden fand eine sommerabendliche Schlittenpartie mit den Spottfiguren des Reformators und der Katharina von Bora statt. In den Briefen des Königs an die Königin in Pyrmont wurde der Umtrieb beschrieben:

> Der Schlitten war auf sehr niedrige Räder montiert. Etwa 50 Reiter, die meisten von ihnen als Nonnen verkleidet, ritten ihm mit Fackeln und Peitschen voraus. Den Aufruhr kannst Du Dir denken. Ganz Berlin war auf den Beinen. *(28. S. 257)*

Die Allüren einer Militär-Oligarchie zeichneten sich ab, und Friedrich Wilhelm war entschlossen, dem Spektakel zu wehren. Die vier Offiziere, an denen er ein Exempel statuierte, waren die Herren von Alvensleben, von Zastrow (ein Sohn des Generals), von Holtzendorff und von Hacke. Über Alvensleben wurde die Strafversetzung in ein oberschlesisches Kürassierregiment und über seine Kameraden ein vierzehntägiger Arrest auf dem Neuen Markt verhängt:

> Die übrigen Teilnehmer sind mit einer strengen Verwarnung davongekommen. *(28. S. 259)*

Luise befand sich in der Begleitung ihres Leibarztes Hufeland in Pyrmont. Der Verdacht, der König habe sie weggeschickt, um sie von der Politik zu entfernen, wird durch die schriftliche Bitte widerlegt, die sie schon im Frühjahr an ihn gerichtet hatte, dem ärztlichen Ratschluß zuzustimmen, daß sie einer Kur bedürfe. Ihre Gesundheit sei miserabel – der Seelenkummer seit Monaten ihr ständiger Begleiter.

Das war sicher keine Übertreibung. Dem Berliner Monarchentreffen vom vergangenen Herbst, dem haushohen Sieg der Großen Armee bei Austerlitz, den Verhandlungen in Schönbrunn und Paris, dem schnöden Allianz-Vertrag mit Frankreich und der unrühmlichen Demobilisierung der preußischen Truppen waren Anfang April 1806 die Erkrankung und der Tod des jüngsten Hohenzollernprinzen gefolgt. Er war ihr jüngstes Kind, Ende des Jahres 1804 geboren, der vierte Knabe und ihr ganz besonderer Liebling. (Luises Trauer um den kleinen Ferdinand weist ähnliche Züge auf wie im Jahr darauf die Trauer der holländischen Königin, Hortense Beauharnais, um den kleinen Charles Napléon: die verzweifelte Bitte der Mutter, ihr das tote Kind nicht wegzunehmen, und dann der Kult, der um den Verstorbenen einsetzt.) Ihrem Urlaubsgesuch an den König fügte sie die Drohung hinzu, auch mit ihr könne es unvermutet zuende gehen. Die Trennung für einige Zeit sei besser als eine Trennung für immer.

Der König war der Trauer um das verstorbene Kind nicht ausgewichen. Er hatte sich, ehe er zu den Frühjahrsmanövern nach Potsdam abgereist war, dem Totenbett noch einmal genähert. In einem Brief an die Königin beschreibt er seine Empfindung beim Anblick des Unschuldsengels und dann seinen Schrecken beim Berühren des Leichnams, aber schickt der intimen Szene unvermittelt die Nachricht von einem politischen Skandalon hinterher. Der Marschall Murat, Napoleons Schwager, inzwischen Großherzog von Kleve und Berg, war in Westfalen über preußisches Eigentum hergefallen. Zwei oder gar drei Abteien, die rechtlich nicht zu seinem Territorium gehörten, hatte er im Handstreich mit französischen Soldaten bemannt:

> Was sagst Du zu dieser neuen Schändlichkeit? *(28. S. 224)*

Luises Antwort war klar:

> Gewalt gegen Gewalt. Wir haben einen guten Bundesgenossen [gemeint ist der Zar], nutzen wir ihn. *(28. S. 224)*

Die Militanz der Königin kam in den Berlin-Berichten des französischen Geschäftsträgers Laforest an Talleyrand ebenso zur Sprache wie ein Zerwürfnis zwischen dem Königspaar. Das Gerücht einer Entzweiung ging nicht nur in Berlin um. Seine Verbreitung muß bis zu den europäischen Höfen gereicht haben, da ihm Luise persönlich entgegengetreten ist. Das Dementi war ihr so wichtig, daß sie es in einen Brief an den Zaren einflocht: der Klatsch über sie und den König sei rein erfunden.

Der Briefwechsel zwischen Friedrich Wilhelm in Charlottenburg und seiner Frau in Pyrmont, der die Hochsommerwochen des Jahres 1806 von Mitte Juni bis Ende Juli umfaßt, spielt mit keinem Wort auf die Krise an. Er ist rege und zärtlich, von Luises Seite öfter ekstatisch gefühlvoll, von der Seite des Königs wie immer nüchtern im Geständnis seiner Ergebenheit:

> So drücken sich meine Gefühle aus, wenn es sich um das Liebste handelt, was ich auf der Welt habe. *(28. S. 258)*

Gegen Ende der Bade-Kur drang Waffenlärm vom Rhein in die Erholung ein. Vom westfälischen Truppenschauplatz kam der General Blücher zu Besuch nach Pyrmont. Die preußische Stellung, die er hielt, glich bereits einer Front. Schreckensmeldungen begleiteten die Königin auf ihrem Heimweg. Zum 3. August, Friedrich Wilhelms Geburtstag, wollte sie zurück in Charlottenburg sein. Er erwarte sie in Potsdam mit der größten Ungeduld, um sie an sein Herz zu drücken, schrieb ihr der König:

> Aber nur ja keine Theaterszene! *(28. S. 258)*

Dieses Letzere fügte er in Klammern auf deutsch in den französischen Brieftext ein.

Luise reagierte darauf nicht beleidigt. Man mußte Friedrich Wilhelm III. kennen. Er vertrug keinen Überschwang. Jedes öffentliche Aufsehen war seiner Meinung nach nichts weiter als Material für die Zeitungsschreiber. Der 3. August wurde trotzdem festlich begangen. Geburtstage sind etwas anderes. Sie dienen unserer Daseinsbestätigung. Napoleon, zum Beispiel, feiert seinen knapp zwei Wochen später in Paris auf dem Marsfeld. In Charlottenburg aber scheint etwas nicht in Ordnung gewesen zu sein. Hardenberg meinte, an der königlichen Tafel ein Unbehagen bemerkt zu haben. Er notierte in seinem Tagebuch:

> La Reine parût triste. *(86. S. 456)*

Genau einen Monat nach dem Geburtstag des Königs eklatierte in Charlottenburg eine Bombe in der Gestalt einer Petition, deren Unterzeichner die militärische und politische Spitze repräsentierten. Neben den Namen der Verwandten des Königs, seiner beiden Brüder Heinrich und Wilhelm, seines Schwagers, des Prinzen von Oranien-Fulda, und der beiden Ferdinandschen Prinzen, Louis und August, standen diejenigen der Militärs, Rüchel, Scharnhorst und Phull, und der Minister von Schrötter und vom und zum Stein. Fehlte nur noch der eine Name, daß der König auch ihn hätte lesen müssen, Luise. Sie aber schüttelte den Kopf. Da der König eine Meuterei witterte, distanzierte sich die Königin von dem Gesuch. Tatsächlich sprach ihr, was dort geschrieben stand, aus dem Herzen:

> Die Augen von ganz Deutschland suchen Eure Majestät. Man kann nicht begreifen, wie das schöne, unüberwundene Heer Friedrichs, das durch so viele große und schwere Schlachten so herrlich hervorleuchtet und welchem Eure Majestät selbst die größte Aufmerksamkeit schenken, für die Erhaltung der heiligen Interessen nicht verwendet wird. *(95. S. 355)*

Die Königin in blau und rot

In Berlin, dem Ort ihrer großen Erfolge, an dem sie so viel Beifall geerntet hatte, sah man die Königin nun in der militärischen Rolle als Chefin ihrer Dragoner. Sie machte daraus ihren stolzesten Auftritt. Das Regiment hat ihn in seinen Annalen verewigt:

> Am 18. September [1806] versammelten sich die Truppen, von Weißensee und Pankow kommend, vor dem Oranienburger Tor zum Durchmarsch durch Berlin nach Zehlen-

> dorf und Lichterfelde. Das Wetter war schön und der Zufluß von Zuschauern groß. Ihre Majestät die Königin erschien in sechsspänniger offener Equipage in der Uniform des Regiments [blauer Spenzer mit Karmoisin-Besatz und neuerdings als besonderer Auszeichnung mit den silbernen Litzen auf Rabatten, Aufschlägen und Taschen]. Sie fuhr an der Front des in Paradestellung stehenden Regiments entlang, setzte sich dann an seine Spitze und führte es durch die Stadt. Hinter dem Brandenburger Tor blieb die Königin halten und ließ das Regiment an seinem hohen Chef [das ist Friedrich Wilhelm III.] vorbeimarschieren. Die Kommandeure, der Oberst von Opeln und der Kavallerie-General von Kalckreuth, wurden zusammen mit dem Offizierskorps und den Junkern nach Charlottenburg zur Tafel befohlen und höchst gnädig von den beiden Majestäten empfangen. Jedem Offizier schenkte die Königin eine Schärpe. Die Mannschaft erhielt ein Geschenk von 200 Stück Friedrichsd'or. *(26. S. 149 f.)*

Der Prinzenerzieher Delbrück, der mit seinen Zöglingen, den beiden ältesten Königsöhnen Fritz und Wilhelm, Zeuge des militärischen Schauspiels gewesen war, notierte dazu in seinem Tagebuch:

> Die Entlassung der versammelten Offiziere von seiten der Königin sowohl als des alten Möllendorff hatte etwas sehr Feierliches. *(26. S. 149)*

Vorstellen muß man sie sich in ihrem 31. Lebensjahr als die Stattlichkeit selbst, weiblich und mannhaft, Königin sowohl von Statur, Charakter und Profession als auch durch Gottes Wunsch und Willen, das Profil energisch, das Selbstbewußtsein in höchster Blüte, das Sendungsbewußtsein aber noch darüber hinaus, Siegesgewißheit verkündend und Zweifel, auch den geringsten, verpönend, unduldsam bis in die Fingerspitzen gegenüber den Warnern, denen schwante, das Unternehmen werde mißlingen. Es ging um den Krieg. Entlassen wurde das Regiment zwar noch nicht in die Schlacht, wohl aber an den letzten äußersten Rand der elf Friedensjahre, die seit 1795 verstrichen waren, als sich der König von Preußen, damals Friedrich Wilhelm II., aus der Koalition mit Österreich verabschiedet hatte und in ein Neutralitätsabkommen mit der französischen Republik eingeschwenkt war, den »Baseler Frieden«, den Hardenberg damals mit auf den Weg gebracht hatte. Dieses Erbe, dem Nachfolger so teuer wie das Maximum jeglicher Staatsraison, sollte demnächst dem Feldzug weichen. Seit dem 9. August rüstete Preußen auf. Auch die Kinder wurden mobilisiert, jedenfalls die Königskinder, angespornt von ihrer Mutter zur patriotischen Einübung. Luise an Fritz:

> Wäre es möglich, Frieden zu erhalten, so wäre es ein großes Glück; aber ich bin überzeugt, gibt es Krieg, so wird ein jeder mit aller Anstrengung seiner Kräfte den alten Ruhm Preußens zu erhalten suchen. Wirst Du einmal unter den Kriegern gezählt, so wirst Du gewiß Deine Schuldigkeit tun, Papa beistehen als ein gutes Kind und durch Deinem Exempel im Frieden wie im Krieg einen jeden aufmuntern, das zu vollbringen, was ihm obliegt. Sonst wärst Du mein Sohn nicht. Charlottenburg, den 18. August 1806 *(30. S. 208)*

Am 6. September hatte der König von Preußen in einem Brief an den Zaren zum ersten Mal das Scheitern seiner Neutralitätspolitik eingestanden. Daß er den Frieden wolle, habe er wahrhaftig unter Beweis gestellt. Auch wolle er ihn noch immer, aber nach allen schlechten Erfahrungen nur noch unter zwei Bedingungen. Erstens dürfe Napoleon dem preußischen König bei der Aufrichtung des Norddeutschen Bundes nicht ständig dreinpfuschen, Vorschriften machen und die wichtigsten Partner abwerben, zweitens aber müsse der Kaiser der Franzosen seine Truppen aus Deutschland zurückziehen. Für keine seiner beiden Forderungen sah Friedrich Wilhelm bei der Beschaffenheit des napoleonischen Charakters eine Chance:

> Daher habe ich keine andere Wahl als den Krieg. *(3. S. 121)*

Die Entscheidung mußte allerdings erst fallen. So hektisch wie während der Spätsommer- und Frühherbstwochen des Jahres 1806 war in Preußen nie zuvor Politik gemacht worden, Missionen im Eiltempo nach Ost und West, Sonderbeauftragte da- und dorthin, Schriftwechsel, Geheimabsprachen mit der russischen Seite und konträre Deklarationen gegenüber Frankreich, Lippenbekenntnisse, die Verhandlungsbereitschaft annoncierten, während gleichzeitig die Demontage der Beziehungen im Gang war, kein Pont d'or in Sicht, keine goldene Brücke, und niemand, der sie herbeizaubern konnte außer natürlich Napoleon selbst. Man mußte nur auf seine Konditionen zur Friedenserhaltung eingehen, um ihn wieder als Freund zu gewinnen. Zu dem preußischen Gesandten Lucchesini, der sich auf seinem Pariser Posten unliebsam gemacht hatte und durch den Generalmajor von Knobelsdorff ersetzt werden sollte, sagte er zum Abschied:

> Preußen war mit seinen Verdächtigungen auf dem Holzweg. Seine Mobilmachung war dumm. Von meiner Seite haben keine feindseligen Pläne bestanden. Nach Austerlitz hätte ich mich wie eine Bombe auf Preußen werfen und ihm viel Leid zufügen können. Warum habe ich das nicht getan? Auch nur einen einzigen Franzosen, einen einzigen Preußen für einen so hirnverbrannten

> Krieg zu opfern, käme meiner Meinung nach einem politischen Verbrechen gleich. *(3. S. 560 f.)*

Der letzten Audienz des einen Geschäftsträgers folgte unmittelbar die Antrittsaudienz des anderen. Gegenüber Knobelsdorff stellte Napoleon zunächst seine endgültige Entscheidung fest, die französischen Truppen in Deutschland bis zu dem Tag stehenzulassen, an dem ein Friedensvertrag mit Rußland zustande gekommen sein werde, und sodann seine grundsätzlich ungetrübte Beziehung zu Preußen unter der Bedingung, daß sich der König zur Rückkehr vom Kriegspfad bequemt. Also Demobilisierung und zwar sofort.

Diese Nachricht traf am 16. September abends in Charlottenburg ein und trug am 18. September zu der stolzen Haltung der Königin bei.

Das letzte Wort, das ihr Feind gesprochen hatte, ließ ihrem Ehemann nur die Wahl, entweder als König von Preußen abzudanken oder Frankreich den Krieg zu erklären. Ein Drittes gab es nicht. Schickte er seine Soldaten in die Kasernen zurück und fing wieder an zu verhandeln, war er ein toter Mann. Einzig Napoleon würde ihn mit offenen Armen empfangen. In den Augen der restlichen Welt wäre er so gut wie gestorben, bei den Patrioten unten durch, in den Augen seiner Brüder und Vettern ehrlos und in Luises Augen kein Gemahl mehr, der Achtung einflößt. Er hätte Atlas sein müssen, um eine solche Hypothek auf sich zu nehmen. Sein Biograph Thomas Stamm-Kuhlmann bescheinigt ihm tatsächlich die Fähigkeit, eine enorme Last zu tragen, nämlich seine eigene Schwermütigkeit. Friedrich Wilhelm III., den er als einen Melancholiker einschätzt, habe die Langeweile nicht wie der Prinz Louis Ferdinand durch Tollkühnheit bekämpft, sondern wie ein Riese geschultert:

> Er stellte sie dar, er verkörperte sie, er trug die Öde seines Daseins wie Atlas das Weltgebäude. *(87. S. 225)*

Die Königin, die ihn am besten kannte, trat eine Triumphfahrt durch ihre Hauptstadt an. Die Kriegspartei hatte gewonnen. Drei Tage später, am Sonntag, dem 21. September, reiste das Königspaar aus Potsdam in Richtung Thüringen ab. Nach der Ankunft im Hauptquartier in Naumburg schickte Luise dem Zaren eine euphorische Botschaft:

> Es muß glücken. Die Truppen sind von dem schönsten Eifer beseelt, sie brennen darauf, sich zu schlagen und zu avancieren. Nie gab es eine solche Empörung gegen den Feind [›une telle rage contre l'ennemi‹] wie die unvergleichliche, die jetzt den Soldaten anspornt und nicht nur ihn. Die ganze Nation ist davon erfüllt, voller Lobpreis für die Partie, für die sich der König entschieden hat. Unterliegen wir, werde ich mein Unglück mit Ergebung tragen, weil wir es nicht verdient und nicht durch Feigheiten und Niedrigkeiten verschuldet haben werden. Wir treten den Weg der Ehre, er bestimmt unsere Schritte. Lieber unterliegen als zurückweichen. Darin sind alle sich einig. [›Plutot succomber que reculer. Voilà la voix unanime.‹ *(1. S. 461 f.)*

Die Kriegserklärung

Friedrich Wilhelms Bereitschaft, die Sache in Angriff zu nehmen, wurde im Lager bezweifelt. Man traute ihm bis zuletzt die Flucht an den Verhandlungstisch zu. Er selber machte keinen lustigen Eindruck. Von zu Hause hatte er mit Tränen Abschied genommen. Sein gesamtes Tun und Lassen, das auf Preußens Neutralität und Friedfertigkeit ausgerichtet gewesen war, ließ er als Ruine zurück. In seinem Inneren muß während dieser Tage eine tragische Leere geherrscht haben, ehe er sich in sein Schicksal ergab. Dann allerdings wechselte er jäh seine Tonart und hielt Napoleon eine Standpauke, die eine Abrechnung mit dem Urheber aller seiner Heimsuchungen war. Verfaßt wurde der Text von dem Sekretär Lombard, aber unterzeichnet vom König selbst. Die Wortmeldung war so aggressiv, daß man sagen könnte, sie sei ein Schrei der Verzweiflung gewesen. Nur war sie dafür zu lang. Aufgelistet wurden mit buchhalterischer Akribie sämtliche Verstöße des Emporkömmlings gegen Frieden und Freundschaft, alle Vertragsbrüche, alle Grenzüberschreitungen, alle Brüskierungen der guten Nachbarschaft, Napoleons Selbstkrönung mit der Krone der Lombardei, die Stiftung von Unfrieden in ganz Europa, die Raubzüge und zuletzt noch die eigenmächtige Liquidierung des deutschen Kaiserreiches, ohne Preußen zu fragen, obwohl Preußen, wie Friedrich Wilhelm betonte, mit mehreren Provinzen ein Teil davon gewesen sei und sein Blut öfter als einmal zur Verteidigung des Reiches vergossen habe. Die Rede wurde refrainhaft wie bei Shakespeare immer wieder auf den einen Punkt gebracht, der dem König der wichtigste war, seine Langmut gegenüber dem Provokateur:

> Ich habe mich stillverhalten, ich habe geschwiegen, ich habe den Streit vermieden, ich habe mich gefügt, ich habe alles geschluckt, ich habe, statt Alarm zu schlagen, die Ruhe bewahrt, ich habe die Kränkungen hingenommen, mein Verlangen nach Frieden, das unerschütterlich ist, hat mich dazu bewogen, beide Augen gegen die Umtriebe zu verschließen.

Und das Resultat:

> Ihre Truppen belagern meine Grenzen und die meiner Bundesgenossen von allen Seiten. In Westfalen wurde das französische Militär sogar noch verstärkt und bedroht

> mich unmittelbar. Das ist, Monsieur mon Frère, ein treues Abbild Ihres Benehmens mir gegenüber – le tableau fidèle de votre marche envers moi. *(73. C S. 186 f.)*

Gleichzeitig mit dem Brief an den Franzosenkaiser wurde dem Außenminister Talleyrand das Schreiben mit den ultimativen Forderungen zugestellt, Rückzug der französischen Truppen auf die linke Seite des Rheins, freie Hand für den Nordbund, Herausgabe der okkupierten preußischen Territorien und unverzüglicher Eintritt in Verhandlungen über alle weiteren strittigen Fragen. Der Tag, an dem die Geduld des Königs enden werde, steht in der Erklärung mit dabei:

> Der Unterzeichnete [Generalmajor Knobelsdorff] ist angewiesen, hinzuzufügen, daß die Antwort prompt erwartet wird. Der letzte Termin für ihr Eintreffen im Hauptquartier des Königs ist der achte Oktober. *(73. C S. 190)*

Die Botschaft war eine Woche vor dem Stichtag ausgefertigt worden und fügte dem Ultimatum die Hoffnung des Königs hinzu, der rapide Gang der Dinge werde sich bis zum angegebenen Zeitpunkt zügeln lassen.
Friedrich Wilhelm hatte seine Kriegsaversion nicht überwunden. Ernsthafte Vorbereitungen auf den Krieg hatte er keine getroffen oder treffen lassen, weder die Festungen an seinen Grenzen instand gesetzt, noch sich Gedanken für den Fall einer Niederlage gemacht. Nicht einmal für die Verpflegung der Truppen unterwegs hatte er gesorgt, so zuwider war ihm die Idee gewesen, sich schlagen zu müssen.

Im Lager

Am Vorabend einer historischen Katastrophe werden wir mitteilsam, behauptet der Chevalier Gentz. Wir haben das Unheil kommen sehen und brüsten uns nun mit unserer Vorahnung. Jeder redet auf jeden ein. Aus allen Verstecken sprudeln die Quellen. Der Überfluß an Informationen sei das Gesetz der letzten Minute:

> Alle Schleusen sperren sich auf, alle Riegel geben nach, alle Hemmungen fallen weg, und alle Geheimnisse kommen ans Licht. *(79. S. 312)*

Davon profitiert das Journal, das Gentz mit seinen Erkundungen vom Kriegsschauplatz angefüllt und meisterhaft durchkomponiert hat. Es beschreibt uns die Stimmungen und Situationen im Hauptquartier des Königs von Preußen so genau, als wäre der Verfasser seit seinem Wechsel in den österreichischen Dienst zu einem Meisterspion geworden. Tatsächlich hatten ihn die Autoritäten des preußischen Lagers selber gerufen und sich von ihm das Kunststück erhofft, er werde eine Koalition mit Österreich herbeizaubern.

Gentz folgte der Einladung auf Verdacht. Er reist am 2. Oktober von Dresden ab und war am folgenden Tag in Naumburg, eilte aber schon am nächsten Morgen über Auerstedt und Weimar nach Erfurt, wo sich die Streitmacht versammelt hatte. Dort blieb er eine knappe Woche, hatte am 9. Oktober eine Audienz bei der Königin und wurde am 10. Oktober Zeuge einer Truppenparade, die in Blankenhayn in Anwesenheit der Majestäten über die Bühne ging, während sich ein paar Meilen weiter südwärts bereits das Kriegstheater entwickelte, keine Revue, sondern der Ernstfall, provoziert durch eine von Napoleons gelungenen Überraschungsattacken. Über die Schlacht bei Saalfeld, den französischen Sieg und den Tod des Generals Prinz Louis Ferdinand wurde Gentz tags darauf bei seinem Eintreffen in Weimar informiert. Das dortige Drunter und Drüber sprach für sich. Sowohl das Militär als auch die politischen Verantwortungsträger hatten die Fassung verloren. Der Besucher mußte schleunig aus Thüringen fort nach Sachsen, um dem herannahenden Feind zu entkommen. Er sondierte die Möglichkeiten, die ihm zur Heimkehr noch offenstanden, passierte die Stationen Mansfeld, Bernburg, Dessau und Wittenberg und war am 17. Oktober wieder an seinem Ausgangspunkt in Dresden angelangt:

> Erst dort stürzten die furchtbaren Nachrichten mit ihrer ganzen Wucht auf mich ein. Sie hatten die Stadt nur wenige Stunden vor mir erreicht. Beinah gleichzeitig mit mir war der Major von Funck mit den Meldungen eingetroffen, was nun auf Sachsen zukommen werde. Bei meinem Aufbruch zwei Tage später schienen sich hinter mir die Pforten der Hoffnung für Deutschland und Europa zu schließen. *(79. S. 340)*

Eine Begegnung mit den Franzosen mußte Gentz unter allen Umständen vermeiden, da er europaweit für seine Napoleon-Schelte bekannt war. Der Kaiser der Franzosen hatte ihn einen »écrivain maudit« genannt und für Agitatoren wie ihn ein warnendes Beispiel aufrichten lassen. Sein langer Arm hatte den Nürnberger Buchhändler Palm im neutralen Ausland ergriffen und exekutiert, obwohl der Flüchtling nicht etwa der Verfasser, sondern nur der Verbreiter einer Flugschrift gegen die napoleonische Herrschaft, den Rheinbund und das säumige Königreich Preußen gewesen war. Der Autor selber blieb unbekannt. Palm hat ihn nicht verraten.

Das Gentzsche Journal, auf französisch geschrieben und französisch betitelt, war nicht wie das Nürnberger Pamphlet

»Deutschland in seiner tiefsten Erniedrigung« als Zündstoff für den Augenblick, sondern als ein Memorandum auf Dauer gedacht. Der Berichtererstatter ist auf Glaubwürdigkeit aus. Er könne sich, versichert er seinem Leser, für jedes Detail verbürgen. Publiziert wurde der Text erst 1841 aus den nachgelassenen Papieren des Federkriegers, 125 Druckseiten stark, und ist eine haarsträubende Lektüre geblieben:

> Meine schicksalhafte Reise ins Hauptquartier Seiner Majestät des Königs von Preußen. *(79. S. 223-346)*

Pompös ist nur der Beginn mit dem Blick auf die hohen Herrschaften, die sich am Samstag, dem 4. Oktober 1806, von Naumburg nach Erfurt begeben. Die Chaussee in Richtung Auerstedt habe ihm, schreibt der Chevalier, eine der feierlichsten Szenen vor Augen geführt, die ihm je in seinem Leben begegnet seien:

> Der König und die Königin saßen in einer geschlossenen Kutsche, ihnen folgten an die zwanzig Wagen, an ihrer Spitze aber und von allen Seiten um sie herum gaben ihnen sowohl eine Anzahl von Truppen als auch mehrere Stück Geschütze und Karren aus dem Heerestrain das Geleit. Besonders eindrucksvoll war der Moment, als der Zug die Salinenbrücke von Kösen und die Hügel passierte, die den Ort beherrschen. Der Gedanke, daß die Hoheiten zu einem Treffen unterwegs waren, dessen Erfolg womöglich das Gesicht von Europa verändern würde, dessen umgekehrter Ausgang aber zugleich mit ihrem eigenen Ruin auch die Vernichtung der letzten Chance für so viele Länder und Völker herbeiführen mußte, verlieh der Karawane einen zugleich imposanten und schicksalsschweren Charakter. *(79. S. 226 f.)*

Der Beobachter fing an zu begreifen, daß die Affäre schon verloren sei, noch ehe sie begonnen habe. Je genauer er sich umschaute, je mehr Gespräche er führte und je tiefer er blickte, umso finsterer erschien ihm die Zukunft.

Als ein Musterschüler der Erzählkunst spannt Gentz seinen Bogen wie eine Brücke, die über den Acheron führt. Der Brückenkopf hier und der Brückenkopf dort ist jeweils eine Unterhaltung in tiefem Schwarz und der Auskunftgeber jeweils derselbe: Seine Exzellenz der General von Kalckreuth, ein Gewährsmann, dessen Prognose im ersten Gespräch sich im zweiten Gespräch bereits bewahrheitet hat. Anfangs hört man ihn sagen, er sei mehr als irgend wer sonst für einen Krieg gegen Frankreich gewesen, aber würde sich heute wie kein anderer den Ausstieg aus der Mobilmachung wünschen. Denn sie werde nach der Lage der Dinge ein allertraurigstes Ende nehmen. Man habe den Feldzug so unbedacht unternommen, daß die einzige Chance, ihn zu gewinnen, eine höhere Fügung sein müßte, ein wahres Wunder:

> Wäre der König seinem Plan treugeblieben, selber die Armee zu führen und diejenigen Generale um sich zu versammeln, die das Vertrauen der Armee genießen, hätte meine Hoffnung mich nicht verlassen. Bei einem Souverän, dem die Natur das eminente militärische Genie versagt hat, wäre eine solche Vorkehrung zwar nicht die objektiv beste aller Möglichkeiten, aber doch die relativ beste gewesen und war ja auch bis zu einem weit fortgeschrittenen Zeitpunkt so ins Auge gefaßt worden. Dann aber hat ab der Ankunft in Naumburg aufeinmal nichts mehr gegolten, was vorher verabredet worden war. Die Intrigen sind explodiert, die der Herzog von Braunschweig während der Mobilisierungsphase geschmiedet hat. Jetzt nutzt er die Angst und die Scheu, die der König vor dem Kriegführen hat, für die Kehrt-

> wendung aus und bringt sich wieder ins Spiel. Von heute auf morgen ist der König nur noch ein volontierender Außenseiter in seiner Armee. *(79. S. 230 f.)*

In Weimar sah man sich wieder. Die Schlacht bei Saalfeld war ihrem Charakter nach ein Vorgefecht gewesen, hatte ihrer Auswirkung nach aber eine tiefe Niedergeschlagenheit in der Armee bewirkt. Kalckreuth begrüßte Gentz wie einen Komplizen der Schwarzsicht: »Was sagen Sie nun?« Zwischen den beiden Begegnungen breitet der Erzähler das Katastrophenmaterial aus. Dem bei Saalfeld gefallenen Prinzen Louis Ferdinand widmet das Journal einen unpathetischen Nachruf:

> Das traurige Ende des bewunderswerten Prinzen fand allgemein kein besonderes Echo. Unter denen, die um der guten Sache willen am betroffensten hätten sein müssen, gab es etliche, die aus persönlicher Berechnung schwiegen und ihre Gefühle erstickten. Andere mißbilligten die überstürzte Aktion des Prinzen derart, daß sie seinen hohen Eigenschaften und seinem heroischen Tod keine Gerechtigkeit widerfahren ließen. Sogar schamlose und nichtswürdige Schmähungen waren zu hören. Ohne die Würdigung, die der grausame und fatale Charakter des Ereignisses verlangt hätte, ging das Ableben des Prinzen im Chaos unter. *(79. S. 328)*

Die Figuren, die auf der Bildfläche erscheinen, sind die bejahrten Militärs noch aus friderizianischen Zeiten und dazu die politischen Drahtzieher und Duckmäuser, Lombard und Haugwitz, beide krank vor Angst und auch sonst gebrechlich, der Marquis Lucchesini mit seinem Zynismus und als Überraschungsgast Monsieur Laforest, jüngst noch französischer Geschäftsträger in Berlin, jetzt aber ein Vertreter der feindlichen Seite, also ohne die mindeste Legitimation, im preußischen Quartier zu erscheinen. Das Journal merkt dazu an:

> Um das Auftauchen des Ex-Gesandten wurde ein solches Brimborium veranstaltet, daß man den Krieg darüber vergaß. Die gesamte Führungsspitze widmete sich dem Problem, als ob sie kein dornigeres zu lösen gehabt hätte. *(79. S. 294)*

Die Majestätsfigur wird von dem Erzähler ausgespart, man bekommt den König nicht zu Gesicht. In den Gesprächen ist er jedoch ständig präsent. Von seinen Defiziten, seiner unüberwindlichen Abneigung gegen den Krieg, seiner Scheu vor der Verantwortung und seinem Nein zu dem Antrag, das Heft in die Hand zu nehmen, ist dauernd die Rede. Die Information, daß Friedrich Wilhelm III. sich im Alter von 36 Jahren zu jung für das Oberkommando gefühlt hatte, wird von anderen Quellen überliefert. Gentz, der Erzähler, vermeidet jede abträgliche Bemerkung über den armen Mann, der die Soldaten für eine Sache begeistern soll, die er selber nicht leiden kann. Stattdessen wird der Herzog von Braunschweig als das verkörperte Übel vorgeführt. Die Reportage brandmarkt ihn als den unzulänglichsten Mitspieler von allen und versagt ihm jegliche Anteilnahme. Kein Hinweis auf seine illustre Vergangenheit als ein Neffe und Offizier Friedrichs des Großen, keine Andeutung seines früheren Kriegsruhms, kein Lorbeer, keine Erwähnung der Meriten des Herzogs und selbstverständlich kein Wort davon, daß er eine denkwürdige Gestalt der Epoche bleiben wird, weil Gotthold Ephraim Lessing sein Angestellter an der herzoglichen Bibliothek in Wolfenbüttel gewesen war. Statt der Abwägung liest man einen Totalverriß. Der persönlichen Begegnung schickt Gentz die diplomatische Erklärung voraus, er habe sich bei der Zusammenkunft von keinem Vorurteil leiten lassen, sondern um ein eigenes Urteil bemüht. Aber vergeblich:

> Ich mußte feststellen, daß er genauso war, wie man ihn mir beschrieben hatte, absolut unter dem Niveau seiner Aufgabe. In seiner Haltung, seinem Blick, seinen Gesten, seiner Sprache, seinem ganzen Wesen drückte sich etwas Geducktes und Feiges aus, eine Art von Impotenz. Vom Krieg sprach er wie ein Mensch, der nichts mit der Sache zu tun hat und sich darauf beschränkt, über die Maßnahmen der anderen zu urteilen. In einem Ton, der den Zuhörer frustrieren mußte, wiederholte er mehrfach, er sei ganz optmistisch, vorausgesetzt, daß keine Fehler gemacht würden. Als ich mir die Freiheit nahm, ihm zu erwidern, alle Welt erhoffe sich von ihm eine Führung, unter der keine Fehler passieren würden, antwortete er mir, er könne kaum für sich selbst garantieren, geschweige denn für die anderen. Das war am Vorabend so großer Ereignisse weiß der Himmel ein unvergleichlicher Ausspruch aus dem Mund des Oberbefehlshabers der Armee. *(79. S. 293)*

Die Geschichte wird so erzählt, daß der Audienz beim Herzog die Audienz bei der Königin unmittelbar folgt. Der Aufenthalt im Hauptquartier habe ihn so desillusioniert, schreibt Gentz, daß er diesem nächsten Termin am liebsten ausgewichen wäre. Was sollte ihm das Interview außer einer nächsten Enttäuschung noch bringen? Die Frage mündet in das Hallelujah ein. Inmitten der Dunkelheit tritt die Lichtgestalt auf. Zwar hatte Gentz die Fürstin allseits rühmen hören, aber auf eine solchen Vorzüglichkeit, einen so hohen Charakter, eine solche Fülle großer und schöner Eigenschaften war er nicht gefaßt gewesen. Das Journal überschlägt sich:

> Sie drückte sich mit einer Genauigkeit, einer Sicherheit, einer Energie und zugleich einer Gemessenheit und Klugheit aus, die mich bei einem Mann entzückt hätten. Zugleich schwang bei allem, was sie sagte, ein Zart- und Feingefühl mit, das mich keinen Moment vergessen ließ, der Gegenstand meiner Bewunderung sei eine Frau. *(79. S. 296)*

Von der Regel solcher unverbindlichen Schwärmereien macht Gentz keine Ausnahme. Trotzdem erhält man von ihm einige konkrete Auskünfte über den Gang der Konversation. Er läßt durchblicken, daß ein ominöses Thema im Vordergrund gestanden habe, nämlich Austerlitz, der Feldzug, den die vereinten Österreicher und Russen vor knapp einem Jahr unternommen und so trostlos verloren hatten. Die Königin sei von sich aus darauf zu sprechen gekommen. Zuvor habe sie ihn nach seiner Einschätzung der akuten Lage gefragt, aber gleich hinzugefügt, daß sie keiner Ermutigung bedürfe. Es fehle ihr nicht an Mut: »Gott sei Dank!« Dann aber seien von ihrer Seite geheime Befürchtungen angeklungen, und man habe aus ihren Äußerungen eine düstere Vorahnung heraushören können:

> Zu meinem Erstaunen war sie über den Hergang des mährischen Feldzugs bis in jedes Detail informiert. Ihre besondere Anteilnahme galt dem Unglück des Hauses Österreich. Öfter als einmal füllten sich ihre Augen mit Tränen. Sie sprach über den Kaiser und die Kaiserin etwa so, wie sie wünschen mußte, daß man in einem vergleichbaren Fall über den König und über sie selbst sprechen würde. *(79. S. 298)*

Als der Erzähler Jahre später sein Journal noch einmal zur Hand nahm, fügte er an dieser Stelle eine Fußnote hinzu. Er schwöre, schrieb er an den unteren Rand, bei allem, was ihm heilig sei, daß die Königin die Unterhaltung genauso, wie er sie oben wiedergebe, tatsächlich mit ihm geführt habe: Nichts sei erfunden und nichts retouchiert. Da Gentz grundsätzlich aber zu versiert war, um Autorenschwüre für etwas anderes zu halten als ein Rascheln im Blätterwald, muß seine Fußnote einen tieferen Sinn haben. Womöglich leistete er den Eid, um der einen oder anderen Lüge zu der gebührenden Wahrheit zu verhelfen. Denn so nahm das Gespräch seinen Fortgang. Die Königin klagte darüber, daß Napoleon sie in seinen Bulletins als die Antreiberin zum Krieg bloßstelle, und sagt dann wörtlich:

> Gott weiß [Dieu sait], daß man mich über die öffentlichen Angelegenheiten niemals zu Rat gezogen hat und mir der Ehrgeiz fernliegt, mich in sie einzumischen. *(79. S. 299)*

Die Vermittlerin, deren stilles Walten, wie Hardenberg es bezeugt, die einzige Chance gewesen war, um den König in Schwung zu bringen, behauptete also im Namen Gottes, sie stehe den politischen Dingen fern. Gentz läßt seine Gesprächspartnerin weiterhin sagen:

> Wäre ich jedoch gefragt worden, so hätte ich, wie ich zugebe, den Krieg begünstigt. Ich halte ihn für unabdingbar. Unsere Situation war so zweideutig geworden, daß wir um jeden Preis Farbe bekennen mußten. Es ließ sich nicht mehr umgehen, den Vorwürfen und Verdächtigungen, die auf uns lasteten, ein Ende zu setzen. Die Berechnung [le calcul] spielte dabei eine weit geringere Rolle als das Ehrgefühl und die Pflicht [le sentiment d'honneur et le devoir]. *(79. S. 299)*

Auf das Feingefühl ihres Gastes konnte sich Luise verlassen. Während der Unterhaltung, die, laut Journal, eine dreiviertel

Stunde gedauert hat und in Anwesenheit der Herzogin von Sachsen-Hildburghausen, Luises Schwester Charlotte, geführt wurde, berührte er keine der brennenden Fragen: warum Preußens Alleingang und warum der Krieg jetzt? Mit ihnen konfrontiert er den politischen Stab, der sich im Hauptquartier aufhielt.

Graf Haugwitz, der Gentz eingeladen hatte, war der erste, den er ins Verhör nahm: Hat Preußen sich mit England verständigt, hat es Rußland rechtzeitig informiert, stehen von dorther Hilfstruppen zu erwarten, und was ist mit Österreich? Der Graf geriet in Verlegenheit und nahm seine Zuflucht zu den guten Vorsätzen und den Spekulationen:

> Wir beabsichtigen eine kraftvolle Kriegsführung. Sind wir einmal in Marsch, können uns keine widrigen Umstände und selbst nicht die eine oder andere verlorene Schlacht zum Rückzug bewegen. Auch an Alliierten wird es uns dann nicht fehlen. *(79. S. 244)*

Der Kaiser von Rußland habe sich auf eine Weise geäußert, die Preußen berechtige, auf seine Hilfe zu bauen. Mit England sei man im Gespräch. Ein englischer Unterhändler sei schon unterwegs. Über die österreichische Beteiligung habe man von Kaiser Franz zwar noch keinen positiven Bescheid, aber vielleicht könne Gentz da etwas nachhelfen. Der aber konnte sich über die Tiraden nur wundern.

Die Wahrheit, der er auf den Grund kam, besagte, daß Preußen im Begriff war, sich ohne Bundesgenossen in eine Arena zu stürzen, in der so viele andere vor ihm ihr Cannae erlebt hatten. Warum aber dieses Abenteuer ausgerechnet jetzt im Oktober 1806, während das Jahr sich neigte? Warum der Alleingang Hals über Kopf anstelle einer gemeinsamen Aktion der europäischen Mächte gegen Napoleon? Warum auf einmal die Eile, nachdem man jahrelang gezögert hatte? Unter allen Auskunftgebern, die das Journal zitiert, wurde der Sachverhalt am bündigsten von dem Marquis Lucchesini formuliert:

> Die Hitzköpfe haben den Krieg durchgesetzt. Die Stimmung hatte in Berlin ihren Gipfel erreicht. Das Kabinett konnte ihr nicht mehr widerstehen. *(79. S. 320)*

Das Ende mit Schrecken fand am 14. Oktober in Gestalt zweier simultaner Schlachten statt, der einen bei Jena und der anderen bei Auerstedt. Gentz war auf seiner Flucht zwischen Buttstedt und Mansfeld unterwegs, als von den Bergen ringsum das Unwetter widerhallte. Die Kanonade verkündete ihm den Schlachttag.

Vier Tage vorher, am Freitag dem 10. Oktober, war er noch einmal der preußischen Glorie ansichtig geworden, als die Hauptarmee sich bei ihrem Abmarsch nach Auerstedt dem König und der Königin präsentiert hatte:

> Zwei Garde-Bataillons zu Fuß, das Bataillon der alten Garde, das Infanterie-Regiment des Königs und dasjenige des Herzogs von Braunschweig, die beiden Regimenter der Gardes du corps und der Gensdarmes, das Dragoner-Regiment der Königin und noch ein anderes Kavallerie-Regiment. Ich muß gestehen, daß der Anblick auch auf mich, obwohl ich doch wußte, wie es um die Sache stand, einen unwiderstehlichen Zauber ausgeübt hat –
> *(79. S. 310)*

Napoleon rühmte sich seiner Geschwindigkeit. Den Feldzug von 1805 quer durch Süddeutschland und Österreich hatte er auf zwei Monate zusammengedrängt und bei dem krönenden Finale in Mähren ein Heer von hunderttausend Mann in weniger als vier Stunden vom Kampfplatz gefegt.

Seine preußischen Herausforderer hielten sich bei dem, was sie vorhatten, an das langwierige und flächendeckende Muster wie bei der Campagne vor zwölf Jahren am Rhein. Gedacht war an einen Marsch, der in mehreren Abteilungen nach Bayern und Württemberg führen und sich unterwegs von Schlachtfeld zu Schlachtfeld kämpfen sollte, eventuellen Rückschlägen trotzen und einen unbestimmten Zeitraum umfassen würde. Eindeutig fest stand das Ziel. Es galt, die Franzosen hinauszuwerfen und das napoleonische Joch zu brechen. Ein sukkzessiver Anschluß der Rheinbundfürsten im Verlauf des Unternehmens wurde vorausgesetzt.

Preußen, dem nur noch Sachsen und Sachsen-Weimar zur Seite standen, nahm, um sich überhaupt in Bewegung setzen zu können, Thüringen als Aufmarschgebiet in Anspruch. Der Herzog von Weimar hatte mit seinem Regiment jenseits des Thüringer Waldes Stellung bezogen, wo er die Gefährten erwartete, um mit ihnen den Zug südwärts anzutreten. Aber er stand dort bereits auf verlorenem Posten. Sein eigenes kleines Land wurde vom Krieg erfaßt, und die preußische Streitmacht brach zusammen, noch ehe sie einen Schritt vorwärts getan hatte.

Die Entscheidung fiel am 14. Oktober gegen zwei Uhr mittags, als der König seine Hauptarmee aus dem Feuer zurückzog, von dem sie bei Auerstedt überrascht worden war. Der Feind hatte ihr das Kräftemessen aufgezwungen, ohne ihr enthüllen zu müssen, daß er über weniger Infanterie und bedeutend weniger Kavallerie verfügte als sie. Alles, was man von ihm hatte erkennen können, war die Masse gewesen, die frühmorgens am Saale-Ufer aus dem Herbstnebel brach, die Ortschaft Hassenhausen einkreiste und von dort aus die Angreifer niedermähte. Friedrich Wilhelm III., der in seiner Sorge um seine Soldaten seinem Vorfahren glich, nicht Friedrich II., sondern Friedrich Wilhelm I., dem originalen Soldatenkönig, gab sich nach einem vierstündigen Ringen lieber vorzeitig geschlagen, als den Anblick seiner stürzenden Scharen noch länger ertragen zu müssen.

Von seiner Königin hatte er am Vortag Abschied genommen. Die Szene begab sich im militärischen Getümmel auf der Chaussee zwischen Weimar und Auerstedt. Aus einem späteren schriftlichen Bericht der Königin geht hervor, daß der Herzog von Braunschweig, Oberstkommandierender des Heeres, den Feldwagen des Königs anhielt, dessen Insassin sie war, und ihr zweimal dieselbe Frage stellte:

> Was tun Sie hier, Madame? Um Gottes Willen, was tun Sie hier?

Sie antworte ihm, was ihr der König gesagt hatte, daß ihr im Rücken der Armee nichts passieren könne. Darauf der Herzog:

> Aber, mein Gott, sehen Sie das Schloß Eckartsberga vor sich? Dort sind die Franzosen [was zu diesem Zeitpunkt, nachmittags am 13. Oktober, tatsächlich noch nicht der Fall gewesen war]. Morgen müssen wir einen blutigen und entscheidenden Tag haben [was sich über alle Vorstellung hinaus bewahrheitet hat]. Sie können hier nicht bleiben, das ist ganz unmöglich. Sie werden über den Harz, Blankenburg, Braunschweig und Magdeburg nach Berlin reisen. In Weimar, wo Sie die Nacht verbringen müssen, ist der General Rüchel, der Ihnen den Reiseweg angeben wird. *(30. S. 214 f.)*

Die Königin ließ den König rufen und wiederholte ihm die Worte des Herzogs. Wenn dem so sei, antwortete er ihr, dann reise ab. Er gab ihr die Hand und drückte ihre Hand wortlos einmal und noch einmal. Sie verließ seinen Wagen, stieg, während sich das Heer auf der Landstraße weiterwälzte, in ihre eigene Kutsche und fuhr unter dem Schutz eines Offiziers mit acht Kürassieren nach Weimar zurück. In ihrem Kabinett im dortigen Stadtschloß nahm sie ihre Tätigkeit, den König für den Krieg zu stählen, sofort wieder auf, jetzt schriftlich, während sich der General Rüchel im Nebenzimmer über die Karten beugte, um ihren Fluchtweg aus Thüringen auszuarbeiten. Ihren Brief an den König schrieb sie nicht wie sonst in französischer Sprache, sondern auf deutsch. Die Datumszeile lautet »Weimar, den 13. Oktober 1806, abends 8 Uhr.«

Außer den Beschwörungen, Beteuerungen und Gebeten (»Gott stärke Dich! und gebe Dir eine tüchtig gewonnene Schlacht«) enthielt er die gute Mitteilung, daß man eben in diesem Moment über ein Debakel der Franzosen bei Jena unterrichtet worden sei. Der Offizier, der dem General Rüchel die Nachricht überbracht habe, sei ein Augenzeuge des fliehenden französischen Heeres gewesen. (Jena war am 13. Oktober von den Franzosen unter der Führung von Marschall Lannes eingenommen und von Napoleon, der nachmittags an der Spitze seiner Garde eintraf, als der prädestinierte Ausgangspunkt für die Schlacht des kommenden Tages erkannt worden.) Die Königin fügte ihrer Unterschrift (»auf ewig Deine treue Luise«) zwei Absätze hinzu. Zunächst drückte sie dem König ihre Hoffnung auf ein baldiges Ende der Trennung aus und wiederholte sodann, was sie ihm offenbar schon mündlich gesagt hatte, daß er und kein anderer zum Lenker berufen sei:

> Ich darf Dich noch einmal bitten, nehme mehr Zutrauen zu Dich selber und führe das Ganze; es gehet gewiß besser. *(30. S. 216)*

Der Herzog von Braunschweig, gegen den sie sich damit aussprach, wurde am nächsten Tag beim Ritt über das Feld bei Auerstedt von einer Kugel in die Augen getroffen. Man hatte ihn in der Nähe des Dorfes Taugwitz (westlich von Hassenhausen) auf einer Anhöhe gesehen und hatte noch beobachtet, wie er sich mit der Blickrichtung zur Rehhäuser Höhe hin, dem Standort des Königs, im Sattel umgewandt hatte:

> Als er so da hielt, drehte sich ihm der Hut auf dem Kopf. Ich – [ein ortsansässiger Bauer, der dem Oberbefehlshaber als Geländeführer zugeteilt worden war] – ich dachte, wenn es nur der Hut ist, mag es noch angehen. Indem kehrte er sich um und das Blut lief ihm über das Gesicht. Gleich wurde gerufen: Der Herzog ist blessiert. Dies geschah ungefähr in der Mittagsstunde. *(81. S. 58)*

Jena und Auerstedt war die Wiederholung von Austerlitz. Zwar stand der napoleonischen Armee jetzt ein anderer Feind gegenüber, sie selber aber war unverändert diejenige vom Jahr zuvor. Ihre Dispositionen bezogen sich auf den Sieg, für den die Erfahrung sprach. Die andere Seite hingegen, die sich ebenfalls auf den Sieg einrichtete, hatte für eine solche Annahme keine Begründung, abgesehen von der Geschichte: Pirna, Prag, Roßbach, Leuthen, Zorndorf et cetera. Die preußische Überheblichkeit war hier der Anfang vom Ende.

Bereits die Folgen der verlorenen Schlacht von Saalfeld, vier Tage vor Jena und Auerstedt, werden der Nachwelt von dem Teilnehmer Otto August Rühle von Lilienstern als eine Vorhölle geschildert. Hinter allen Gebüschen und Hecken kriechen kaputte Soldaten hervor; alle Wege und Felder sind mit Gewehren, Bajonetten, Kürassen und Montierungsstücken besät; in den Gräben stecken umgeworfene, demontierte und von ihren Leuten verlassene Kanonen; preußische Plünderer machen sich über sächsische und sächsische Plünderer über preußische Vorräte her; die Stränge werden abgehauen und die Wagen zerschlagen; Fuhrwerke, die der Plünderung entkommen sind, jagen auf das Geschrei hin, der Feind rücke von Weimar her an, in die andere Richtung davon, verirren sich aber im Gelände, gehen kopfüber und fallen den feindlichen Streiftruppen umso sicherer in die Hände. Die Verwandlung der Fluren in Totenäcker steht erst noch bevor.

Napoleon hatte Friedrich Wilhelm III. den Ausgang vorausgesagt, seine Prognose dann aber am Abend des Entscheidungstages durch das doppelte Ereignis auf zwei Schlachtfeldern noch überboten gefunden. Während er selber im Verein mit Lannes, gedeckt durch die Nachhut des Marschalls Murat und verstärkt durch die Marschälle Ney, Augereau und Soult, die mit ihren Truppen herbeigeeilt waren, den Kampf auf dem hügeligen Gelände vor Jena gegen die preußische Nebenarmee führte, wurde die Hauptarmee sechs Meilen weiter nördlich allein von dem Marschall Davout und seinem Korps geschlagen. Hermann von Boyen, der spätere General, der damals als junger Offizier dabeigewesen war, faßte die Schlacht von Auerstedt in der lakonischen Feststellung zusammen, die so berühmt ist wie das Ereignis selber: es sei von preußischer Seite ein Kunststück gewesen, den Sieg zu verfehlen. Weniger berühmt, da langwierig, ist der Rechenschaftsbericht des Königs. Dort heißt es:

> Die Stellung des Feindes, der das dominierende Terrain hatte, welches in einer sehr allmählichen Abdachung nach uns herunter lief, war sehr vorteilhaft; dabei konnte er von oben selbst im Nebel die Gegenstände leichter wie wir unterscheiden, da wir im Gegenteil seine ganze Stellung, wäre kein Nebel gewesen, aus eben dieser Ursache mit eins zu überblicken imstande gewesen

> wären, mithin uns gewiß nicht so rasch und so weit vor avanturiert hätten, vielmehr die Armee zuerst gesammelt, um sie frühzeitiger und mehr rückwärts so zu formieren, als es die Lage der Sache erfordert hätte, wo man alsdann seine ferneren Dispositionen zu machen imstande gewesen wäre und auch nicht verfehlt haben würde, um eine schnellere Formation zu bewerkstelligen, in mehreren Kolonnen zugleich das Defilee von Auerstedt zu passieren, statt dessen hier die ganze Armee durch den Ort dieses Namens hat defilieren müssen. *(81. S. 60)*

Die Flucht in den Irrealis kennzeichnet den überforderten Monarchen: was gewesen wäre, wären die Felder überschaubar gewesen. Auch möchte er noch einen Umstand erwähnen, den er zwar als geringfügig bezeichnet, aber nachträglich doch als zur Sache gehörig empfunden hat, nämlich den Mangel an guten Spezialkarten von der Thüringer Gegend. Seinen wochenlangen Aufenthalt daselbst, bevor der Entscheidungstag herangenaht war, erwähnt er bei dieser Gelegenheit nicht. Napoleon seinerseits hatte sofort bei seiner Ankunft in Jena das Gelände rekognosziert, die Anhöhen links des Saale-Ufers, Windknollen und Landgrafenberg, als seine Chance erkannt und im Schutz der Nacht einen Hohlweg in den Hang schlagen lassen, breit genug, um die Kanonen der Grande Armée auf die Kanzel hinaufzukarren, von der aus sie am folgenden Tag ihre Ansprache an den Herausforderer richteten, der sich, obwohl gewarnt, in den Krieg gegen die Weltseele stürzte. (Den Kaiser der Franzosen so zu benennen, hatte der Empfindung entsprochen, die Napoleon, als er mit verhängten Zügeln die Stadt Jena durchquerte, bei dem Denker Hegel hervorrief: ein solches Individuum zu sehen, das hier auf einen Punkt konzentriert, auf einem Pferde sitzend, über die Welt übergreift und sie beherrscht.)

Die Kapitulationen verliefen auf dem einen und dem anderen Schlachtfeld jeweils unterschiedlich. Bei Auerstedt handelte es sich um einen geordneten Rückzug. Der König hatte, ehe er selber als erster den Schauplatz verließ, das verwaiste Kommando dem General Kalckreuth übergeben, der seine Kolonnen so fest in der Hand hatte, daß Davout sie abziehen ließ, ohne sie zu verfolgen. Angeblich war es die Achtung gegenüber der Disziplin des geschlagenen Feindes, die den Marschall zum Innehalten bewog. Aber es kann auch die Erschöpfung seiner eigenen Kräfte gewesen sein, denn sein Sieg war derjenige einer Minderheit über eine Mehrheit.

Auf dem Terrain bei Jena hingegen, auf dem Napoleon seine Hauptarmee konzentriert hatte, ereignete sich auf der preußischen Seite nach allen gescheiterten Versuchen, einen Vorteil über den Feind zu erringen, nach den Stunden der Vergeblichkeit, der Rückschläge und der Verluste die Flucht von unten her, das Heer, das sich selber auflöst, die Masse, die niemand mehr aufhält, das elementare Chaos, so daß die wahre Katastrophe überhaupt erst eintrat, als die flüchtenden Soldaten unterwegs nach Norden – Weimar befand sich bereits in französischer Hand – mit den Resten der Hauptarmee zusammentrafen und die Panik alles mitriß, was die preußischen Farben trug.

Der König schlich sich mit den Überresten zweier Regimenter an den Wachtfeuern der Franzosen vorbei durch die Herbstnacht. Sein vorläufiges Ziel war Magdeburg. In Thüringen war seine letzte Station Sömmerda, von wo aus er am Tag nach der Schlacht einen Bericht mit einer ersten vorläufigen Auflistung der Verluste an die Königin schrieb:

> Der Herzog so gut wie tot, Möllendorf Kontusionen an beiden Beinen und jetzt vermißt. Hohenlohe vermißt. Rüchel sehr schwer nahe dem Herzen blessiert. Schmettau unterm linken Auge durchgeschossen.

> Heinrich [jüngster Bruder des Königs] ein Streifschuß, wie man sagt, bis jetzt vermißt. Wilhelm [ältester Bruder des Königs] das Pferd erschossen, hierbei einen schweren Fall auf den Kopf getan. General Schimonsky tot. Major Schenk tot. General Quitzow den Fuß abgeschossen, – noch andere sagen, tot. Major Eben und Krafft tot. Major Herwarth tot usw. usw. – *(28. S. 263)*

Brav sei man gottlob alles in allem denn doch gewesen, aber leider nicht glücklich.

Den Bericht schrieb der König auf deutsch. Den Marschbefehl jedoch, den der bedürftige Mann seiner Frau erteilte, formulierte er französisch:

> Mettez-vous tout de suite en route et apportez-moi de quoi me nettoyer. Adieu. *(81. S. 59)*

Der König brauchte ein frisches Hemd, und die Königin sollte es ihm bringen. Tout de suite heißt sofort.

Die Königin bittet um Ruhe

Das geflügelte Wort »Ruhe ist die erste Bürgerpflicht« wurde von seinem Urheber, dem Gouverneur von Berlin, in die Welt gesetzt, um dem Ausbruch einer allgemeinen Panik vorzubeugen. Die Bevölkerung konnte der Aufforderung entnehmen, daß etwas Furchtbares passiert sein mußte. Genaueres erfuhr sie nicht als die Mitteilung von einer verlorenen Schlacht. Die Katastrophe ließ sich aus dem Text, der öffentlich angeschlagen stand, nur erahnen. Offenbar handelte es sich um eine entscheidende Niederlage. Anders war die Bekanntmachung, die sich aus dem Appell und der Nachricht zusammensetzte, nicht zu verstehen:

> Der König hat eine Bataille verloren. Jetzt ist Ruhe die erste Bürgerpflicht. Ich fordere die Einwohner Berlins dazu auf. Der König und seine Brüder leben!
> Berlin, den 17. Oktober 1806. Graf v. d. Schulenburg.
> *(81. S. 75)*

Die andere Kunde jedoch, diejenige von der Heimkehr der Königin, die sich gegen Abend desselben Tages verbreitete, wirkte prompt wie eine Botschaft des Himmels. Jetzt zählte nichts mehr außer dem Wiedersehen. Es gab nur noch die eine Stimme, die im Chor nach der Königin rief. Die Stadt verlangte nach ihr. Sie sollte sich zeigen. Das kronprinzliche Palais Unter den Linden, der Wohnsitz der Majestäten, wurde von den Menschen belagert. Alle beseelte der gemeinsame Wunsch, zu Luise hinaufzuschauen:

> Selten haftet auf Höhn ein Funken himmlischen Lebens,
> Aber, als Königin, blüht dann auch die Rose des Bergs.
> *(45. Junius 1798. S. 184)*

Höher als bis zu dem Punkt, an dem sich das verstörte Volk bittflehend an seine Königin wendet, konnte die Karriere der Prinzessin von Mecklenburg-Strelitz nicht gelangen. Bis dahin hatte die Akklamation dem Idol gegolten, jetzt galt sie der Landesmutter. Diese Rolle jedoch war, wie sich nun zeigte, der Königin fremd. Sie verweigerte sich der Herausforderung und erschien nicht auf dem Balkon. Auch wäre die Geste der Solidarität ja illusorisch gewesen, da Luise zur Flucht entschlossen war. (Auf die Frage, was der Sieger Napoleon getan hätte, wäre er in Preußens Hauptstadt von der preußischen Königin empfangen worden, antwortete der Gefangene auf St. Helena seinem Gesprächspartner, die Königin würde ihr Land zurückerhalten haben.)

Louise Radziwill, die Schwester des gefallenen Prinzen Louis Ferdinand, die zusammen mit anderen Damen drinnen im Haus anwesend war, als sich draußen der Tumult erhob, schrieb Jahrzehnte später ihre Erinnerung an den Abend dieses 17. Oktober auf:

> Wir standen in einer Fensternische und blickten traurig auf die vor dem Palais versammelte ungeheure Menge hinunter. Man konnte beim Laternenschein diese übel gestimmten Leute unterscheiden, man vernahm Ausrufe des Schmerzes und dumpfes Murren und bemerkte mehr von Neugier als von Anteilnahme. Auf uns machte das einen unheimlichen Eindruck, der uns mit Schrecken erfüllte. Die Königin war so ganz mit Anordnungen und Packerei für ihre Abreise beschäftigt, daß sie kaum darauf achtete. *(71. S. 171)*

Zu den Berlinerinnen und Berlinern wurde mehrfach ein Kammerdiener hinausgeschickt. Er bestellte ihnen den Dank und die Grüße Ihrer Majestät. Die Königin habe dringend zu tun und bitte um Ruhe. Noch vor Tagesanbruch ließ sie den Professor Hufeland kommen. Er fand sie entstellt vor, unfrisiert mit verweinten Augen und der lauten Klage:

> Alles ist verloren. Ich muß fliehen mit meinen Kindern. *(27. S. 1)*

Der Kindertransport

Die Kinder waren am 17. Oktober um Mittagszeit aus Berlin fortgeschafft worden. Beim Eintreffen der Königin befanden sie sich schon auf dem Weg in Richtung Oder. Die ganze Gesellschaft verteilte sich auf mehrere Kutschen. Ihre Mitglieder waren der Reihe nach der zwölfjährige Friedrich,

Cousin oder Fritz-Louis genannt, mit seinem Erzieher Herrn Reimann, die Brüder Fritz und Wilhelm, zehn und neun Jahre alt, mit Herrn Delbrück, ihre achtjährige Schwester Charlotte und die zehnjährige Cousine Friederike mit den jeweiligen Kammerfrauen und die beiden Jüngsten, der fünfjährige Carl und die dreijährige Alexandrine, betreut von Frau Bock. Dazu die Kutscher, die Kammerdiener und sonstige Bedienstete. Für die Strecke bis Danzig liegt eine Fluchtbeschreibung vor, die von dem Kronprinzen erstellt worden ist, auf den Anlaß der Reise aber nicht weiter eingeht, den Feind, vor dem man flüchtet, kaum erwähnt und auch sonst nichts Panisches an sich hat. Ihrem Charakter nach liest sie sich eher wie ein Erlebnisbericht, niedergeschrieben von einem Schüler, der zusammen mit seinen Geschwistern einer unbekannten Ferne entgegenrollt. Fritz schreibt:

> Nun wurde es dunkel. Ein Stern trat nach dem anderen hervor. Der Mond fing an zu scheinen. Wir stiegen aus, um den herrlichen Himmel recht mit Muße betrachten zu können, blieben aber nicht lange draußen, denn es fing an, kalt zu werden. Ich hüllte mich in meinen Mantel ein, legte mich in die Ecke des Wagens und schlief ein. Mich fror ganz erbärmlich. Es war eine sehr kalte Nacht.

In Angermünde, halbwegs zwischen Berlin und Stettin, begann für die Kinder die Fremde, Tabaksqualm in der Gaststube im Posthaus, ein ruppiger Posthalter, eine Streiterei wegen der frischen Pferde, die er nicht herausrücken wollte, dann aber doch herausrücken mußte, und bei Sonnenaufgang die Weiterfahrt. Im Stadtschloß in Schwedt an der Oder war eine Ruhepause von mehreren Tagen geplant:

> Ich legte mich auf zwei Stühle und schlief ein.

Aber schon wenig später meldete Herr Delbrück dem Kronprinzen, die Königin sei da, und der Kronprinz beeilte sich, sie zu empfangen:

> Mama küßte uns stillschweigend, und wir begleiteten sie hinauf in ihr Zimmer.

Über das Zusammensein schreibt er, seine Mutter habe ausführlich Nachricht gegeben und habe den Aufbruch aus Schwedt gleich für den nächsten Morgen festgelegt:

> Hierüber waren wir alle sehr betrübt.

Die Kinder und die Königin reisten getrennt. In Stettin kamen alle noch einmal zusammen. Dort traf ein Brief des Königs ein:

> Papa hatte an Mama aus Wriezen geschrieben, daß der Prinz Eugen von Wirtemberg bei Halle gänzlich geschlagen sei und daß er selbst nach Küstrin zu reisen im Begriff wäre. Er bat sie, ihm doch dahin zu folgen. Mama beschloß gleich abzureisen.

Ein politischer Vorfall, der sich noch vor dem Abschied ereignet haben muß und im Bericht des Kronprinzen dokumentiert wird, war die Gefangensetzung des Kabinettsrats Lombard:

> Wir fanden im Hausflur Soldaten und erfuhren, Lombard solle in Sicherheit gebracht werden. Dies geschah aber nicht auf die rechte Weise. Durch dieses alles wurden wir noch mehr verstimmt.

Ob der Junge hier Kritik an seiner Mutter übt, auf deren Veranlassung die Inhaftierung erfolgt war, läßt sich seiner Mitteilung nicht entnehmen. (Lombard hatte das Pech gehabt, in Stettin aufzukreuzen, als die Königin dort Station machte, und wurde von ihr unter dem Vorwand, er sei als Franzosengünstling vor der Volkswut nicht sicher, unter Polizeischutz gestellt; das heißt, er wurde ins Gefängnis geworfen.) Eine andere Anordnung der Königin betraf das Personal des Kronprinzen:

> Als wir zu Haus gekommen waren, nahm die Mademoiselle Kraft, meine Silberwäscherin, mit Tränen Abschied von mir. Sie wurde nach Berlin zurückgeschickt. Darauf schlief ich ein. Am anderen Morgen früh reisten wir ab.

Der Konvoi der Kinder setzte seinen Fluchtweg durch Pommern fort. Die Oberaufsicht hatte die Gräfin Voß übernommen. Statt mit der Königin nach Küstrin reiste sie mit den Prinzen und der Prinzessin nach Osten. Bei ihren Schützlingen war sie offenbar nicht beliebt. Als Wilhelm zu ihr in die Kutsche steigen sollte, empfand er das, wie aus dem Bericht hervorgeht, als eine Strafe und heulte. Mit Herrn Delbrück verstanden sich beide Brüder gut. Er las ihnen während der Fahrt Geschichten aus einem Reiseführer vor und erklärte ihnen die Landschaft. Hin und wieder begegneten sie einem Zeichen, das ihnen sagte, sie seien auch in der Fremde in ihrem Königreich. Auf dem Marktplatz von Köslin stand die Bildsäule, die ihrem Ur-Urgroßvater, Friedrich Wilhelm I., zum Dank für seine Aufbauhilfe nach dem Brand von 1720 errichtet worden war, und auf dem Gollenberg bei Köslin erinnerte eine Fahne an den Tag, als Friedrich Wilhelm III. und die Königin Luise dort hinaufgestiegen waren:

Oben war sehr starker Wind. Am Horizont sahen wir einen blauen Strich, und man sagte uns, dies sei die Ostsee. Darüber freuten wir uns sehr.

Hinter der Grenze zu Westpreußen kamen sie in eine katholische Gegend. Kapellen auf allen Hügeln hatte es bei ihnen zu Hause nicht gegeben und auch nicht den Brauch, daß zu jedem Dorfeingang und -ausgang ein Kreuz gehörte:

Unter einem weidete eine Herde Gänse, welche es wohl auch beschmutzten.

Und dann das Meer:

In der Entfernung sahen wir etwas Blaues am Horizont, auf dem sich etwas Weißes in kleinen Haufen bewegte. Wir glaubten erst, es sei ein Wald, aber wie erstaunten wir, da wir näher kamen, daß es die Ostsee war. Wir jauchzten vor Freude.

Bei ihrer Ankunft in Danzig wurden sie von dem Platzmajor mit der Nachricht begrüßt, der Feldmarschall Möllendorf habe hinter Magdeburg die Franzosen geschlagen:

Wir glaubten es wirklich.

Nachdem sich die Familie am Ende der preußischen Welt in Memel wieder zusammengefunden hatte, arbeitete der Kronprinz das Itinerarium aus und ging dabei mit besonderer Sorgfalt auf das Zeughaus von Danzig ein:

Von außen ist es ein altes Gotisches Gebäude und an den beiden Seiten stehen 2 Türme, welche aber nicht viel höher sind als das Haus selbst. Als wir hineinkamen, wurden wir von einem hölzernen Grenadier empfangen, welcher so künstlich eingerichtet war, daß er ein Gewehr abfeuerte. Dann sahen wir ungeheure Kanonen und Mörser mit noch größeren Bomben, womit ein Saal ganz angefüllt war. Im zweiten Stockwerk hingen die Wände voll von Hellebarden, Helmen, Speeren und Rüstungen. Ganze Rotten von ausgestopften Rittern zu Pferde und zu Fuß standen an den Wänden ordentlich in Reih und Glied herum. In einem Nebensaal saß unter einem Thron von Klingen und Mörsern eine Puppe, den Kriegsgott Mars darstellend. Nachdem dieser eine Zeit lang allerlei Gesichter und Bewegungen gemacht hatte, stand er auf, machte einen tiefen Diener und setzte sich wieder nieder. *(82. S. 44-57)*

Schändlicher Frieden?

Die Flucht des Besiegten vom Schauplatz der Niederlage lädt den Sieger zur Verfolgung des Flüchtlings ein. Napoleon rollte hinter dem König her dessen Königreich auf. Friedrich Wilhelm III. scheint den Ernst der Situation nicht begriffen zu haben. Aus seiner Botschaft an den Sieger sprach die totale Verkennung der Realität. Anknüpfend an Napoleons letzte Friedensofferte bot er ihm nun, nachdem der Beweis für die Tapferkeit der preußischen Truppen geführt worden sei, die Wiederherstellung der früheren Freundschaft an. Aber Tinte und Briefpapier waren verschwendet. Nur durch sein persönliches Erscheinen hätte er die Okkupation seiner Länder möglicherweise abwenden können. Er hätte sich besser fliegend als fahrend nach Weimar zu dem Sieger begeben müssen, um ihm die Hand zu reichen und Napoleons Siegeszug in die Arme zu fallen. Stattdessen floh er die Begegnung und machte sich illusionäre Vorstellungen über den Frieden.

Aus Magdeburg schickte er den Marquis Lucchesini an Napoleon ab; der günstige Zeitpunkt jedoch war schon verstrichen. Den Sieger hielt nichts mehr auf seinem Vormarsch auf. Lucchesini, dem Kaiser wohlbekannt, wurde, während sich Napoleon mit seiner Armee auf die preußische Hauptstadt zubewegte, nicht angehört, erst in Charlottenburg durch den Unterhändler Duroc über die Forderungen informiert, die sich von Gespräch zu Gespräch immer höher schraubten, bis ihm und dem General Zastrow, der zu seiner Verstärkung hinzukam, schließlich in Posen, wohin sie der Kaiser bestellt hatte, der Fehlschlag ihrer Bemühungen endgültig mitgeteilt wurde. Sie sollten zu ihrem König zurückkehren, da jegliche Verhandlungsgrundlage inzwischen hinfällig geworden sei.

Wie der Friedensschluß an der Flucht des Königs gescheitert war, zerschellte an ihr auch der Kriegsgeist, von dem sich die Königin die glückliche Wendung der Dinge versprochen hatte. Sechs Tage nach Jena und Auerstedt richtete sie den entsprechenden Appell an ihren Gemahl. Schon von Berlin aus hatte sie ihn zu stärken versucht, obwohl sie weder wußte, wo er war, noch was er plante. Sie hoffe, schrieb sie ihm, daß noch nicht alles verloren sei und Gott uns helfen werde; »uns« meint die Dynastie. Der nächste Brief kam aus Stettin. Er plädierte missionarisch für die Fortsetzung des Krieges und berief sich dabei auf die Menschen, die in der Nacht in Berlin so dringend nach ihr verlangt hatten:

> Bester Freund. Es wäre vergeblich, dir die Empfindungen schildern zu wollen, die ich empfand, als ich Potsdam und Berlin wiedersah. Das Volk in Berlin, welches glaubte, ich sei gefangen, begleitete meinen Wagen und sammelte sich zu Tausenden am Palais unter meinem Fenster und schrien immer nach mir. Nein, solch ein Volk gibt es nicht mehr. Zwölftausend Bürger wollen sich bewaffnen und

15hundert von die vornehmsten außer die 12000 sind ebenfalls bereit, dir zu folgen und für dich zu fechten, wo du willst. Die Nachricht der unglücklichen Bataille, statt sie niederzuschlagen, hat sie nur noch mehr erbittert gegen den Feind und ihre Anhänglichkeit und Ergebenheit für dich für ihren König u Vaterland noch vermehrt. Es ist unbeschreiblich, wie sehr sie dich lieben, alle Aufopferungen bereit zu bringen, ihr Blut und Gut. Kinder und Väter, alles steht auf, Dich zu schützen! Benutze die Gelegenheit ja, es kann etwas Großes herauskommen. Nur um Gotteswillen keinen schändlichen Frieden. *(28. S. 266)*

Inzwischen war im Rücken der ostwärts flüchtenden Führungsspitze der Widerstand restlos zusammengebrochen. Die Zivilbevölkerung erhob sich weder in Berlin noch sonstwo gegen die heranrückende napoleonische Armee, und die geschlagene preußische Armee, vom König verlassen, besaß keinen Antrieb mehr, ihre Reste zusammenzuraffen. Alles ergab sich dem Kaiser Napoleon, er brauchte die Truppen Friedrich Wilhelms III. nur in die Gefangenschaft abführen und die Festungen nur abpflücken zu lassen. Die Serie der Kapitulationen setzte sich von der Elbe bis zur Oder und weiter bis zur Weichsel, von Westfalen bis nach Schlesien und von Brandenburg bis nach Pommern und Westpreußen fort, ein Vorgang, der in der preußischen und preußisch-deutschen Geschichte und Geschichtsschreibung traumatisch nachgewirkt hat. Die Niederlage von 1806 statuierte das Exempel der Entmutigung sofort nach der ersten Begegnung mit dem Feind, und dieses Beispiel ließ sich nicht mehr aus der Welt schaffen. Alle späteren Versuche, die Befreiungskriege von 1813/1814 und 1815 dagegen ins Feld zu führen, konnten an dem Faktum selber nichts ändern: Preußen, das der Kampfbereitschaft entsagt, die Waffen wegwirft, in die Knie geht und sich geschlagen gibt. Die Verurteilung der Kapitulanten ist einmütig, bezieht aber den König nicht mit ein, obwohl sein Verschwinden vom Schauplatz die Preisgabe ausgelöst hatte. Der Mangel an Opfermut wird an erster Stelle den Heerführern und Kommandanten vorgeworfen, wie man es in schlichtester Form bei dem General Boyen nachlesen kann. Zumal die Festungen, schreibt er in seinen Erinnerungen, seien mit unzureichendem Führungspersonal besetzt gewesen. Einen Vorwurf an die Adresse Friedrich Wilhelms III. läßt er immerhin durchklingen:

> Statt die Kommandanten zu einer ernsten Verteidigung zu verpflichten, hatten sogar einzelne abgebrochene, gutmütige Worte des Königs bei seiner Durchreise durch Magdeburg scheinbar das Gegenteil angedeutet. So fielen ohne alle Belagerung, oft nur von einem Trompeter aufgefordert, in schmachvoller Reihe Hameln, in dessen Mauern sich außerdem noch ein Korps von 6000 Mann guter Truppen unter dem General L' Estocq befand, Erfurt mit der Division des Prinzen von Oranien, Magdeburg mit einer zahlreichen Besatzung und ebenso ansehnlicher Generalität, Spandau, Stettin, welches nur von einer Seite auf dem linken Oderufer von den Franzosen berannt war, und Küstrin, welches alle andern womöglich noch dadurch überbot, daß der Kommandant Oberst v. Ingersleben sich über die Oder setzen ließ und dem Feinde entgegenging, um die Kapitulation ja schnell abzuschließen. *(81. S. 98 f.)*

Napoleons Siegeszug vollzog sich folgerichtig als Eroberungszug. Der Kaiser der Franzosen betrachtete Preußen als ein Feindesland, von dem er sich vorerst keine Partnerschaft mehr erwartete, wie sie ihm von Sachsen zu Füßen gelegt worden war. Der dortige Fürst hatte sofort nach der Niederlage seine Neutralität erklärt. Seine Soldaten brauchten bei ihrer Entlassung aus der Gefangenschaft nur schriftlich zu beeiden, daß sie an keinem Krieg gegen Frankreich mehr teilnehmen würden. Zum Dank für die Großzügigkeit bejubelten sie Napoleons Rede, in der er ihnen erklärte, ihr wahrer Feind seien die Preußen und ihr wahrer Freund die Franzosen. Über die Stimmung beim Einzug des Siegers durchs Brandburger Tor rücken die Chronisten nicht so recht mit der Sprache heraus: ein imposantes Schauspiel durch den Glanz der kaiserlichen Garde, aber kein enthusiastisches Publikum. Vivats, aber keine Begeisterung. Neugier auf den Kaiser, aber kein Applaus und kein Hüteschwenken. Auch sei der Szenenrand mit Taschentüchern gesprenkelt gewesen, aber nicht mit winkenden, sondern weinenden Frauen wie in der Antike.

Je trostloser die Situation, desto dringender die Begierde der Königin nach dem Vergeltungsschlag. Bei dem späteren Eintritt der russischen Truppen in das Kriegsgeschehen ging ihr alles zu langsam. Der Heerführer, der von Alexander nach Ostpreußen geschickt worden war, August Theophil Bennigsen, ein gebürtiger Braunschweiger, vormals Offizier im hannoverschen Heer und seit 1773 im Dienst der Zaren, zog sich durch seine Rückwärtsbewegungen, die er an Stellen einleitete, an denen ein Avancieren zu erwarten gewesen wäre, derart den Unwillen der Königin zu, daß sie wünschte, den hinhaltend taktierenden General mit dem Tod durch Erschießen bestraft zu sehen. Schon in Stettin war sie ihrem Unmut und Ingrimm gefolgt, als sie den Kabinettsrat Lombard ohne Rücksicht auf die Vertrauensstellung, die er beim König einnahm, auf den bloßen Verdacht hin, er sei ein Kollaborateur, auf die rauheste Art arretieren ließ.

Bei ihrer Ankunft in Küstrin brachte sie dem König zu dessen Überraschung den Baron Hardenberg mit, der offiziell zwar noch immer Minister im Kabinett, tatsächlich aber kaltgestellt war und entsprechend kühl aufgenommen wurde. Hardenberg berichtet darüber in seinen Memoiren:

> Ich war am 20. Oktober unterwegs nach Stargard, als ich zwischen Schönfließ und Bahn der Königin in einem halben Wagen begegnete, die sich nach Küstrin begab, wohin sie der König beschieden hatte. Sie drang in mich, sie zu begleiten, weil sie vermutete, der König werde froh sein, meinen Rat zu haben. Der König empfing mich ziemlich kalt, es schien nicht, als ob ihm meine Gegenwart angenehm sei. Seine Adjutanten, die Generale von Köckritz und von Zastrow, der Oberst von Kleist und der Major von Jagow waren bei ihm, Graf Haugwitz und Beyme wurden unverzüglich erwartet. Ich erfuhr, daß die Friedens-Unterhandlung schon in vollem Gange war. Preußischerseits war der Krieg angefangen worden und bei dem ersten Unglücksfall, noch auf dem Schlachtfeld von Auerstedt, beschäftigte man sich nicht etwa damit, die Armee und die übrigen Kräfte zu sammeln, nein, gebeugt und ohne allen Mut im Unglück sahe man nur Rettung in einem schnellen, schimpflichen Frieden. *(73. C. S. 208 f.)*

Angesichts der peinlichen Situation zog Hardenberg seines Weges weiter in Richtung Danzig. Aber die Ratschläge, die er seinem Monarchen gern gegeben hätte, wollte er doch los werden. Also setzte er sich unterwegs in Marienwerder hin und schrieb einen Brief an die Königin:

> Ein sicheres Gefühl, Madame, das jedem Mann von Ehre innewohnt, besagt, daß er sich dort nicht einmischen wird, wo er befürchten muß, unwillkommen zu sein. Auch will ich Eurer Majestät nicht verheimlichen, daß ich mich, als ich Küstrin verließ, zu meiner Abreise beglückwünscht habe, die es mir erspart, an einem Vertrag beteiligt zu sein, der, falls er zustande kommen sollte, Preußens Unglück und Grab sein wird.
> *(73. C. S. 212 ff.)*

Der Politiker, den der König so frostig hat abfahren lassen, wußte sich mit der Königin in der Verachtung aller derjenigen Berater einig, denen es nur noch um das Niederlegen der Waffen ging. Ebenso wie die Königin baute er auf die Kampfbereitschaft der Bevölkerung. Luise war mit jedem seiner Sätze einig. Der König hörte sie aus dem Mund seiner Frau und richtete sich schließlich nach ihnen. In Osterode, jenseits der Grenze von West- nach Ostpreußen, wohin er mit seinem Hauptquartier und der Königin ausgewichen war, nachdem sie Küstrin und Graudenz hinter sich gelassen hatten, fiel im Beraterkreis die Entscheidung. Zwar optierten die Militärs für den Waffenstillstand um jeden Preis, aber der König folgte ihnen nicht, sondern beschloß im Vertrauen auf die heranrückenden Russen die Fortsetzung des Krieges: auszufechten von nun ab auf ostpreußischem und neupreußischem (polnischem) Boden. Die Zivilminister von Voß und vom Stein haben ebenso wie die Königin Luise zu den Wegbereitern der Entscheidung gehört.

Der unermüdliche Duroc, der sich zur Unterzeichnung des Waffenstillstandsvertrages in Osterode eingefunden hatte, ging am 23. November unverrichteter Dinge nach Posen zurück. Aus Napoleons Feldlager erreichte Friedrich Wilhelm III. die Antwort des Kaisers:

> Ew. M. haben alle Negotiationen abgebrochen. Ew. M. haben Ihre Bevollmächtigten [Lucchesini und Zastrow] desavouiert und mir erklärt, daß Sie sich ganz auf die Seite der Russen stellen. Wir sind also entfernter voneinander als je. Ich muß alle meine Kräfte gegen diesen neuen Gegner [Alexander] wenden. Die Zukunft wird entscheiden, ob Sie die bessere und wirksamere Partei ergriffen haben. *(73. D. S. 51 f.)*

Dem General Zastrow hatte Napoleon bei der Abschiedsaudienz in Posen noch die Drohung, adressiert an den König, mit auf den Weg gegeben:

> Si les Russes sont battus, il n'y aura plus de Roi de Prusse – Sind die Russen geschlagen, wird es keinen König von Preußen mehr geben, da der König seine Sache nicht von derjenigen Rußlands trennt. *(73. C. S. 241)*

Aus St. Petersburg traf hingegen ein Dankschreiben von Alexander ein und war so überschwenglich, wie es der Situation entsprach. Niemanden auf der Welt konnte der Bund mit Rußland so sehr wie Luise beglücken, die an ihm mitgewirkt hatte, seit ihr der Zar damals in Memel zum ersten Mal erschienen war:

> Ach, wie viel, wie viel ist mir diese Bekanntschaft wert. Nicht ein Wort, welches man zu seinem Lobe spricht, kann je in Schmeichelei ausarten, denn er verdient alles, was man nur Gutes sagen kann. (30. S. 156)

In dem Städtchen Ortelsburg (nahe der Grenze zu Südpreußen), der nächsten Station ihrer Flucht, kostete Luise trotz der Armut, in der man sich dort befand, den Vorgeschmack des Sieges aus. Ihr Wunsch hatte sich erfüllt, der Friedensvertrag war verworfen und der Krieg beschlossen worden. Auch der König trat seiner Aufgabe als kriegführender Monarch näher. Die Schrift, die er dort in der Abgeschiedenheit verfaßte, »Das Ortelsburger Publikandum«, war dazu bestimmt, die preußische Armee zu disziplinieren:

> Alle Gouverneure und Kommandanten, die künftig aus bloßer Besorgnis vor einem Bombardement oder unter dem Vorwande, daß ihnen die zur Verteidigung nötigen Mittel mangeln, oder aus einem anderen nichtigen

Grunde, er sei, welcher er wolle, die Festung nicht mit den angestrengtesten Kräften bis auf das Äußerste behaupten, werden erschossen ohne Gnade.
Jedes Regiment, welches den erhaltenen Befehl: anzugreifen, nicht vollzieht, wird kassiert und untergesteckt.
Jeder Offzier, der sich Pflichtvergessenheit zu Schulden kommen läßt oder das Schlachtfeld, ohne blessiert zu sein, verläßt, ist infam kassiert; der Soldat, der auf der Flucht seine Waffen wegwirft, wird erschossen.
(19. S. 881 f.)

Den zukünftigen Maßnahmen entsprachen die nachträglichen, die an allen pflichtvergessenen Offizieren der zurückliegenden Kriegsmonate vollstreckt werden sollten. Ihnen drohte der Ausschluß aus der Armee. Das Schriftstück zählt die Betroffenen namentlich auf. Über einen von ihnen aber, hinter dessen Festungsmauern sich der König und Königin kürzlich geflüchtet hatten, wurde der Tod durch Erschießen verhängt:

Der Commandant von Cüstrin, Oberstlieutnant Graf Ingersleben, ist zum arquebusiren condemnirt. *(19. S. 881)*

Für Luises Mitwirkung an diesem Urteil, das 1807 vollstreckt worden ist, gibt es keinen Beleg. Der Fall Lombard jedoch und Luises Wunsch, den russischen General Bennigsen erschossen zu sehen, nähren den Verdacht, die Königin habe an dem Ortelsburger Publikandum mitgewirkt. Sein Charakter und ihr Drang zur exemplarischen Genugtuung stimmen überein.

Von Ortelsburg begab sich der König zur russischen Armee nach Pultusk. Seine Frau setzte die Winterreise in die andere Richtung hinauf zur Küste nach Königsberg fort, übernachtete, wer weiß, in einer Hütte am Wegrand und schnitt, wie es die Legende will, mit dem Brillanten, den sie vom Finger zog, in das Kammerfenster den Spruch:

> Wer nie sein Brod mit Tränen aß,
> Wer nicht die kummervollen Nächte
> Auf seinem Bette weinend saß,
> Der kennt euch nicht, ihr himmlischen Mächte.
> *(22. S. 136 f.)*

Bei dem alten Goethe heißt es dazu, diese tiefschmerzlichen Zeilen seien durch den Gebrauch, den eine höchst vollkommene, angebetete Königin in der grausamsten Verbannung von ihnen gemacht habe, um ein Stück Geschichte bereichert worden, das ihnen seither unwiderruflich angehöre. Keine Macht der Welt werde es ihnen je entziehen können. Also grüßen uns die Verse aus dem Roman »Wilhelm Meisters Lehrjahre« auch von Luise.

In Königsberg fand sie ihre fünf Kinder vollzählig vor, Carl noch schwach von der Erkrankung am Typhus, aus der ihn die Oberhofmeisterin Voß und der Professor Hufeland ins Leben zurückgeholt hatten, täglich und nächtlich an dem Kinderbett wachend. Unter dem Datum des 9. Dezember vermerkt die alte Dame in ihrem Tagebuch, sie sei ganz außer sich vor Freude über die Ankunft der Königin. Bereits drei Tage vorher, am 6. Dezember, hatte Heinrich von Kleist, der sich in Königsberg aufhielt, seiner Schwester nach Frankfurt/Oder geschrieben, er könne gar nicht ohne Rührung an die Königin denken:

> Man sieht sie einen wahrhaft königlichen Charakter entwickeln. Sie hat den ganzen großen Gegenstand, auf den es jetzt ankommt, umfaßt; sie, deren Seele noch vor kurzem mit nichts beschäftigt schien, als wie sie beim

Tanzen, oder beim Reiten, gefalle. Sie versammelt alle unsere großen Männer, die der K. vernachlässigt, und von denen uns doch nur allein Rettung kommen kann, um sich; ja sie ist es, die das, was noch nicht zusammengestürzt ist, hält. Von dem, was man sonst hier hoffen mag, oder nicht; und was man für Anstalten trifft; kann ich Dir, weil es verboten sein mag, nichts schreiben. *(56. S. 443 f.)*

Die Vorkämpferin

Friedrich Wilhelm blieb sich unwandelbar gleich. Ob in Berlin, Potsdam, Charlottenburg oder Ortelsburg war er der Monarch im Zwiespalt mit seinem Amt. Niemand hat ihn so bündig wie der Freiherr vom Stein charakterisiert, der Anfang 1806 über die Lage der Dinge urteilte, daß sich der preußische Staat, wäre er von einer großen moralischen und intellektuellen Kraft gelenkt worden, nicht gescheut haben würde, zusammen mit Rußland und Österreich für Europas Entnapoleonisierung zu kämpfen. Eine solche überlegene Kraft aber habe Preußen gefehlt und man könne demjenigen, dem sie die Natur versage, ebensowenig einen Vorwurf daraus machen wie er, Stein, sich vorwerfen könne, nicht Newton zu sein. Er erkenne hierin den Willen der Vorsehung, in den man sich schicken müsse. Die Resignation war jedoch nicht das vorherrschende Element in dem Steinschen Charakter, dem man von nun ab in der Politik auch außerhalb seiner speziellen ministeriellen Fächer begegnete.

Er stimmte für die Fortsetzung des Krieges, wollte aber in dem Vorkriegskabinett, das sich erneut um den König scharte, kein Mitglied sein. Die Absage, die er Friedrich Wilhelm erteilte, begründet er mit der wiederholten Ablehnung seiner Forderung nach einem Staatsrat als dem politischen Sachwalter. Ohne ein solches Gremium hielt er seine Berufung zum

Minister der auswärtigen Angelegenheiten für illusorisch. Der König schlug eine Mischung aus der kabinettsrätlichen und der ministerrätlichen Regierungsform vor. Stein lehnte ein solches Kompromiß-System als zwecklos oder zweckwidrig ab, verständigte sich aber, da er selber alles andere als defätistisch eingestellt war, mit seinen Gesinnungsgenossen, dem Freiherrn von Hardenberg und dem General Rüchel, über ein Konzept, wie man dem König die Notwendigkeit eines funktionstüchtigen Staatsrates am besten klarmachen könne. Der Entwurf, der Friedrich Wilhelm kurz nach seiner Ankunft in Königsberg unterbreitet wurde, setzte die üblichen langwierigen Beratungen in Gang, ohne zu dem erwünschten Ergebnis zu führen. Stattdessen entschied sich der König für ein Triumvirat. Der Freiherr vom Stein, bislang Etatminister und künftig Innenminister, sollte von zwei Militärs flankiert werden, einerseits dem General Rüchel als dem Verantwortlichen für das Kriegswesen und andererseits dem General Zastrow, vormals dem Gesprächspartner des französischen Kaisers in Posen, nun Ressortchef für die auswärtigen Angelegenheiten. Der Erlaß, »Königsberg am 19ten December 1806«, schloß die Bestimmung ein, daß der Kabinettsrat Beyme, entsprechend dem Willen des Königs, an den Beratungen der drei Minister als Protokollführer teilnehmen werde. Das Projekt scheiterte an dem sich verweigernden Freiherrn vom Stein.

Die Prüfung der Frage, ob Napoleon während der Dauer seines preußischen Aufenthalts einen Anspruch auf Unterhaltszahlung habe, wurde dem Minister mehrfach befohlen und mehrfach von ihm als ressortfremd und überdies lachhaft zurückgewiesen. Der König schrieb ihm, er habe ihn zwar schon immer für genialisch und exzentrisch gehalten, dieses Vorurteil dann aber dem Respekt vor dem talentvollen Politiker untergeordnet, was er nun jedoch bedauern müsse. Stein wird in diesem Brief als ein trotziger, hartnäckiger und ungehorsamer Staatsdiener bezeichnet, der, auf sein Genie und seine Talente pochend, weit davon entfernt sei, das Beste des Staates vor Augen zu haben. Vielmehr lasse er sich nur von seinen Launen leiten und handele aus der Leidenschaft heraus, motiviert durch persönlichen Haß und Erbitterung: »Königsberg, den 3ten Januar 1807. Friedrich Wilhelm.« *(68. S.393 f.)*

Der Getadelte antwortet dem König, er stimme der Meinung Höchstdesselben, daß ungehorsame Staatsbeamte von Übel seien, vollkommen zu, woraus sich für ihn die Notwendigkeit, um seine Entlassung aus preußischen Diensten bitten zu müssen, von selber ergebe: »Königsberg, den 3ten Januar 1807. Stein. Abgesandt abends um 7 1/2 Uhr.« *(68. S. 395)*

Die Herren gingen im Zorn auseinander. Der eine zog sich nach Nassau auf seinen Familiensitz ins Privatleben zurück, der andere aber sah sich, da er mit dem General Zastrow als dem neu ernannten Außenminister nicht glücklich wurde, doch wieder zur Koexistenz mit einem bewährten Staatsmann genötigt, wem sonst als Hardenberg. Seine Gönnerin schrieb ihm:

> Sie können sich vorstellen, mein lieber Baron, wie sehr es mich beglückt und beruhigt, Sie an der Spitze der Geschäfte zu wissen. Ich betrachte Ihre Rückkehr in das Ministerium als den Beginn einer neuen Epoche für die Monarchie. Das wiedergewonnene Vertrauen in unsere Außenpolitik wird eine der glücklichen Folgen dieses Wechsels sein, und ich segne Gott täglich dafür, die Dinge so gelenkt zu haben. *(73. C S. 395)*

Hardenberg folgert aus dem Billett, Luise sei an der Lenkung der Dinge beteiligt gewesen. Ihr Ruf als der politischen Vorkämpferin hatte sich, noch ehe sie selber in Königsberg eingetroffen war, in der dortigen politischen Szene verbreitet. Der

Bericht darüber, den Ulrike von Kleist von ihrem Bruder Heinrich erhalten hatte, benennt die Punkte, um die es geht, wenn die Monarchin zu der letzten Hoffnung des Staates wird:

> Man sieht sie einen wahrhaft königlichen Charakter entwickeln.
> Sie hat den ganzen großen Gegenstand, auf den es jetzt ankommt, umfaßt.
> Sie versammelt alle unsere großen Männer um sich.
> Ja sie ist es, die das, was noch nicht zusammengestürzt ist, hält. *(56. S. 443 f.)*

Damit ihn Ulrike nicht für einen Phantasten halten solle, ließ Heinrich sie wissen, mit welcher politischen Autorität er sich neuerdings immer häufiger zu einem Gedankenaustausch treffe. Die Rede ist von dem preußischen Staatsminister Freiherrn von Altenstein, von dem »vortrefflichen Mann«, ehe das andere Thema, scheinbar übergangslos, als wäre es ein Gedankensprung, zur Sprache kommt: die Königin. Offenbar bezog sich Kleist dabei auf das Renommee, das die Königin im Kreis der Reformer genoß. Man erwartete von ihr eine tatkräftige Unterstützung, erblickte in ihr die monarchische Bezugsperson und ging davon aus, daß sie ihrer Aufgabe standhalten werde. Man hatte sie während der zurückliegenden Frühlings- und Sommermonate als engagierte Patriotin kennengelernt. Luise blau-rot im offenen Wagen an der Spitze ihrer Dragoner war dafür das Sinnbild. An der Energie und dem Willen dahinter bestand kein Zweifel und kein Zweifel an der treibenden Kraft, die den König in Gang hielt.

Friedrich Wilhelm III. hatte nach Jena und Auerstedt den Frieden ins Auge gefaßt und ein Abkommen aushandeln wollen. Als Luise dann aber wieder an seiner Seite angelangt war, in Küstrin, in Graudenz und Osterode, wandelte sich sein Sinn. Der Vertrag wurde nicht unterzeichnet, Duroc verabschiedet und Napoleon zu verstehen gegeben, der Krieg gehe weiter. Lombards Verhaftung in Stettin hatte die Ungeduld der Königin deutlich gemacht, den französisch gesinnten Klüngel um Friedrich Wilhelm entmachtet zu sehen. Nichts anderes als das Verschwinden der alten Garde im Orkus setzten auch die Reformer als die erste Bedingung für einen neuen Anfang voraus.

Luise war am 9. Dezember glücklich in Königsberg eingetroffen, aber schon am folgenden Tag erkrankt. Die arme Königin habe furchtbare Kopfschmerzen, heißt es im Voßschen Kalendarium. Hardenberg, den sie trotzdem noch zu sich rief, traf sie am Anfang eines gefährlichen Nervenfiebers an. Hufeland ließ später in seinen Erinnerungen keinen Zweifel am Ernst der damaligen Situation:

> Endlich ergriff der böse Typhus auch unsere herrliche Königin, an der alle Herzen und auch unser Trost hing. Nie werde ich die Nacht des 22. Dezember vergessen, wo sie in Todesgefahr lag, ich bei ihr wachte und zugleich ein so fürchterlicher Sturm wütete, daß er einen Giebel des alten Schlosses herabriß. (81. S. 109)

Als Heinrich von Kleist seinen Königsberger Aufenthalt Mitte Januar 1807 abbrach, hatte er die Königin weder aus der Nähe noch aus der Ferne zu Gesicht bekommen. Sie war schon am 5. Januar in einer zum Krankenwagen umgewandelten Kutsche Richtung Osten nach Memel transportiert worden, da sie in Anbetracht der von Westen her näherrückenden Franzosen unwiderruflich erklärt hatte, sie wolle lieber in die Hände Gottes als in die Hände dieser Menschen fallen.

Bei dem kurzen schmerzhaften Zusammentreffen der beiden Charaktere Friedrich Wilhelm und Karl vom Stein war sie in ihrer Rolle als die ausschlaggebende Dritte nicht beteiligt gewesen, da um Weihnachten herum, als sich das Zerwürfnis anbahnte, der Typhus, mit dem sie kranklag, sein kritisches Stadium erreicht hatte. Die Krankheit grassierte in Königsberg. Auch Stein wurde von ihr befallen und kehrte dem Ort, sobald sich dazu eine Möglichkeit dazu bot, den Rücken. Seine Absicht, dem König nach Memel zu folgen, war hinfällig geworden. Nur mit Abscheu stellte er sich in dem östlichsten preußischen Nest die künftige Existenz von Hof und Regierung vor:

> eine geistlose, geschmacklose Zusammensetzung, keiner als der faulenden Gärung fähig. *(68. S. 410)*

Von Preussisch-Eylau bis Friedland

Der Krieg war nicht mehr derjenige vom vergangenen Herbst, als Preußen die Vertreibung der Franzosen aus Deutschland proklamiert und einen entsprechenden Feldzug südwärts und rheinwärts geplant hatte. In der verwandelten Situation konnte der König die Bedingungen, die der Sieger an den Waffenstillstand knüpfte, nur unter der Voraussetzung zurückweisen, daß eine dritte Macht bereitstand, um den Kampf weiterzuführen. Die Rolle des Herausforderers, in der er sich weder gefallen noch ausgezeichnet hatte, wurde ihm von seinem Freund Alexander abgenommen. In dem folgenden militärischen Wüten auf preußischem Boden hatte Preußen selber nur noch wenig zu sagen, eine Hilfskraft, dem Befehlshaber untergeordnet, den der Zar an der Spitze der russischen Truppen herüberschickte. Dieser Heerführer aber, General Bennigsen, schätzte die napoleonische Armee realistisch als eine Größe ein, die derzeit in Europa unschlagbar war. Weit davon entfernt, ein Abenteuer zu suchen, taktierte er hinhaltend, lieber defensiv als offensiv, das heißt, er blies eher zum Rückzug als zum Vormarsch. Die preußische Königin machte er sich damit zu seiner erbitterten Feindin, was ihn aber nicht weiter störte. Preußen lag ihm nicht am Herzen. Luise hingegen, die vor Begierde brannte, an Napoleon Rache zu nehmen, erflehte von Gott den Sieg der guten Sache. Dafür jedoch, um den Teufel niederzuringen, mußte man die Truppen ins Feuer schicken.

Am Sonntag, dem 8. Februar 1807, schrieb die Oberhofmeisterin Voß in ihren Kalender, die Russen seien dicht vor Königsberg angelangt, man hoffe täglich auf eine Schlacht. Tatsächlich brauchte man das Geschehnis nicht mehr herbeizuwünschen, denn es war schon im Gang, am 7. und 8. Februar, ohne einer der beiden Seiten den für einen Sieg nötigen Vorteil zu bringen. Gekostet hat es viel, 46 000 Menschenleben, verteilt auf Franzosen und Russen. Napoleon schrieb vom Schlachtfeld an die Kaiserin Joséphine:

> Meine Freundin, ich bin noch immer in Eylau. Die ganze Gegend ist mit Toten und Verwundeten bedeckt. Das ist keine schöne Seite des Krieges; man leidet, und das Herz ist vom Anblick so vieler Opfer bedrückt. *(65. S. 119)*

Der Sieger bei Jena und Auerstedt, der außer dem umkämpften Land jenseits der Weichsel alle preußischen Länder inklusive der polnischen Provinzen unter seine Kontrolle gebracht hatte, handelte, indem er sich auf den Ostfeldzug einließ, gegen seine Interessen. Die Armee war ermattet, die Kasse leer, die Jahreszeit ungünstig (Eissturm und Hagel während des Massakers bei Preußisch-Eylau), das Land wüst, der Gewinn gleich Null, der Verlust enorm, Paris weit weg und die Wahrnehmung der heimischen Regierungsgeschäfte aus der Ferne beschwerlich. Die Szenen, die Joséphine ihm in ihren Briefen machte, Tränenergüsse in Worte gebannt, kamen zermürbend hinzu, hingen aber weniger mit dem langen Krieg als viel mehr mit der polnischen Frau zusammen, die Napoleon sich in Warschau genommen hatte (Marie Laczinska, eine achtzehnjährige Gräfin, verheiratet mit einem viermal älteren Mann, Graf Anastasius Colonna-Walewski). Napoleons Berater hatten in ihn gedrungen, Friedrich Wilhelm durch moderate Bedingungen für den Friedensschluß zu gewinnen. Indessen rückten die Russen heran, und Napoleon ging ihnen entgegen.

Alexanders Ziel war die Bändigung des Bösen, Bonapartes Zerknirschung, der Kampf mit dem Drachen. Sollte sein Heer mit Gottes Hilfe in Ostpreußen obsiegen, würde das Beispiel die Engländer, die Österreicher, die Schweden, die Holländer, die Dänen und schließlich sogar die Rheinbundfürsten auf den Plan rufen, um das Werk gemeinschaftlich zu vollenden. Also durfte die Wiederherstellung der preußischen Monarchie auf der Basis eines separaten Friedensabkommens mit Bonaparte nicht sein.

Das Schrecknis der zurückliegenden Winterschlacht bewog Napoleon dazu, dem König einen solchen Vorschlag zu unterbreiten. Der General Bertrand reiste als der Überbringer nach Memel. Zu der Königin sprach er die bedeutsamen Worte, Napoleon hoffe, sie werde all ihren Einfluß geltend machen, um den Friedensabschluß zu beschleunigen. Von preußischer Seite kam ihm jedoch nur der General Zastrow aufgeschlossen entgegen. Zastrows Ministerkollegen Hardenberg und Rüchel waren einer Meinung, daß der König sich nicht zum Vasallen degradieren dürfe, der sein Königreich als Geschenk aus Napoleons Händen zurücknimmt. Er selber, Friedrich Wilhelm III., verschanzte sich hinter seiner Mißgestimmtheit. Gott gebe, daß jetzt kein Frieden geschlossen werde, lautet der fromme Wunsch im Tagebuch der Oberhofmeisterin Voß. Die Königin habe den König innigst gebeten, sich nicht zu arrangieren: »festbleiben« sei ihr Wort gewesen.

Nun aber lag die Gefahr zurück. Auch von Friedrich Wilhelm brauchte man keine Friedenswünsche mehr zu befürchten. Denn aus Petersburg hatte sich der Zar angekündigt. Der König ging Alexander bis zur Grenze entgegen: eine Wiederbegegnung unter Tränen angesichts der Katastrophen seit dem letzten Zusammensein. Wer hätte ihnen vor anderthalb Jahren bei ihrem nächtlichen Besuch in der Garnisonkirche in Potsdam am Sarg Friedrichs des Großen die Schicksalsschläge prophezeit, Austerlitz, Jena und Auerstedt, Preußens Zusammenbruch und immer mehr Schlachtfelder mit immer mehr Toten? Nach der Begrüßung schritten die Herren zur Tat. Ein aktives Nachdenken über Europas Zukunft stand auf dem Plan. Die Ruhezeit nutzend, die Napoleon seinen erschöpften Soldaten gönnte, begaben sie sich mit ihren Beraterstäben zu dem Hauptquartier der russischen Armee nach Bartenstein (südlich von Königsberg im Herzen Ostpreußens gelegen) und schmiedeten Pläne. Zwar hatte man es bislang nicht geschafft, die Franzosen hinter den Weichselstrom abzudrängen, aber sah nun zuversichtlich voraus, wie man sie demnächst über den Rhein werfen werde.

Luise blieb dem Konferenzort fern. Warum das sein mußte, läßt sich mit einem Satz sagen: Napoleons Bulletins waren daran schuld. Ihnen hatte sie es zu verdanken, daß über ein Liebesverhältnis zwischen ihr und Alexander öffentlich spekuliert wurde. Napoleon hatte das Gerede in die Welt setzen lassen, und Alexander reagierte darauf empfindlich. Auf seinen Wunsch hin mußte jeder Anlass vermieden werden, der dem Feind weiteres Material für solche Unterstellungen lieferte. Das Zusammensein zu Dritt in Bartenstein, so schön es sich denken ließ, der König, der Kaiser und Luise, wurde der höheren Rücksicht geopfert. Wie empörend das alles war, wie abscheulich von Bonaparte, hatte die Königin schon im Winter, als er von Berlin aus mit der Denunziation herausrückte, bitter empfunden:

Und man lebt und kann die Schmach nicht rächen!
(30. S. 220)

Jetzt war das Frühjahr gekommen, und der Freund war da, auf das Verhältnis aber fiel ein Schatten. Bis zu der Ortschaft Kydullen an der russischen Grenze, wo die kaiserliche Garde-Division eintraf, ging Luise den Weg mit, den Friedrich Wilhelm und Alexander zurücklegten, und zog dann alleine weiter. Statt heim nach Memel, dem trübseligen Winkel, wendete sie sich nach Königsberg, das derzeit von keiner feindlichen Invasion bedroht wurde.

Dorthin schickte ihr der König als Einlage in einem Brief ein Souvenir, das frisch vom Frisiertisch kam, nicht etwa eine Haarlocke, sondern, eingewickelt in Seidenpapier und als Kostbarkeit deklariert, Friedrich Wilhelms abgeschnittenen Zopf. Das gruselige Andenken erheiterte die Empfängerin, es symbolisierte in ihren Augen den Bruch mit der friderizianischen Epoche und sollte bis ans Ende aller Zeiten aufbewahrt werden.

Luises Gegengabe waren zwei Kirschen aus Königsberg, kein geringes Geschenk so hoch im Norden. Der König und der Kaiser bekamen jeder zwei solcher Früchte, beide Sendungen von demselben Boten überbracht, aber von zwei sehr unterschiedlichen Briefen begleitet. Der Brief an Friedrich Wilhelm war so aufmunternd und freundschaftlich, wie die Ehefrau stets an ihren Ehemann schrieb. Der Brief an Alexander war schillernd, hinter den sorgfältig gewahrten Formen voller Kummer und Trauer, zwischen den Zeilen die Seufzer – ein Dokument, das es wert wäre, eine Versammlung von deutschen Liebesbriefen in französischer Sprache als Solitär zu schmücken.

Die Königsberger Frühlings- und Frühsommermonate des Jahres 1807 bildeten ein eigentümliches Intervall in Luises Leben. Man sah die Königin Seite an Seite mit ihrer

Schwester Friederike, der Prinzessin Solms, so daß sich ein Abglanz von damals herstellte, 1795, als Schadows Hauptwerk entstand, das ihnen beiden ein Denkmal setzte. Zwei schöne Frauen waren sie noch immer: die jüngere mit ihrem Liebreiz, ihren Liebesgeschichten, ihren unglücklichen Ehen und einem Neugeborenen auf dem Schoß, auf das ihre Tränen fielen, die ältere das treueste Eheweib unter der Sonne, aber trotzdem nicht treu genug, um von der Nachrede verschont zu bleiben, sie sei die Mätresse des Zaren.

Die Schwestern führten in Königsberg ein offenes Haus, nicht im Schloß verschanzt, vor dem es Luise graute, seit sie im Winter dort krank gelegen hatte, sondern zugänglich in der Stadt. Sie verbrachten den Tag, wie es ihnen gefiel, empfingen am Teetisch ihre Besucher und nahmen an den Veranstaltungen teil, die rund um die Königin nie ausblieben. Zu ihrem Verehrerkreis gehörte Achim von Arnim, und sie selber sang seine Lieder zur Gitarre: »Juchhei, lieblich ist die Jägerei« und »Es ritten drei Reiter zum Tor hinaus, Adé.« Man fuhr auf dem Schloßteich Kahn, hörte Luises Gesang, »diese göttlichen Töne«, trank während der Kahnfahrt den Tee und blieb bis zum Mondaufgang auf dem Wasser beisammen.

Keine Oberhofmeisterin, keine Hofhaltung und kein Friedrich Wilhelm. Er schrieb seiner Frau aus Bartenstein, wie eintönig sein dortiges Leben sei, sie hingegen berichtete ihm von einer abwechslungsreichen Saison. Die Russen speisten bei ihr, führten ihr die frisch eingetroffenen Truppen vor und gaben ihr, da auch Kosaken-Einheiten dabei waren, eine Probe von dem orgelnden Männerchor der russischen Seele. Aber auch das:

> Ich bin im Wagen an den Kranken vorbeigefahren. Großer Gott! welch ein Schlag ins Gesicht der Menschlichkeit! *(28. S. 277)*

Die Verwundeten von Preußisch-Eylau verwandelten die Stadt in ein Lazarett. Gefangenenzüge wurden durch die Straßen geführt und verschwanden, Gott weiß wo. Bei einem Spaziergang rund um die Festung begegneten dem Auge der Königin die Miserablen des Krieges, ein Haufen polnischer Aufständischer, zusammengepfercht in einem Zwinger, das Lager ohne ein Bündel Stroh auf dem nackten Boden und das Wasser im Trog verfault. Zur Strafe dafür, daß die Polen, obwohl preußische Untertanen, in Napoleons Armee gegen Preußen mitgekämpft hatten, sollten sie hier krepieren, »vor Elend umkommen« schrieb die Königin, appellierend an Friedrich Wilhelms Erbarmen:

> Du glaubst nicht, wie ihr Wimmern fürchterlich war. Man gehet unmenschlich mit ihnen um in Deinem Namen, indem Du der menschlichste Mensch bist, den es gibt. *(28. S. 300)*

Andeutungen von den wüsten Zuständen in der russischen Armee, daß die Verpflegung nicht klappte und die Soldaten zur Plünderung des Landes übergegangen waren, tauchen, wenn auch zurückhaltend, in den Briefen des Königs auf. Ein empörter Feind, heißt es dazu bei Hardenberg, hätte in Ostpreußen nicht schlimmer hausen können als die alliierten russischen Truppen.

Anfang Mai kam der König nach Königsberg, umarmte seine Königin und reiste zu seiner Festung nach Pillau weiter. Mitte Mai bangte die Königin gleichzeitig um ihr jüngstes Kind, Alexandrine, die in Memel lebensgefährlich an den Masern erkrankt war, und um das belagerte Danzig, das zu fallen drohte. Der König riet ihr, sich in Gottes Willen zu schicken. Das Kind kam durch, aber Danzig kapitulierte. Anfang Juni richtete die Königin einen Appell an Alexander, er möge sich selber an die Spitze seines glorreichen Heeres setzen, um es zum Sieg über Napoleons Armee zu führen. Hardenberg griff in den Text redigierend ein, so daß der Eindruck vermieden wurde, der Zar solle persönlich an die Front geschickt werden.

Alexander begab sich von Bartenstein nach Tilsit, und die Königin teilte der Oberhofmeisterin Voß ihre Rückkehr nach Memel mit. Im selben Brief klang ihre Befürchtung an, schon wieder schwanger zu sein. Dem Besuch des Königs Anfang Mai in Königsberg folgte zur gegebenen Zeit, am 1. Februar 1808, die Geburt einer kleinen Luise. Vorher jedoch entrang sich dem Kriegsgeschehen die Entscheidungsschlacht zwischen Franzosen und Russen. Sie fand am Sonntag, dem 14. Juni 1807 bei Friedland statt, einem Nachbarort von Preußisch-Eylau. Napoleon an Joséphine:

> Die ganze russische Armee in die Flucht geschlagen, achtzig Geschütze erobert, dreißigtausend Mann und fünfundzwanzig russische Generale tot, verwundet oder gefangen, die russische Garde vernichtet. *(65. S. 98)*

Alle Welt sprach wieder einmal von seinem »Glücksstern«. Napoleon hatte mit dem Zuruf an seine Kinder, heute sei sein Glückstag, der 14. Juni, der Jahrestag der Schlacht bei Marengo, ihren Kampfgeist derart entfacht, daß sie jubelnd loszogen, um die Russen über den Njemen zu werfen. Seinen wahren Feind sah er aber nicht in den Kosaken, Baschkiren und Kalmücken, sondern nach wie vor in den Briten. Direkt oder indirekt waren alle seine Maßnahmen gegen die Insel gerichtet, die Sperrung der Häfen ebenso wie der Verzicht auf ein weiteres Vordringen nach Osten. Statt den fliehenden russischen Heerscharen nachzusetzen, hielt er am Memelstrom an, machte die Stadt Tilsit zu seinem Hauptquartier und ließ mit sich reden.

Sein Außenminister Talleyrand nahm das Gespräch mit den Weichenstellern der russischen Wende auf. Das erstrebte Ziel war über die Waffenruhe hinaus das Ende des Krieges, der Frieden zwischen Frankreich und Rußland. Die Vorarbeit leistete der Großfürst Konstantin, so daß sein Bruder, der Zar, nur noch zu erscheinen brauchte, um in eigener Person den Pakt zu besiegeln. Napoleon empfing ihn in der Flußmitte auf einem Floß. Die Memel, russisch der Njemen, sollte die Grenze zwischen dem West- und dem Ostreich sein und das Floß der neutrale Treffpunkt. Bestückt war es mit einem Zelt, dessen Wimpel die Initialen der Herrscher trugen: ein N und ein A. Der Reim, den man sich in Paris darauf machte, hieß im Original:

Je gagerai que l'Angleterre
Craindrait moins une flotte entière
Que ce radeau.
(74. S. 234)

Reimlos auf deutsch: »Ich wette, daß England eine ganze Flotte nicht so sehr fürchtet wie dieses Floß.«

Ein Zwiegespräch

Aus preußischer Sicht glich die Wendung der Dinge dem fünften Akt einer Tragödie. Die Situation, die eingetreten war, überstieg alles, was nach Jena und Auerstedt zu befürchten gewesen war. Jetzt, da der König den Verhandlungen nicht mehr ausweichen konnte, fanden sie ohne einen Rückhalt statt. Alexander hatte die Seiten gewechselt, und der Sieger versammelte sämtliche Trümpfe in seiner Hand. Die einzige Ausflucht, die dem König und der Königin noch offenstand, war Napoleons Dämonisierung. Luises Stimme gab dabei den Ton an.

Die Königin sagt:

Der Gedanke, das Monster sehen zu müssen – nein, das ist unerträglich. Dem Ursprung des Bösen in die Augen zu sehen. Dem Peiniger der Erde! Gegenüber einer Person freundlich und heiter zu tun, die alles Infame und Niederträchtige in sich vereint!!! Wird der Himmel nicht aufhören, uns zu strafen.

Der König antwortet ihr:

Nun habe ich dieses Wesen, das nur dafür zu existieren scheint, um überall die Verzweiflung und den Tod zu verbreiten, also von weitem gesehen. Wolle der Himmel, daß mir eine nähere Nähe erspart bleibt. Ich kann dir gar nicht sagen, welchen Ekel mir dieser Anblick verursacht hat.

Darauf die Königin:

Meine schlimmsten Befürchtungen haben mich nicht getrogen. Du hast das Monster tatsächlich gesehen. Eine deiner grausamsten Stunden hat also geschlagen. Meine Tränen ersticken mich. Ich kann nicht mehr.

Im weiteren Verlauf berichtet der König der Königin:

Ich habe ihn gesehen, ich habe mit dem von der Hölle ausgespienen Unhold gesprochen, dem Monster, das von Belzebub zur Geißel der Erde bestimmt worden ist. Dir mein Gefühl beim ersten Anblick zu beschreiben, ist mir ganz unmöglich. Nein, nie zuvor habe ich eine härtere Prüfung erlebt. Mein ganzes Inneres hat sich gegen die gräßliche Begegnung aufgelehnt. Nachdem die Unterredung beendet war, fragte er mich nach meiner Begleitung. Also stellte ich ihm den General L'Estoq und Kleist und Jagow vor. Hältst du es für möglich, daß dieses Tier so unhöflich war, mir seinerseits sein infernalisches Gefolge nicht vorzustellen oder mich ihm vorstellen zu lassen? Mir blieb nur übrig, die würdigen Diener des neuen Terkaleon mit Schweigen zu übergehen. Die

> Mitglieder der Bande waren Duroc, Bertrand, der widerwärtige Murat, Berthier und der Marschall Bessières.

Und dazu das Schlußwort der Königin:

> Was erwartest du von diesem infernalen Wesen, das sich aus dem Kot emporgeschwungen hat? Woher sollte es wissen, was es den Königen schuldet?

Der Dialog zwischen dem König in Tilsit und der Königin in Memel entspann sich in einer Abfolge von zweiundzwanzig Briefen am Rand der Waffenstillstands- und Friedensverhandlungen mit Napoleon. Das Konvolut, das den Zeitraum vom 21. Juni bis zum 4. Juli 1807 umfaßt, ist 1910 unter der Überschrift »Die Verhandlungen in Tilsit – Briefwechsel König Friedrich Wilhelm's III. und der Königin Luise« in der Zeitschrift »Deutsche Rundschau« im originalen französischen Wortlaut erschienen. Der Hinweis »Nachdruck untersagt« wurde in den mehr als hundert Jahren, die seither vergangen sind, so gewissenhaft beherzigt, daß die erste Veröffentlichung die letzte geblieben ist. *(2. S. 199-221)*

Zar und Cäsar in Tilsit

Die Bestürzung im preußischen Lager über den russischen Sinneswandel war zugleich ein Eingeständnis, wie schlecht der König und die Königin über ihren Freund Alexander Bescheid wußten. Sie hatten ihn gerühmt und gepriesen, vergöttert und in den Himmel gehoben, aber von seiner politischen Existenz keine Ahnung gehabt. Der Horizont der Freundschaft war mit Brettern vernagelt. Man hatte sich immer nur Sorgen um die eigene Monarchie gemacht und dabei in der Illusion gewiegt, Alexander gebiete über unbegrenzte Kapazitäten.

Im Unterschied zu Friedrich Wilhelm III., dem das Neutralitätsprinzip heilig gewesen war, weil er in Ruhe gelassen sein wollte, hatte sich Alexander namens des Friedens und der Freiheit zum Wegbereiter der europäischen Völkergemeinschaft berufen gefühlt. Seine Feldzüge waren Glaubenskriege gegen Napoleon, der sich ebenfalls als Friedens- und Freiheitsbringer verstand, wenn auch diktatorisch im Sinn eines obersten Führers. Alexanders Anweisung an die orthodoxe Kirche, den Tyrannen zu ächten, stand im Einklang mit seinem Sendungsbewußtsein. Die Kalamität war nur, daß über den Bündnissen, die er schloß, kein Glücksstern wachte. Nach der Katastrophe bei Austerlitz hatte sich in Rußland ein Gemurmel erhoben, die Niederlage sei die Strafe Gottes für Alexander Pawlowitsch, den mit dem Blut seines Vaters befleckten Sohn. Am Hof in St. Petersburg und in der Kaiserfamilie war eine Opposition gegen ihn tätig geworden. Die verwitwete Kaiserin, Maria Fjodorowna, hatte warnend zu ihrem Sohn gesprochen, eine weitere verlorene Schlacht würde ganz Rußland gefährden. Mit der Niederlage bei Friedland war das Ausmaß dessen erschöpft, was er sich leisten konnte. Die innenpolitischen Folgen jeder weiteren militärischen Initiative waren nicht mehr absehbar. Von seinem Bruder, dem Großfürsten Konstantin, wurde er anzüglich an den gewaltsamen Tod ihres Vaters erinnert. Zwei Tage nach dem Desaster, das seiner glorreichen Armee widerfahren war, gab er dem Heerführer Bennigsen freie Hand für einen Waffenstillstand. Alexanders Eintreffen am rechten Memelufer eilte die Instruktion voraus, die er seinem Unterhändler in Tilsit schriftlich erteilte:

> Sie sagen dem Kaiser Napoleon in meinem Namen, wie sehr ich mir wünsche, daß eine enge Verbindung zwischen unseren beiden Nationen alles Schlimme gutmachen möge, das nun zurückliegt. Sie sagen ihm, daß mir eine solche Union zwischen Frankreich und Rußland schon immer als begehrenswert vorgeschwebt habe und daß ich

> überzeugt sei, sie allein könne das Glück und die Ruhe des Globus gewährleisten. Ein völlig neues System muß dasjenige, das bisher gegolten hat, ablösen. *(74. S. 234)*

Das wahre Skandalon war in den Augen der Preußen die Abtrennung der russischen von den preußischen Angelegenheiten: Jeder verhandele für sich allein. So hatten es die russischen Unterhändler bei den Vorgesprächen mit Talleyrand beschlossen. Der Kaiser brauchte sich nur noch in diese neue Ordnung zu fügen. Am 22. Juni abends verließ er sein polnisches Versteck, am 23. war er in Tauroggen, am 24. in Picktupöhnen, einem Dorf am östlichen rechten Ufer des Memelstroms, und am 25. nachmittags führte ihn ein Boot Napoleon entgegen, der seinerseits vom westlichen linken Ufer abstieß, um den Ankömmling in Empfang zu nehmen.

Tilsit brummte vor Betriebsamkeit. In der 250jährigen Stadtgeschichte gab es keinen Hinweis auf die Bestimmung des Ortes zum Nabel der Welt, aber wo Napoleon war, bildeten sich flugs Metropolen. Es waren die längsten Tage des Jahres, zwischen Sonnenuntergang und -aufgang die kurzen Nächte mit ihrer Helle. Das linke Flußufer, also das westliche, war französisch besetzt. Am rechten Flußufer hausten die Reste der russischen Truppen. Der Zar hatte seine Wohnung von da nach dort verlegt, also hinüber nach Tilsit. Das Zelten auf einem Floß in der Flußmitte war nur für den Anfang gedacht gewesen, eine von Napoleons gelungenen Inszenierungen, die sich dem Gedächtnis einprägen, so daß man nachträglich meint, die ganze Geschichte habe schwimmend stattgefunden.

Zur Vereinfachung des wechselseitigen Verkehrs war Tilsit zur neutralen Zone erklärt worden, eingeteilt in den französischen, russischen und preußischen Sektor. Drum herum rissen die Franzosen die benachbarten Dörfer ab, verscheuchten die Einwohner in die Wälder und zimmerten sich anstelle der Dorfkaten ihr Soldatenlager, wieder die Baracken und Gassen wie schon in Charlottenburg, Posen, Warschau und wer weiß wo noch seit dem Aufbruch vor bald einem Jahr aus Paris. Die Stadt selber trug zu dem Getümmel ihre eintönige Architektur entlang den geraden Straßen und eine Straßenpflasterung bei, die geröllartig den Hals- und Beinbruch der Passanten riskierte.

Die Verhandlungen beanspruchten mehrere Wochen. Dem preußischen König blieb die Gewöhnung an den Mann seiner Alpträume und Aversionen nicht erspart. Zwischen ihm und Napoleon zeichnete sich nach allen Briefen, die sie jahrelang in unterschiedlichen Höflichkeitsformen gewechselt hatten, keine Möglichkeit ab, einander bei dem persönlichen Kennenlernen näherzukommen. Die Geister waren zu verschieden. Dabei trugen beide Herren die Orden, die sie einander vormals hatten überreichen lassen. Erhob der Kaiser bei Tisch sein Champagnerglas und sagte: »À la santé de la Reine de Prusse!« mußte Friedrich Wilhelm ihm antworten »À la santé de l'Empereur des Français!« und mußte zugleich die Zurücksetzungen hinnehmen, die ihm widerfuhren. Kein Wimpel für Frédéric Guillaume auf dem Memel-Floß, obwohl der Strom nach wie vor durch Ostpreußen floß, und auch sonst keine Freundschaftszeichen wie gegenüber dem Zaren, den Napoleon umwarb.

Der König rächte sich auf seine Weise. Ritten die drei Monarchen gemeinsam aus, blieb er stur hinter Napoleon und Alexander zurück. Je ärger sie galoppierten, desto bockiger beharrte er auf seinem Trott. Gnädige Gesten wies er ab. Er wollte weder ein Pferd aus Napoleons Stall noch vor seinem Haus eine französische Garde, sondern hatte seine eigenen Pferde und Leute. Seine Aufenthalte in Tilsit beschränkte er auf die dortigen Verhandlungs- und Höflichkeitsbesuche und zog sich allnächtlich zum Schlafen an das andere Ufer zurück. Sein Feldbett schlug er hinter dem Russenlager im

Dorf Picktupöhnen in der Schule auf. Freundschaft schloß der traurige König mit dem Ataman der Kosaken. Die fremdartigen Völkerstämme aus dem ferneren Osten, die mit Pfeil und Bogen gegen Napoleons Soldaten gekämpft hatten, studierte er gewissermaßen ethnologisch, aber er gruselte sich auch vor ihnen, wenn er nachts ihr Terrain durchquerte. Im Schulhaus verfaßte er seinen täglichen Rapport an die Königin.

Über den Zaren verlor er dabei kein böses Wort. Der feine Unterschied, den er zwischen Rußland (la Russie) und dem Kaiser aller Reußen machte (l'Empereur de toutes les Russies), erlaubte es ihm, den sogenannten Systemwechsel, also den Verrat an Preußen, nicht Alexander persönlich, sondern allgemein der russischen Politik anzulasten. Hatte jemand die Wende zu verantworten, so war es der Großfürst Konstantin. Ihn sah man ständig mit Bennigsen beisammen, fand ihn an Napoleons Tafel und konnte ihn schon beinah für einen Franzosen halten. Solche Berichterstattungen nach Memel riefen ein zorniges Echo hervor. Die Königin Luise schrieb ihrem Gemahl, sie könnte dem Großfürsten Konstantin ins Gesicht spucken (»cracher à la figure de«) und den General Bennigsen prügeln (»le battre«). Bennigsens weiteres Verweilen bei den russischen Truppen sei ein Skandal:

> Wird der Kaiser ihn für die Reden, die er zu führen wagt, nicht erschießen oder wenigstens auspeitschen lassen?
> *(2. S. 44)*

Alexander erwog nichts dergleichen. Er beglückwünschte sich zu der Assimilation, die er allem Anschein nach spielend geschafft hatte und schrieb an seine Schwester, die Großfürstin Katharina, die seine Vertrauensperson in St. Petersburg war:

> Gott hat uns gerettet. Statt gerupft gehen wir aus dem Streit mit einer Art von Glanz hervor. Aber was sagen Sie zu dem allen? Ich, Alexander, verbringe meine Tage mit Bonaparte und bin ganze Stunden mit ihm allein zu zweit! Ich frage Sie, hat das Ganze nicht etwas von einem Traum! Mitternacht ist vorbei, wenn er mein Haus verläßt. O! Wie wünschte ich, Sie wären ein unsichtbarer Zeuge dessen, was vorgeht. Adieu, liebe Freundin, ich schreibe Ihnen selten, aber auf meine Ehre, mir bleibt kein Moment, um aufzuatmen. *(74. S. 238 f.)*

Und Napoleon an Joséfine:

> Liebe Freundin, eben habe ich Alexander kennengelernt. Er ist ein sehr schöner, guter und junger Kaiser. Er hat mehr Geist, als man hätte meinen sollen. Morgen wird er auch in Tilsit wohnen. *(65. S. 100)*

Friedrich Wilhelm III. kehrte zu seiner Selbstdiagnose zurück, das Unglück sei ihm angeboren. Die Briefe, die er von seiner Frau aus Memel bekam, beschworen ihn, mannhaft zu sein, Widerstand zu leisten, den Mund aufzumachen und Napoleon die Meinung zu sagen. Der Streitpunkt vor allen anderen, den die Königin zur Überlebensfrage der Monarchie erhob, hatte mit den Gebietsabtretungen nichts zu tun, sondern bezog sich auf Hardenbergs Verbleiben im Amt als Preußens führender Staatsmann. Napoleon, der sich von ihm beleidigt glaubte, verlangte Hardenbergs Rücktritt. Die Zumutung wurde als ein Racheakt abgelehnt, aber der Protest war vergeblich. Ja, er sei rachsüchtig (»vindicatif«), erklärte der Kaiser und beendete damit jede weitere Diskussion. Im übrigen sei er dazu bereit, den Krieg bis in alle Ewigkeit fortzusetzen.

Im gesamten Briefwechsel zwischen Friedrich Wilhelm und Luise gibt es keine andere Stelle, an der sich die Königin so unverhüllt wie in dieser Sache politisch engagiert hat. Sie behauptete, der König würde, falls er Hardenberg preisgeben sollte, zum Sklaven des Diktators und in den Augen der Welt zur Spottfigur werden: »la risée du monde«. In jedem Brief, den sie dem König nach Tilsit schrieb, beharrte sie fortan auf dem Thema, ließ nicht mehr locker und machte daraus Preußens Überlebensfrage. Hardenberg selber hatte offenbar nicht gewußt, daß die Königin wie eine Löwin um ihn kämpfte. In seinen Memoiren steht darüber kein Wort. Grundsätzlich war er über seine tragende Rolle in ihrem Leben aber nicht im Zweifel.

Hardenberg und Luise hatten einander nötig. Er brauchte sie zur Einwirkung auf den König, und sie brauchte ihn für ihre Mitwirkung an der Politik. Das Bündnis war so geheim und zugleich so selbstverständlich, daß die Partner es nicht zu benennen brauchten. Es funktionierte ganz von allein. Die Königin gab ihr Bestes, um in Hardenbergs Sinn zu agieren, und Hardenberg erlöste sie von dem Verruf, sie mische sich unbefugt in politische Dinge ein. Mit niemand anderem als mit ihm ließ sich die Abmachung denken. Seine Vorzüge waren die souveräne Beherrschung sowohl der Materie als auch der Formen, seine Unnachgiebigkeit und Zuvorkommenheit, sein Selbstbewußtsein und seine Ergebenheit, sein Durchsetzungsvermögen, sein Durchblick und sein makelloses Betragen, die absolute Gewißheit, daß er in seinem langen Politikerleben die widrigen Begleiterscheinungen der politischen Macher wie List, Schläue, Hinterhältigkeit, Intriganz und Kabale nie praktiziert hatte, ohne ihnen das Wesen realer Tugenden zu verleihen; von der Gewinnsucht ganz zu schweigen. Der Baron verkaufte sich nicht, sondern er kannte seinen Wert. Das vornehme Aussehen, der Reiz einer halb tragisch gebrochenen Existenz, die mehreren Ehen und die Zurückhaltung im Hinblick auf seine private Person machten ihn der Königin über die Politik hinaus interessant. Ihn gehen zu lassen, kam nicht in Frage. Er dürfe nicht geopfert werden, absolut nicht, anderenfalls würde man vor der Öffentlichkeit verächtlich erscheinen, schrieb sie dem König. Für Napoleon hingegen war die Entlassung eine beschlossene Sache. Seine Situation ermöglichte ihm, bei dem preußischen Partner alles durchzusetzen, was ihm beliebte. Einen Wunsch jedoch äußerte er nicht, jedenfalls nicht direkt: Luises Teilnahme an seiner Tafelrunde in Tilsit.

Das tête-à-tête

Der Ruf nach der Königin ging von ihren eigenen Leuten aus und bezeugte vor der Geschichte die Ratlosigkeit im preußischen Lager. Die Idee kam von dem Grafen Kalckreuth, Generalfeldmarschall im zurückliegenden Krieg und jetzt Unterhändler im Ringen um einen akzeptablen Frieden. Der König sagte zu dem Vorschlag weder Ja noch Nein, sondern schickte seiner Frau kommentarlos Kalckreuths Schreiben, in welchem stand, daß es von guter Wirkung sein würde, wenn I. M. die Königin hier sein könnte, und zwar je eher desto lieber. Der Gedanke dahinter war die Verbesserung der Atmosphäre. Die »bewunderungswürdige Leutseligkeit«, wie der Brief das Wesentlichste der Königin in zwei Worte faßte, wurde als Preußens letzte Chance veranschlagt. Offenbar wiegte man sich in der Illusion, die Szene werde sich wiederholen, die vor gar nicht so langer Zeit im Königlichen Schauspielhaus am Gendarmen-Markt in Berlin zu sehen gewesen war, als Luise zur Feier ihres Geburtstags in der Rolle der Statyra, der Tochter des geschlagenen Perserkönigs, aufgetreten und dem Sieger bittflehend zu Füßen gesunken war, dieser aber sie aus ihrer Erniedrigung sofort erhoben und zu seiner Herrscherin gemacht hatte, wofür sie ihm mit einer Tanzeinlage dankte, einer danse d'amour. Inzwischen gehörte das schöne Bild der Vergangenheit an. Luise war die erste, die das klarstellte. In ihrer Botschaft an den König betonte sie, ehe sie aus Memel aufbrach, ihre Opferrolle: sie könne ihm keinen sprechenderen Beweis für ihren Patriotismus liefern als mit der Reise dorthin, wo sie nicht begraben sein wolle.

Hinter dem Pathos verbarg sich ihr Wunsch, in Tilsit dabei zu sein. Niemand hätte von ihr verlangen können, daß sie ihren Beleidiger aufsuchte, zumal er ihr kein Versöhnungsangebot gemacht und sie nicht gebeten hatte zu erscheinen. Aber Luise wollte die Begegnung. Ein Nein zu dem Ansinnen wurde von ihr keinen Moment ernsthaft erwogen. Eher scheint sie zwischendurch befürchtet zu haben, der Ruf könne durch die neueren Entwicklungen hinfällig geworden sein. Als er dann aber dringend wiederholt wurde, traf sie am folgenden Tag gegen Abend in dem Dorf Picktupöhnen rechts der Memel mit ihrem Gefolge ein (Frau von Voß, die Komtesse Tauentzien und der Kammerherr Buch). Ihr Quartier war das Pfarrhaus, dem Schulhaus gegenüber, der Bleibe des Königs. Offiziell lautete die Sprachreglung, die Königin habe sich zu der Fahrt entschlossen, um den König wiederzusehen. So wurde das Dekorum gewahrt. Der Strom trennte Friedrich Wilhelms Gemahlin von dem Menschen drüben am linken Ufer, der sie nicht herbestellt hatte. Napoleons Reaktion auf ihre Anwesenheit am rechten Ufer war abzuwarten. Es hieß, er habe auf die Nachricht von ihrem Kommen geantwortet: »Oh, d'autant mieux!«

Dann aber tauchte, kaum hatte sich Luise von der Reise erholt, schon am nächsten Morgen, als sei es das mindeste, Napoleons Ober-Stallmeister Caulaincourt im Pfarrhaus von Picktupöhnen auf, wo sich inzwischen die Besucher drängten, überbrachte ihr die Grüße des Kaisers, den Glückwunsch zur überstandenen Herfahrt und zugleich Napoleons Entschuldigung, daß er nicht persönlich kommen könne, da er keinen Passierschein hinüber zum anderen Ufer habe, aber hoffe, die Königin in Tilsit zu sehen. Er bitte sie, bei ihm an seiner Tafel zu speisen. Nach Caulaincourts Abgang wurde beschlossen, die Überfahrt nicht zu überstürzen. Morgen sei auch noch ein Tag.

Das Bild, das man sich in Frankreich von der preußischen Königin machte, war das einer Kriegerin, so, wie Napoleon seine Feindin sah. Die Vergleiche, die ihm zu ihr einfielen, waren die blutrünstigen Herrscherinnen aus dem Mythos und der Historie. Das Urbild, jedem Franzosen vom Theater geläufig, war die Athalie, die Tochter der berüchtigten Jezabel, so herrschsüchtig, mörderisch und grausam wie diese, aber in Racines Tragödie schon am Rand des Verhängnisses angekommen: eine Stürzende.

Als die neue Athalie hatte in Napoleons Feindregister zunächst die Königin von Neapel figuriert: Marie Karoline, eine Tochter der österreichischen Kaiserin Maria Theresia. Der Tod auf dem Schafott, den ihre Schwester, Frankreichs Königin Marie Antoinette, gestorben war, erklärte Karolines Franzosenhaß. Napoleon hatte in Neapel klare Verhältnisse geschaffen, das dortige Herrscherpaar nach Sizilien vertrieben und den Thron und die Krone an seinen Bruder Joseph vergeben. Die Übertragung der Rolle der Athalie auf Luise lag nah, da er der preußischen Königin dieselbe Macht über ihren Gatten zutraute, wie die Österreicherin sie über den König von Neapel ausgeübt hatte, Ferdinand IV., einen schwachen Repräsentanten des spanischen Zweiges der Bourbonen.

Die intimen Papiere, die Napoleon bei seinem Aufenthalt in Charlottenburg und Berlin in die Hände gefallen waren, fügten zu den Zügen der fanatischen Königin diejenigen der Kurtisane hinzu. Als pittoreske Unterlage diente ihm dabei ein Kupferstich, der die Gruppe Alexander/Luise/Friedrich Wilhelm bei ihrem nächtlichen Besuch in der Garnisonkirche zeigte. Diese Darstellung kommentierte er öffentlich in seinem Potsdamer Bulletin. Das Blatt von der Schwurszene am Sarg Friedrichs des Großen, das man hier in allen Läden finde, sei wirklich grotesk. Selbst die Bauern würden darüber lachen. Napoleon wörtlich:

> Man sieht den schönen Kaiser von Rußland, neben ihm die Königin und auf der anderen Seite den König, der die Hand nach dem Sarg ausstreckt. Die Königin, in einen Schal gehüllt, etwa wie Lady Hamilton auf den Londoner Bildern, legt die Hand auf ihr Herz und blickt nach dem Kaiser. Man begreift nicht, daß die Berliner Polizei die Verbreitung einer so elenden Satire duldet. Auf jeden Fall konnte der Schatten des großen Friedrich nur mit Unwillen auf diese lächerliche Szene herabblicken. *(97. S. 308)*

Luises Bild von Napoleon stützte sich auf eine Karikatur im Besitz des Kronprinzen Fritz und auf die Schilderungen des Königs vom ordinären Äußeren des Korsen: le monstre. Entsprechend überrascht müssen beide Seiten im ersten Moment der persönlichen Begegnung gewesen sein, anstelle der Ungeheuer, die sie jeweils erwartet hatten, imponierende Individuen vorzufinden, eine Königin mit äbtissinnenhafter Würde und einen Emporkömmling von der Art eines edlen Wilden. Überliefert wird, er sei die Stiege, an deren oberem Absatz sie ihm lächelnd entgegentrat, mit beschleunigtem Tempo hinaufgestürmt. Das Hotel, in dem die Begegnung am späteren Nachmittag des 6. Juli 1807 stattfand, war ein Haus von einfachster Machart, Untergeschoß, Obergeschoß und Dachstuhl. Es lag im preußischen Sektor der Stadt und wurde vom König als sein Standort in Tilsit genutzt, so daß die Königin hier die Gastgeberin war, die mit ihrer bewundernswürdigen Leutseligkeit – »sa affabilité admirable« – den steilen Aufstieg bedauerte, den der Besucher überwinden mußte, um zu ihr hinaufzukommen. Die Antwort, daß er Schlimmeres kenne, hätte sich von Napoleons Seite angeboten, kommt aber so in den Berichten nicht vor. Hinter den beiden schloß sich die Tür wie damals hinter dem preußischen Kronprinzen und der Prinzessin aus Darmstadt, als ihnen im Hotel in Frankfurt am Main die Gelegenheit eingeräumt wurde, zueinander zu finden.

Der Wortlaut dessen, was die Königin in ihrem Herzen bewegte, während sie mit Napoleon den Klausurraum betrat, kann man bei Hardenberg nachlesen. Er hatte den Text für sie formuliert, ein letzter Beweis seiner Zuneigung für die Gebieterin vor seinem Abschied. Die Ansprache an Napoleon, die er ihr in den Mund legte, war eine abgewogene Mischung aus Bitte und Mahnung, ein Balanceakt zwischen den beiden Redeweisen, wie sie von einer Anruferin der kaiserlichen Milde und einer Fürsprecherin des Völkerrechts geführt werden, das Plädoyer für Preußens Rehabilitierung, das Ersuchen um eine dauerhafte Freundschaft mit Frankreich, der wiederholte Appell sowohl an Napoleons Vernunft als auch an seine Großmut und eines vor allem: Luise solo. Das Wichtigste war ihre Versicherung gleich zu Beginn des Gesprächs, daß sie keinen politischen Auftrag habe, sondern rein und wahr als Mutter und Ehefrau gekommen sei, um ihre Worte an das Herz des Machthabers zu richtet, der das Los des Landes und der Königsfamilie in seiner Hand halte.

Das Tilsiter Separatgemach vereinte für die Dauer einer knappen Stunde zwei Spitzenkräfte des europäischen Repräsentationstheaters. Sie taxierten einander, wie es unter Fachleuten üblich ist, und das Ergebnis fiel positiv aus. Die Königin erblickte in dem Kaiser den römischen Typus, das Cäsarenhaupt, und um den Mund herum einen Zug, der ihr wie ein Ausdruck von Güte vorkam. Der Mann gefiel ihr. Er besaß die Charakterstärke, die der angeschwärmte Alexander so schmerzlich vermissen ließ, und verkörperte den Herrscher nicht glanzlos wie der preußische König, sondern brillant. Mochte sich Friedrich Wilhelm darauf berufen, der geborene Verlierer zu sein, so begegnete ihr in Napoleon nun der Sieger. Er sei anfangs etwas linkisch gewesen, behauptete sie hinterher, und habe eine gewisse Befangenheit erst mit ihrer Hilfe überwinden müssen. Mit diesen Worten wird sie in den Geschichtsbüchern zitiert. An Ort und Stelle aber war niemand dabeigewesen. Die Königin und der Kaiser befanden sich in dem Zimmer allein.

Luises gerühmte Schönheit, von der sich Napoleon jetzt persönlich überzeugen konnte, war, wie nicht anders zu erwarten, von deutscher Art. Zugleich erfüllte sich in ihr aber auch ein allgemeinverbindliches Muster, das Idealbild der edel und ebenmäßig gebauten, gleichsam dem Mythos entsprungenen klassischen Kuh; hier einer trächtigen, doch noch nicht bebaucht. Luise war im dritten Monat schwanger. Die große Garderobe, in der sie auftrat, mußte Napoleon ebenso schmeicheln wie die spezielle Wahl eines weißen, geradezu bräutlichen Kleides. Die andere Feststellung, die nicht ausbleiben konnte, betraf Luises Unbeflecktheit durch das Zeitalter der Revolution. Keine Spur, die angezeigt hätte, das blutige Weltereignis habe auf die preußische Königin abgefärbt. Im Kontrast zu ihrer jugendlichen Erscheinung grüßte Napoleon I. aus ihrer Rede das alte Regime, als habe weder ein Umsturz stattgefunden, noch werde je einer stattfinden, solang Luise regiert. Ihr Bitten und Mahnen drehte sich um die Monarchie und die Dynastie. Alles, was sie von ihrem Besucher hören wollte, war sein Versprechen, er werde mit dem König einen noblen Frieden schließen. Dann aber trat Friedrich Wilhelm selber zur Tür herein.

Die preußischen Geschichtsschreiber sind sich darüber einig, Napoleon hätte der Königin alles gewährt, was sie sich wünschte, hätte der König das Gespräch nicht unterbrochen.

Der Vorwurf, Friedrich Wilhelm III. betreffend, ist jedoch ungerecht und nicht logisch. Die Zusammenkunft war nicht dazu gedacht gewesen, preußische Ansprüche durchzusetzen, sondern hatte den Zweck gehabt, das Klima zu verbessern. Wunderbarerweise scheint das Luise auch gelungen zu sein. Ihre Verkörperung der hohen, vom Schicksal gebeugten Frau war offenbar so überzeugend gewesen, daß ihr Partner sich dazu verlockt gefühlt hatte, die komplementäre Rolle zu spielen: den Diktator, den ein menschliches Rühren ergreift. Die Dazwischenkunft des Ehemannes war vielleicht tölpelhaft, aber der Sache selber nicht schädlich. Denn die Magie wirkt in der Einbildung weiter und fesselt die Seele. Das tränenfeuchte Gesicht der Bittstellerin bleibt in der Erinnerung haften.

Indessen sah man sich gleich abends an Napoleons Tafel wieder. Luise, euphorisiert von ihrem Erfolg und sicher auch ermattet von der zurückliegenden Anstrengung, verlor die Selbstbeherrschung, geriet aus der Balance, zog den Gastgeber in eine Ecke und redete auf ihn ein, schwankte zwischen Flehen und Fordern, sägte an Napoleons Nerven und entsprach dem Bild, das er sich früher von ihr gemacht hatte: »La Regina guerriera«. Sie könne kein Italienisch, antwortete sie ihm patzig. Wenigstens die linkselbische Festung Magdeburg wollte sie dem Sieger entreißen. (In dem Erinnerungsprotokoll des Häftlings auf St. Helena hat sich das Zwiegespräch zu einer Dramenszene verdichtet. Die Protagonistin heult und lärmt und schreit ständig »Magdeburg! Magdeburg!«)

Seinen Kurzbericht an Joséphine verfaßte Napoleon an Ort und Stelle am 7. Juli 1807:

> Gestern hat die Königin von Preußen bei mir diniert. Ich mußte mich tüchtig wehren, da sie mich zwingen wollte, ihrem Mann noch einige Zugeständnisse zu machen. Aber ich war nur höflich und habe mich an

> meine Politik gehalten. Sie [die Königin] ist sehr reizvoll. Alles Nähere später, da ich es unmöglich in wenigen Worten ausdrücken kann. *(65. S. 161)*

Napoleon liebte es, von seinen Gegnern in hohen Tönen zu sprechen, um seinen Sieg über sie desto glänzender erscheinen zu lassen. Zum Beispiel schwärmte er von dem mustergültigen Manövrieren der preußischen Truppen bei Jena, das er und seine Marschälle dann in das Chaos flüchtender Haufen verwandelten. Ebenso strich er gegenüber Joséphine seine Überwindung der schönen Luise heraus. Die Königin von Preußen sei wirklich bezaubernd, voller Koketterie, aber für die Kaiserin der Franzosen kein Grund zur Eifersucht: »Ich bin ein Wachstuch, an dem alles abperlt.« Es käme ihn teuer zu stehen, den Galanten zu spielen.

Am 10. Juli war alles vorbei. Die Herrschaften waren abgereist, Alexander nach St. Petersburg, Napoleon nach Dresden und Friedrich Wilhelm mit seiner Gemahlin zurück nach Memel. Tilsit war wieder es selbst, eine Provinzstadt am Grenzstrom. Zwischendurch waren die Friedensverträge bis zur Unterschriftsreife gediehen. Der mit Rußland sah hinsichtlich der Türkei Kompromisse vor, den Verzicht auf Moldavien und die Wallachei und als Äquivalent Rußlands Bereicherung durch Byalistok, abzutrennen von Preußisch-Polen, das künftig den Namen Großherzogtum Warschau tragen und unter sächsischer Aufsicht stehen sollte. Preußen selber wurde am Boden zerstört, aber durfte sich weiterhin Königreich nennen. Der Status blieb ihm erhalten und, besser als nichts, etwa die Hälfte seiner früheren Fläche. Die Kriegsschulden würden die geschrumpfte Monarchie auf Jahre hinaus mit Abgaben in Millionenhöhe belasten. Vorerst blieben die französischen Truppen im Land.

Nachträglich wollte keiner Luises Opfergang veranlaßt haben. Einer schob die Verantwortung dem anderen zu. Hardenberg tadelte in seinem Erinnerungsbuch, als wäre er nicht der nächste Berater des Königs gewesen, den Einfall, die Königin zum politischen Instrument zu machen. Sie selber aber brauchte nichts zu bedauern.

Sicher hatte sie angstvolle Stunden durchlebt, Hangen und Bangen, immer in der Erwartung, der Kaiser der Franzosen werde dem ersten Besuch einen zweiten am nächsten Tag folgen lassen. Mehrfach war er mit seinem Gefolge an ihrem Hotel vorübergeritten, mehrfach hatte sie die Voß und die Tauentzien hinuntergeschickt, um ihn zu empfangen, und jedesmal war es nichts gewesen. Harte Worte waren beim Abschiedsessen gewechselt worden:

»Sire, Sie haben mich grausam enttäuscht!«

»Madame, warum foltern Sie mich?«

Und trotzdem: Tilsit für immer. Der Heiligenschein einer Märtyrerin legte sich um Luises Haupt.

Das Schreiben der Prinzessin Louise Radziwill

Am Ende des 19. Jahrhunderts stieß der königlich-preußische Archivrat Paul Bailleu beim Graben im Material auf Louise Radziwills Tilsiter Schilderung, die er für wert hielt, in den Hohenzollern-Jahrbüchern zu erscheinen; zusammen mit den Fußnoten und ergänzenden Texten acht großformatige Druckseiten. Die Prinzessin wird dem Leser als eine Vertraute der Königin und eine gut informierte Zeugin vorgestellt. Offenbar wollte der Gelehrte seinem Fund einen zuverlässigen Anschein verleihen. Die Sache selber blieb jedoch was sie war, eine in allen Farben schillernde Kolportage. Ihr Charme sind die ungesicherten Mitteilungen, das Hören-Sagen und die unverbürgten Zitate, zum Beispiel die Frage aus Napoleons Mund an Alexander, den wankenden Bundesgenossen Friedrich Wilhelms III.:

> Können Sie mir sagen, Sire, was Sie an diesem König und diesem Preußen finden?

Oder Napoleons Erklärung in eigener Sache:

> Sie glauben doch nicht, daß der Krieg gegen Preußen meiner Absicht entsprach? Das Gegenteil ist der Fall. Wäre es nach mir gegangen, hätte ich mich mit Preußen gegen Rußland verbündet, um Ihnen den Krieg zu erklären.

Die Prinzessin war nicht mit in Tilsit gewesen. Ihr Journal, das sie in der Hoffnung führte, es werde über die Grenze nach Wien gelangen, sollte dem Gemahl, Anton Radziwill, der dort weilte, Preußens Desaster beschreiben. Die neuesten Nachrichten, Gerüchte und Spekulationen, die in Memel kursierten, wurden hineingepackt. Der tagebuchartige Brief umfaßt die Zeit von Anfang bis Mitte Juli 1807 und stellt zu den Tilsiter Vorgängen den Widerhall dar, glaubwürdig-unglaubwürdig, wie Echos sind.

Alexander, der politische Partner und Ehrenmann, kommt schlecht dabei weg:

> Nachdem er Napoleons Gesichtspunkte und Prinzipien übernommen hat, wird er unsere [Preußens] Interessen und Rechte wohl kaum noch gebührend vertreten. Die Partei des Großfürsten Konstantin gewinnt täglich an Kredit bei der Armee. Die Friedensverheißung und erst recht die Aussicht auf ein Ende der preußischen Koalition begeistern das russische Heer. Es steht voll und ganz auf der Seite der Franzosenfreunde. Diese Partei beherrscht jetzt den Zaren. Napoleon schmeichelt ihm und macht ihn sich zugleich gefügig. Die Russen sind scharf auf einen Teil der Türkei, und Alexander hat keine Wahl. Er läßt sich von den Umständen leiten. Die Zugeständnisse,

> die er eingeht, sind unwiderruflich. Sowohl in den Augen der Öffentlichkeit als auch der Politik kennzeichnet ihn jetzt seine Abhängigkeit. Der König, seinem Wesen nach wenig entgegenkommend, tief gekränkt durch den mangelnden Respekt und erst recht durch das Schicksal, das ihn erwartet, wahrt seine kalte Zurückhaltung, die ihm mehr Würde verleiht als seinem Freund der präventive Gehorsam.

Friedrich Wilhelms Napoleon-Aversion ist das ständige Thema. Der Preuße, der zu keiner diplomatischen Umgangsform findet, und der Franzose, der sich die Verstocktheit nur als einen Ausdruck von Trotz und Feindschaft erklären kann, gleichen den Protagonisten einer Psychentragödie. Zum Grafen Goltz, dem künftigen preußischen Außenminister, hört man Napoleon sagen:

> Monsieur, verkennen Sie nicht, daß mich die Rache beseelt und ich sie befriedigen will. Die Preußen haben mich erbittert und dafür will ich mich rächen. Ich lese auf ihren Gesichtern den Haß gegen mich und gegen alle Franzosen.

Dieses Motiv kehrt in den Reden des Siegers immer wieder. Seiner Ansprache an den Minister fügt er warnend hinzu:

> Behalten Sie immer im Auge, daß unsere wechselseitigen Beziehungen an einem Faden hängen, der jederzeit reißen kann. Ihr König hat gut daran getan, sich um den Frieden mit mir zu bemühen. Einen Augenblick später würde ich Preußen meinem Bruder Jérôme überlassen haben.

Der Einwand, daß sich Friedrich Wilhelm III. bereits im Oktober des vergangenen Jahres um den Frieden bemüht und zu diesem Zweck seinen Unterhändler zu Napoleon nach Berlin entsandt habe, entlockt dem Machthaber die vieldeutige Antwort:

> Ah! Wenn Sie von damals sprechen – vielleicht war ich damals im Irrtum. Ich hätte auf das Angebot eingehen können, aber ich hatte umfassendere Pläne, die meine Entscheidungen lenkten.

Die Reise der Königin nach Tilsit wird von der Berichterstatterin in Memel wie von einer Augenzeugin begleitet und das demütigende Stillschweigen der beiden Kaiser nicht beschönigt: Napoleon und Alexander, die keine Einladung ausgesprochen haben. Von Alexanders Seite war vorab verlautet, Damen seien am politischen Schauplatz eine Störung. Von Napoleons Seite hört man gerüchteweise, er würde die Teilnahme der preußischen Königin an dem Tilsiter Treffen begrüßen. Die Auskünfte der Prinzessin wissen noch mehr:

> Er ließ für sie ein kleines Haus mit allem Komfort, dessen Tilsit fähig ist, herrichten und davor die Wachen Aufstellung nehmen. Zu Alexander, dem er die Unterkunft vorführte, sagte er: ›Le cœur ne vous dit-il rien?‹ [Das Herz sagt Ihnen nichts?]

Sollte es Napoleons Absicht gewesen, der Königin ein Liebesnest zu bereiten, wurde er bitter enttäuscht. Sie setzte keinen Fuß in das Quartier, sondern traf erst zum gegebenen Zeitpunkt unter preußischem Geleitschutz in großer Toilette in Tilsit ein. Und der Kaiser der Franzosen eilte Hals über Kopf die Treppe zu ihr hinauf. Louise Radziwill schreibt, als wäre sie dabeigewesen:

> Oben empfing ihn die Königin. Ihre Schönheit war bemerkenswert, und sie hatte das Glück, weder verlegen noch sprachlos zu sein.

Napoleons Urteil über sie wird zum geflügelt Wort:

> Diese Königin von Preußen ist eine bezaubernde Frau. Lieber, als ihr eine Krone zu rauben, möchte man ihr eine Krone zu Füßen legen.

Auf die Kehrtwendung am folgenden Tag war niemand gefaßt. In dem Brief heißt es dazu:

> Napoleon hatte der Königin angekündigt, ihr erneut seine Aufwartung machen zu wollen. Also erwartete sie ihn nach der Zusammenkunft, die zwischen ihm, Alexander und dem König anberaumt war. Diese Konferenz dauerte drei Stunden, nach deren Ablauf er mit dem pompösen Gefolge, das ihn stets umgibt, unter ihrem Fenster vorbeiritt, ohne vor dem Haus zu halten. Alexander und der König erschienen nach dem Essen bei der Königin, und sie erriet an ihren Mienen sofort die traurige Wahrheit. Die Konferenz war stürmisch verlaufen, man hatte sich immer wieder laut die Meinung gesagt, der König hatte seine Entrüstung nicht verbergen können, und Alexander hatte vergeblich versucht, die Geister einander noch einmal näher zu bringen. Seine eigene Erregung war so groß, daß ihn eine Übelkeit zu überwältigen drohte. Napoleon glich blaß und gelb vor Zorn einem Dämon mit blauen Lippen. Diese unglückselige Zusammenkunft, die den Keim der Feindseligkeit tiefer als alle vorhergehenden Ereignisse in die Herzen senkte, hat über Preußens Los und über das Los der Dynastie entschieden. Die Schein-Existenz, die man uns zubilligt, ist nichts weiter als Napoleons Entgegenkommen gegenüber dem Zaren. Aber die erste Mißhelligkeit zwischen den beiden Höfen, dem russischen und dem französischen, beschwört unseren Gang ins Exil herauf.

Napoleons Schlußwort wird wörtlich zitiert:

> Mein System sieht Preußens Erniedrigung vor. Ich wünsche, daß der preußische Staat in Europas politischem Gleichgewicht keine Rolle mehr spielt. Der Haß auf Frankreich wird im Herzen der Preußen nie mehr erlöschen.
> Die beiden Nationen können sich nicht miteinander versöhnen, und ich möchte wenigstens dafür sorgen, daß mir Preußen nicht wieder schaden kann.

Aufschlußreicher als alles andere ist der kritische Kommentar zur Politik der Königin in Tilsit, den Louise Radziwill in ihrem Brief einflicht:

> Meiner Meinung nach hätte sie von ihrer Rolle als Mutter und Ehefrau nicht abweichen dürfen. Was sie in dieser Eigenschaft zu Napoleon sagte, mußte ihm Eindruck machen. Als sie sich dann aber aufs Politisieren verlegte, ging sie als Verliererin daraus hervor. *(5. S. 232-240)*

Der Publikation des Memorandums fügte der Herausgeber von sich aus noch ein Detail hinzu, das bei keinem Tilsit-Bericht fehlen darf. Napoleon fragt die Königin, wie Preußen es habe wagen können, gegen ihn Krieg zu führen. Und die Königin antwortet ihm: »Sire, der Ruhm Friedrichs des Großen hat uns über unsere Mittel getäuscht.«

Das Jahr 1808

Auch wenn alles so kommt, wie es kommen muß, bleiben die Geschichtsschreiber dabei, daß unser Geschick nicht vorhersehbar sei: Aufstieg und Fall. Gelegentlich führen sie uns trotzdem einen Gewährsmann vor, der die Vergänglichkeit vorausahnt. Bei Ranke ist das der jüngste Bruder des preußischen Königs. Prinz Wilhelm habe ihm gegenüber mehr als einmal wiederholt, er sei in Paris bei seinem dortigen Aufenthalt im Jahr 1808 überzeugt gewesen, er wisse nicht wie, das alles werde nicht dauern. Der Triumphbogen auf der Place du Caroussel schien ihm zu wanken. In Fontainebleau, bei dem Anblick des unter der Abendsonne erglänzenden Schlosses, habe er die Empfindung gehabt, diese ganze Pracht gehe bald unter.

Der Prinz war noch jung, 24 Jahre alt, als er in einer Sache nach Paris geschickt wurde, in der schon andere vor ihm vergeblich verhandelt hatten. Er sollte auf die Stundung der preußischen Kriegsschulden hinwirken. Seiner Ausbildung nach war er Soldat, kannte das Schlachtfeld von Auerstedt her, galt in seiner Familie als ein Hoffnungsträger und hatte bei seiner Mission womöglich seinen bei Saalfeld gebliebenen Onkel vor Augen, den Helden Louis Ferdinand. Jedenfalls bot er sich Napoleon als dessen Gefangener an, bis Preußens Schulden beglichen sein würden. Im Briefwechsel mit seiner Gemahlin, der Prinzessin Wilhelm, wurde aus diesem Vorschlag der Entwurf für ein Renaissance-Drama, das vor nichts zurückschreckt, nicht vor der Einkerkerung der Geisel bei Wasser und Brot und nicht vor ihrer Hinrichtung, falls die Zahlungen ausbleiben sollten. Napoleon, für theatralische Gebärden empfänglich, umarmte den Schwärmer, lehnte aber das Angebot ab. Nicht der Prinz sollte bluten, sondern das Land.

Der sogenannte Frieden, der in Tilsit geschlossen und in Königsberg durch eine Ergänzung noch verschlimmert worden war, erlegte dem Rest-Staat erdrückende Lasten und dazu die Ungewißheit auf, in welche weiteren Höhen das Soll geschraubt werden würde. Der Bankrott war absehbar und die Ratlosigkeit so groß wie die Not. Als die französischen Behörden zur Feier des Tilsiter Friedensschlusses ein

Te Deum von den Berlinern verlangten, blieb die Bevölkerung stumm. Ein Tischler in der Friedrichstraße stellte einen Sarg vor die Tür, auf dem geschrieben stand, hier ruhe der wahre Frieden. Das war die Anspielung auf ein Grablied, dessen fünfte Strophe besagte, der wahre Frieden sei uns nur dort beschieden, wo kein Herz mehr schlägt.

1808 war noch einmal ein Entscheidungsjahr wie 1806. Noch einmal standen Krieg und Frieden zur Debatte; der Frieden strikt nach Napoleons Willen – der Krieg als eine nationale Erhebung, begünstigt durch die Aufrüstung in Österreich. Wieder wurde um die Seele des Königs gerungen. Wieder sollte sich Friedrich Wilhelm zwischen zwei Parteien entscheiden. Die eine empfahl ihm, das Heil im Anschluß an Frankreich zu suchen. Die andere wollte all diejenigen Eigenschaften bei ihm wecken, die er nicht hatte: Wagemut, Entschlußkraft, Sturm und Drang. Ihr gehörte die Avantgarde der Reformer an, deren innerer Zwiespalt erheblich war. Während sie die organisatorische Erneuerung des Staates anstrebten, die zur Ausbildung, Durchführung und Durchsetzung der Ruhe bedurfte, faßten sie gleichzeitig den Volksaufstand ins Auge, der, wäre er in Gang gekommen, den Krieg losgetreten und das Chaos riskiert haben würde. Die beiden Seelen in einer Brust verkörperte der führende Minister, Karl Freiherr vom Stein, der auf den Ruf des Königs, in sein Amt nach Preußen zurückzukehren, geantwortet hatte:

> Eurer Königlichen Majestät Befehle wegen des Wiederantritts in Dero Ministerium der Einländischen Angelegenheiten sind mir durch ein Schreiben des Kabinettsministers Hardenberg de dato Memel den 10ten Juli den 9ten August zugekommen. Ich befolge sie unbedingt ... *(68. S. 457)*

Die Aufgabe, die ihn in Königsberg erwartete, wohin der Hof zu Beginn des Jahres 1808 übergesiedelt war, wurde dem Rückkehrer von seinem Freund und künftigen Mitarbeiter, dem Geheimen Finanzrat Niebuhr, als ein kolossales und daher verlockendes Projekt beschrieben. Das Umfeld aber sei durch die bleibende Lähmung und die verdrängende Mittelmäßigkeit, durch die Schlechtigkeit, Gemeinheit und Unfähigkeit so abschreckend, daß der Widerwille nicht ausbleiben könne, die Sache in Angriff zu nehmen. Also lautete Niebuhrs Fazit:

> Die Riesen türmten Berge auf und waren ihrer Kraft froh: aber der Stein des Sisyphos war eine Höllenpein.
> *(68. S. 456)*

Mit den Generalstäblern Scharnhorst und Gneisenau, die an der Heeresreform arbeiteten, war sich der Minister in der Zielsetzung einig: Orientierung an Frankreich im Hinblick auf dessen Errungenschaften, aber keine Unterwerfung unter Napoleon. Der Frieden sollte nur das Jammertal überbrücken, bis die Zeit reif sein würde, um ihn zu brechen. Die Vorgänge in Spanien waren das Fanal.

Dort revoltierte die Bevölkerung gegen die Franzosenherrschaft, und englische Truppen unterstützten den Befreiungskampf. Immer größere Teile der Grande Armée wurden zur Abwehr benötigt. Erstmals seit Napoleons europäischer Diktatur schlug den Besatzern der Haß aus dem Herzen eines okkupierten Landes flammend entgegen. In Deutschland hatte die Hinrichtung des Buchhändlers Palm gegnügt, um gegen die franzosenfeindlich Gesinnten ein Exempel zu statuieren, das seine Wirkung tat. In Spanien reichten die französischen Massaker vom 2. und 3. Mai zur Bändigung der Volkswut bei weitem nicht aus. Ein Sack voll abgeschnittener Franzosen-Ohren und -Finger bürgte für das Motto der Spanier: »Napoleon liebt seine Soldaten, und die Raben lieben sie auch.«

Ein vergleichbarer Blutdurst war von der preußischen Bevölkerung nicht zu erwarten, aber den schönen Gedanken der Freiheitsbewegung griff man bereitwillig auf. Gneisenaus Denkschrift vom Sommer 1808, »Über die Idee eines Volksaufstandes«, dem König durch seinen Minister vorgelegt, entwickelte den Zusammenhang zwischen der Schaffung einer freiheitlichen Regierungsform und dem Erwachen einer wehrhaften Mentalität:

> Hat man die deutsche Nation zu frohen Hoffnungen einer wohltätigen Staatsreform durch Proklamationen und Tat berechtigt, so ist keinem Zweifel unterworfen, daß nicht ein großer Teil derselben für unsere Sache gegen unsere Dränger den Schild erhebe. Spaniens edles Beispiel ist hierzu eine mächtige Ermunterung, und sollten Österreichs Rüstungen in offenbaren Angriff übergehen, so ist sogar der Erfolg auf das unbezweifeltetste gesichert. Man wird dann 15 und mehr Millionen Menschen für einen Nationalzweck, für ihre Unabhängigkeit fechten sehen. Das Interesse, welches die königliche Familie durch ihr Unglück in ganz Deutschland erregt, wird sich noch vergrößern, wenn sich das Brandenburgische Haus, dessen Regenten man so liberale Grundsätze verdankt, an die Spitze des Bundes für deutsche Unabhängigkeit und deutsche Freiheit stellt. *(21. S. 13)*

Die Schrift trägt das Datum »24. August 1808«. Einen Tag später, am 25. August 1808, fiel ein Brief, den der Minister Stein aus Königsberg nach Doberan an den Fürsten Wittgenstein hatte abgehen lassen, in die Hände der Besatzungsmacht und erschien Anfang September in der französischen Presse, Schlag auf Schlag erst im Moniteur und dann im Journal de L'Empire; sodann in der folgenden Woche in Berlin in der kollaborierenden Hauptstadt-Zeitung, dem Berliner Telegraph. Zu dem Inhalt des vertraulichen Schreibens gehörte unter anderem das folgende Raisonnement:

> Die Erbitterung nimmt in Deutschland täglich zu, und es ist ratsam, sie zu nähren und auf die Menschen zu wirken. Ich wünschte sehr, daß die Verbindungen in Hessen und Westfalen erhalten würden, und daß man sich auf gewisse Fälle vorbereite, auch eine fortdauernde Verbindung mit energischen gut gesinnten Männern erhalte, und diese wieder mit andern in Berührung setzte. Die spanischen Angelegenheiten machen einen sehr lebhaften Eindruck und beweisen handgreiflich, was wir längst hätten vermuten sollen. Man sieht hier [am Regierungssitz in Königsberg] den Krieg mit Österreich als unausbleiblich an! Dieser Kampf würde über das Schicksal von Europa entscheiden, und also auch über unseres. *(76. S. 339)*

Die unmittelbaren und mittelbaren Konsequenzen der Entdeckung betrafen in Paris die Verhandlungen des Prinzen Wilhelm mit dem französischen Außenminister Champagny und in Königsberg die Existenz des Reform-Ministeriums Stein. Der Prinz mußte seine monatelangen Bemühungen nun als vergeblich betrachten. Er unterzeichnete, um Schlimmeres zu verhüten, einen Erpresser-Vertrag, der von dem Land eine höhere Summe verlangte, als die Staatskasse innerhalb der nächsten drei Jahre einnehmen würde. In Preußen aber war die Regierungskrise unvermeidlich geworden. Die Ära Stein nähert sich ihrem Ende, das der abgefangene Brief beschleunigte. Steins Gegner erstrebten die Berufung in die höchsten Ämter. Gneisenau appellierte von Königsberg aus an seinen Gesinnungsgenossen Graf Götzen, den Generalgouverneur in Oberschlesien, er möge der Sache treu bleiben und auf seinem Posten aushalten:

> Wir dürfen durchaus unsere Hoffnungen nicht aufgeben. Umstände und Ereignisse verbessern oft, was die Menschen verdorben haben, und ich rechne sehr auf einen günstigen Inzidentfall. *(29. S. 98)*

Eines mußte er allerdings noch hinzufügen:

> Die schöne Frau, die einmal des Abends nach dem Tee uns mit so hinreißendem Enthusiasmus von einer besseren Ordnung der Dinge sprach, ist nicht mehr in unserem Interesse. (28. S. 98)

Caroline von Berg und der Engel

Der Mensch, dem sich die Königin während ihrer Leidensjahre anvertraute, der, auf den sie sich stützte und auf den sie hörte und der seine Herrschaft über sie dann auch wirklich ausgeübt und sogar beim Namen genannt hat, Herrschaft im Sinn von Leitung, war die Außenseiterin Caroline von Berg. Sie wurde Luises Liebste und Beste und war dem König verhaßt.

Friedrich Wilhelms Abneigung gegen diejenigen Freundinnen seiner Frau, die nicht zum Hof und zur Familie gehörten, begleitete und beschattete seine Ehe; ein düsteres Kapitel. Man befand sich noch daheim in Berlin im Frieden, als wegen einer solchen Freundschaft die heißesten Tränen flossen. Damals war eine Romantikerin die Auserwählte und schon bald das Opfer: Marie von Kleist, keine Verwandte, wohl aber eine Vertraute des Dichters, die bei der jungen Königin das unbezahlte und undankbare Amt der Blindenführerin übernommen hatte. Es ging, wie so oft bei Luise, um die geistige Weiterbildung, jenen höheren Drang, vor dem sie der alte Prinz Heinrich gewarnt hatte. Die Freundin, »la sympathique«, mußte es büßen. Der König und

Frau von Voß verschworen sich gegen sie, und Luise schrieb ihr einen konspirativen Brief. Das Gift der Alten, nämlich der Oberhofmeisterin, habe beim König gewirkt. Sein Mißfallen sei aber nicht persönlich begründet, sondern richte sich gegen die Sache:

> Sie verstehen, es handelt sich um die Literatur im allgemeinen und um die Besorgnisse, daß ich mich ändern könnte, und daß ich ihn [den König] weniger erträglich finden würde, wenn ich mehr Bildung hätte – *(30. S. 143)*

Frau von Kleist entfernte sich aus Luises Nähe. Szenen und Tränen waren dem Abschied vorausgegangen. Jahre, Jahrzehnte später stellte sie die Behauptung wie einen Grundsatz auf, daß im kalten Leben der Königin die großen, riesenhaften Forderungen ihres Herzens nur ausnahmsweise erfüllt werden konnten. Sich selber rechnete sie zu diesen seltenen Glücksfällen und bekannte sich zu ihrem eigenen Schicksal, öfter geliebt zu haben, als geliebt worden zu sein:

> Mangel an Nachdenken ist der Hauptgrund zu dieser Kälte im Menschen. *(52. S. 340)*

Die Berg war von anderem Holz. Der Berg oder der Barg wurde sie öfter genannt, ebenso aber auch »Mama Berg« oder in der schriftlichen Anrede einfach »Liebe Berg«. Sie ihrerseits hielt an der Anrede mit »Votre Majesté« prinzipiell fest. Sie besaß das Vertrauen der Königin wie niemand sonst auf der Welt und ging damit um wie ein Falkner mit seinem kostbarsten Vogel. Luise, die in ihr eine alma mater erblickte, teilte ihr mit, als spräche sie von einer dritten Person, die Mutter Berg sei eine der Frauen, die man sich unmöglich zum Vorbild nehmen könne, der Unterschied sei zu groß. Die Beteuerung schloß sich unmittelbar an:

> In Ihrem Umgang zu sein, ist wahrer Gewinn für einen jeden, aber die Eitelkeit zu haben, es Ihnen gleich zu tun, eitler Wahn. *(30. S. 176)*

Gleich zu Beginn der Bekanntschaft hatte Luise mit der Frau, der sie näherzutreten wünschte, ein eigentümliches Erlebnis gehabt. Die Tochter der Mama Berg und der Enkel der Frau von Voß hatten im Oktober des Jahres 1800 in Potsdam geheiratet, und die Königin war bei der Trauung dabeigewesen. Nach dem Aufbruch der Neuvermählten wollte sie noch ein Wort der Anteilnahme zu der zurückbleibenden Mutter sagen, aber wurde es nicht mehr los:

> Sie selbst, liebe Frau von Berg, nahmen mir durch Ihre Flucht aus Potsdam die Möglichkeit dazu. Als ich jedoch Ihren Wagen vor meinem Fenster vorbeifahren sah, spürte ich wirkliches Herzeleid, da ich mir Ihren Zustand vorstellte. Abschiednehmen ist schrecklich. *(30. S. 131)*

Die schnellen Abgänge waren typisch für Carolin von Berg. Sie liebte es, sich unabhängig zu machen. Man rief sie, und sie war nicht mehr da. Der Freiherr vom Stein, der sich in jungen Jahren um ihre Freundschaft bemühte – beide waren gleich alt – schrieb ihr mehr als einen Brief mit der vergeblichen Bitte um ein Wiedersehen. Erst wenn sie selber den Zeitpunkt für gekommen hielt, tauchte sie wieder auf. Von ihrer Ehe mit dem Halberstädter Domherrn und königlich-preußischen Kammerherrn Carl Ludwig von Berg hatte sie sich bald nach der Geburt der Tochter emanzipiert. Man lebte getrennt. Carolines Sphäre war die deutsche Geistes- und Geisterwelt der zweiten Hälte des 18. Jahrhunderts. Die Bekanntschaften und Befreundungen reichten bis zu den Koryphäen von Weimar. Herder ging mit ihr auf Reisen. Ihre Gegenwart tat ihm gut, was Herders Ehefrau dankbar begrüßte.

Der Name Caroline von Berg wandert in zahllosen Erwähnungen durch die Briefwechsel der Zeitgenossen, aber tritt nie bedeutsam hervor. Karl August Varnhagen, der neben seiner eigenen Frau, Rahel und ihrem Kreis, keine Rivalin gelten ließ, ist einer der wenigen genaueren Auskunftgeber über diese Verfechterin des ungebundenen Lebens. Mit gemischten Gefühlen dachte er in einer späteren Epoche, als der Rückschlag auf allen Gebieten eingesetzt hatte, an Frau von Berg zurück:

> Sie galt lange in Berlin für eine Hauptperson. Sie hat ihr Leben in jedem Sinn reichlich genossen; sie ritt früher immer als Mann, lebte mit Offizieren und Gelehrten als Kamerad, trieb Kantische Philosophie, las Vergil lateinisch, kaufte und tauschte Pferde, verwaltete Geld nach eigenem Gutdünken und nicht zum besten. Nachher war sie eifrig in der Politik, wirkte nach Kräften im Tugendbund, stellte sich als die Freundin der Königin Luise auf, nach deren Ableben sie auch ein Buch über dieselbe zusammenschrieb. In der Franzosenzeit gehörte sie mit ihrer Tochter zu den Eifrigen, welche gegen die Franzosen und für die Aristokratie auch wohl eine Unternehmung zum Nachteil des Königs wünschen und betreiben mochten, auf welchen sie oft heftigst erbittert waren, besonders nachdem er den Tugendbund verboten hatte. Frau von Berg hat in der hiesigen Gesellschaft eine Art von Rolle gespielt. *(91. S. 426)*

In den handschriftlichen, in deutscher Sprache verfaßten Blättern, in denen der verwitwete König einige Erinnerungen an seine Frau niederlegte, ersetzte er den Namen der Frau von Berg durch ein Kürzel. Ganz weglassen konnte er ihn nicht, wohl aber dafür sorgen, daß die Trägerin zumindesten in diesem Dokument als eine fragwürdige Größe erscheint: hochgestochen, schmeichlerisch und trivial. Die Korrespondenz zwischen den beiden Frauen sei in den letzten Jahren sehr rege gewesen, »Billette, Wische und Briefe«, angefüllt mit verwirrtem Zeug, Gutem und Bösen. Der König schloß das Kapitel mit der resignierten Bemerkung ab, er habe seine Frau beständig vor dieser Frau gewarnt und werde jetzt von den aufgefundenen Zetteln in seiner Ansicht bestätigt. Er habe sie immer für eine Intrigantin gehalten:

> Deshalb kam sie auch selten in meiner Gegenwart zum Vorschein, und verließ gewöhnlich schnell das Zimmer, wenn ich eintrat. Es war dieses unstreitig die am mehrsten Einfluß habende Person, von allen denen, mit die meine Frau bekannt war. (62. S. 32 f.)

Seine Auskünfte klingen so, als handele es sich um einen Tartuffe. Man könnte meinen, auf die Königin sei ein infamer Anschlag verübt worden. Das Gegenteil war der Fall. Luises Beste machte sich rar. Während der drei ostpreußischen Jahre war sie nur zweimal für ein paar Wochen in Königsberg zu Besuch und hinterließ beim Abschied jedesmal eine klaffende Lücke. »Sie kommen doch gewiß wieder«, rief ihr die Zurückbleibende nach und saß aufrecht im Bett mit dem Gesicht zu der Tür gewandt, durch die ihr Frau von Berg entschwunden war:

> Als der König in mein Zimmer kam, so fand er mich noch so in der Stellung, und ich merkte es da erst, daß ich mich in einem Zustand der Starrheit befand, in dem sich alle Gedanken verwirren und nichts mehr denken, uns aber ein einziges Gefühl erhalten bleibt, das sehr schmerzhaft war. *(30. S. 343)*

Das interessante Verhältnis zeitigte einen Gemüts- und Rollenwandel, den die Königin allein aus eigener Kraft nicht hätte schaffen können. Aus dem weltlichen Idol wurde der Engel. Auf die extravertierten ersten acht Jahre ihrer Karriere folgten die Jahre der Introversion. Die Luxus-Königin in ihrem Brillantenschmuck, den der Graf Lehndorff auf eine Million Taler taxiert hatte, konnte es nach Preußens Zusammenbruch nicht mehr geben. Von Memel aus schrieb Luise an ihre Schwester, die Prinzessin von Thurn und Taxis, die sich nach Paris an Napoleons Hof begeben hatte, sie brauche dringend neue Nachthauben. Ihre alten seien total zerschlissen und nicht mehr zu flicken. Bei offiziellen Anlässen trug sie bedeutungsvoll um den Hals eine Perlenschnur. Denn Perlen bedeuteten Tränen. Ihre Briefe hallten von ihren Klagen wider. In einem trostlosen Augenblick gelangte sie zu dem Schluß und brachte ihn zu Papier, der König sei in seinem verwüsteten Land nur noch ein verarmter Herzog:

> Preußen existiert nicht mehr. Wir haben alles verloren.
> *(30. S. 317 f.)*

Sie selber aber wollte trotzdem die Königin bleiben, im Elend so beispielhaft wie vormals in glücklichen Zeiten. Die Metamorphose wurde das Werk ihrer letzten Lebensjahre und kam mit Hilfe der Frau zustande, die Luises Vertrauen genoß und nutzte. Die Idee, aus der leidenden Königin eine bewunderswürdige Figur zu machen, Luise als Märtyrerin, war die Eingebung der Frau von Berg. Sie wies der Unglücklichen, die von sich sagte, sie sei aus ihrem Himmel gestürzt, den Weg heimwärts zu dem wahren, einzigen Himmel und streifte ihr schon jetzt die Uniform über, die man dort oben anlegt, das Engelsgewand samt der Flügel.

Jede der beiden Frauen trug ihren Teil zu der Verwandlung bei. Die Arbeit an der neuen Rolle verlief symbiotisch.

Frau von Berg war die Vordenkerin, der die verklärte Königin schon damals vorschwebte, und Luise setzte das schöne Bild in die Wirklichkeit um. Die innere Reinigung blieb dabei nicht aus, der schmerzhafte Prozeß der Entsagung, den sie unterwegs zu dem Heil und der Heiligkeit durchmachen mußte. Die Illusionen mußten abgestreift werden, und der Verlust mußte wahr werden. Er betraf Alexander. Luises Briefe an Frau von Berg dokumentieren das ganze Leid einer Liebe, die sich zu Grabe läutet:

> Schmerz und tiefer Kummer sind mein vorherrschendes Gefühl, eine furchtbare Betrübnis. Denn ich gestehe Ihnen, er wird mir niemals gleichgültig sein. Es bringt mich zur Verzweiflung, daß er keine Achtung mehr verdient. *(30. S. 369)*

Alexander wurde auf der Durchreise nach Erfurt, wo er mit Napoleon verabredet war, in Königsberg erwartet, das erste Wiedersehen seit Tilsit und die letzte Gelegenheit, sich ihm zu Füßen zu werfen und ihn anzuflehen, dem Unmenschen zu widerstehen: »cet homme pas homme«. Ihre politischen Beschwörungen hatte die Königin dem Zaren vorab schriftlich übermittelt:

> Seien Sie groß. Folgen Sie Ihrem Herzen. Hören Sie auf meine Stimme, die Stimme einer Freundin, wie Sie auf der Welt keine zweite haben. Hören Sie auf mich. Ihr Ruhm ist mir so teuer wie mein eigener. Retten Sie Europa. *(1. S. 470)*

Jetzt aber raubte ihr sein bevorstehender Besuch den Schlaf. Ihr Körper ließ sie im Stich, Zahnschmerzen, Fieber, ein Auge vom Rheumatismus befallen. Frau von Berg sollte für sie beten:

> Ich könnte mich mit meinen Händen zerreißen, so wie mein Inneres zerrissen ist durch Kummer und Sorge. Gott lindere diesen Zustand bald. *(30. S. 371)*

Das Wiedersehen führte zu einem fulminanten Ergebnis. Zwar blieb Luise ihrer Liebe insofern treu, als sie Alexander nach Erfurt schrieb, er werde auf seiner Heimreise nach Petersburg in Königsberg sehnlich erwartet, in einem Schreiben an Frau von Berg aber tat sie den Ausruf wie einen Befreiungsschlag:

> Gekränktes Selbstgefühl, edler Stolz komt herbey, stärket mich! Er kann nicht lieben, er kent nicht waß wahre Liebe ist, waß Seelen Liebe ist! Beßeres Selbst erwache, stärke, Räche mich. – *(34. Nr. 23a. S. 3)*

Zu diesem Appell ermannt sich der Brief »Königsberg, 1. Oktober 1808«, der in Berlin im Geheimen Staatsarchiv ruht und in stillschweigender Übereinkunft von allen tabuisiert worden ist, die sich seit zweihundert Jahren zu der Königin äußern. Er verkündet den Sieg über die Leidenschaft, blickt zurück auf die langjährige Leidenszeit und begrüßt eine neue Freiheit. Der Brief nimmt Abschied von Alexander.

Frau von Berg empfing die grandiose Nachricht, daß Luise zu sich selber gekommen sei. Sie habe sehr gut geschlafen und fühle sich gut, ihre Seele sei an ihrem Platz und die Erinnerung an den Geliebten mache ihr nicht mehr zu schaffen:

> Son Souvenir ne vient plus me troubler, j'ai très bien dormi, je me porte bien et mon Ame est dans l'assiette.
> *(34. Nr. 23a. S. 4)*

Sie litt nicht mehr. Die Glückskatastrophe war eingetreten, daß ihre Passion sie verlassen hatte. So durfte Frau von Berg die Nachricht verstehen. Das Zarenlied war ausgesungen.

Der Choral »Wie schön leucht' uns der Morgenstern«, dem die beiden Damen den geheimen Sinn einer Alexander-Hymne unterlegt hatten, durfte künftig wieder reinen Herzens angestimmt werden, wenn ihn die Orgel sonntags beim Gottesdienst intonierte.

Tiefer konnte kein Ideal stürzen als Alexanders Bild im Herzen der Königin. Ihr Brief sagte es rundheraus. Alexander liebt nicht. »Il ne sait pas aimer.« Er ist unfähig zu einem hohen Gefühl. Der Sinn für die geistigen Vorzüge eines Menschen geht ihm ab. Wie es möglich sei, fragte Luise sich und ihre Adressatin, daß er keine Ahnung von ihr habe, nichts von ihrer Seele, ihrem Herzen und ihren Gefühlen wisse, obwohl er sie nach allen Begegnungen doch bis auf ihren Grund erkannt haben müßte? Das Resümmee schrieb sie in deutscher Sprache nieder:

> Gott hat ihn auf meinen Lebensweg gestellt wie einen bösen Dämon. *(34. Nr. 23a. S. 6)*

Voller Schauder und Zorn erinnerte sie sich an das Abschiedsessen damals in Potsdam, ehe er in den Krieg aufbrach, Herbst 1805, um gemeinsam mit Österreich den Kaiser der Franzosen herauszufordern:

> Das letzte Soupé eine Stunde vor seiner Abreise, als ich neben ihm saß, niedergeschlagen vor Schmerz und Kummer, und vor Liebe zu sterben meinte [me mourant d'amour], er aber die Aufmerksamkeit der Zuschauer zu fesseln versuchte, die um den Tisch kreisten, der Tänzerinnen und der anderen, und an mich kein Wort wendete, als würde es mich gar nicht geben. *(34. Nr. 23a. S. 6)*

Da der Brief dann jedoch einen Tag liegengeblieb, enthielt er noch eine Hinzufügung, die vom 3. Oktober stammte:

Gestern hatte ich einen unverzeihlichen Moment der Schwäche. Wir erfuhren, Napoleon habe eine französische Theatertruppe aus Paris nach Erfurt kommen lassen, die allerschönsten Mädchen seien ausgewählt worden, um auf der Szene zu erscheinen. Da ergriff mich eine unaussprechliche Unruhe. Mich packte die Eifersucht. Stellen Sie sich das vor, lieber Berg. *(34. Nr. 23a. S. 7)*

In der Mittelloge im Theater in Erfurt

Erfurt war 1802 im Vollzug der Gebietsumverteilungen im Reich an Preußen gelangt, 1806 dank einer kampflosen Kapitulation der Verheerung entkommen und 1807 durch den Tilsiter Frieden dem Sieger zuerkannt worden, der dort im Herbst des folgenden Jahres ein Gipfeltreffen mit dem russischen Zaren und den Rheinbundfürsten abhielt, eine glanzvolle napoleonische Veranstaltung auf Europas Theater, ehe er im Anschluß daran zu den spanischen Schlachtfeldern aufbrach.

Luise hatte richtig gehört. Die Comédie Française aus Paris schickte ihre besten Kräfte zu dem Kongreß. Die deutschen Schauspieler machten den französischen Platz, und die hohen Tragödien, deklamiert in den höchsten Tönen, bewirkten Momente von anekdotisch-historischer Einprägsamkeit.

Erklang von der Szene herab das Herrscherlob, wie es Corneille, Racine und Voltaire ihren Figuren in den Mund legten, so richteten sich aller Augen auf den Gastgeber, den mächtigsten Mann des Kontinents. Sprach Cäsar auf der Bühne die großen Worte, er wisse, wie man Krieg führt und siegt, aber nicht, wie man haßt, lenkte er die Blicke der Zuschauer zwangsläufig auf den Korsen, der jetzt den Krieg und den Sieg in seiner Person vereinte. Als dann aber Voltaires »Ödipus« gegeben wurde und Talma in der Rolle des Prinzen von Euböa an die Rampe trat, um den Retter und Gönner zu rühmen, den fabelhaften Alkides, vor dessen Namen das Universum erzittert, war gleich zu Beginn im ersten Akt der Augenblick für den Zaren gekommen. Der Vers aller Verse lieferte ihm das Stichwort:

> L'amitié d'un grand homme est un bienfait des dieux. –
> Die Freundschaft eines großen Mannes ist ein
> Göttergeschenk.

Alexander erhob sich von seinem Sessel, verbeugte sich vor Napoleon und reichte ihm die Hand, woraufhin sich die beiden Kaiser im Angesicht des Hauses umarmten. Das Kongreßpublikum, das die dreihundert Plätze füllte, übernahm die Rolle des europäischen Zeugen. Der Jubel entsprach der Erwartung.

Auf seiner Heimreise schaute Alexander bei seinen Königsberger Freunden vorbei, erstattete ihnen Bericht und lud sie zu sich nach Hause nach Rußland ein.

Luises Distanz zu den Reformern

Der Besuch Friedrich Wilhelms III. in St. Petersburg, Januar 1809, wurde auf Drängen der Königin unternommen. Luise hatte keine Ruhe gegeben, und der König hatte schließlich Ja gesagt. Absolut dagegen war der Minister des Königs gewesen, der Freiherr vom Stein, der das politische Signal so kurz vor dem nächsten Krieg für verfehlt hielt. Von einer privaten Freundschaftstour konnte keine Rede sein. Alexander war kein Freund im einfältigen Wortsinn, sondern Napoleons Bundesgenosse. Wer ihn besuchte, unternahm keine sentimentale Reise, sondern setzte ein politisches Zeichen. Stein aber hatte nicht mehr die Macht, es zu verhindern. Seine Ära näherte sich nach fünfzehn Monaten ihrem Ende.

Die Regierungskrise hatte im Spätsommer 1808 nur noch einen Auslöser gebraucht, um den Anfeindungen des Ministers zum Durchbruch zu verhelfen. Steins Politik und Persönlichkeit, der Reformkurs ohne Kompromisse und der Charakter ohne Gefälligkeit, waren der tiefere Grund, und eine Nachlässigkeit wurde Steins Malheur. Wie konnte man einen Brief, der sich unchiffriert in Spekulationen über Preußens Erhebung gegen Napoleon erging, quer durch die französisch okkupierte Zone von Königsberg nach Hamburg befördern lassen? Der Bote wurde geschnappt, und das Desaster war da. Die anstößigen Passagen des Briefes an Wittgenstein bildeten im durchformulierten Klartext den Inhalt einer Denkschrift vom August 1808, die dem König vorlag. Sie teilte ihm Steins Überzeugung mit, daß in der Nation der Unwille gegen den Unterdrücker genährt und gefördert werden müsse:

> Man muß sie mit dem Gedanken der Selbsthilfe, der Aufopferung des Lebens und des Eigentums, das ohnehin bald ein Mittel und ein Raub der herrischen französischen Nation wird, vertraut erhalten, man muß gewisse Ideen über die Art, wie eine Insurrektion zu erregen und zu leiten sei, verbreiten und beleben. *(13. S. 124)*

Beschwichtigend fügte der Verfasser hinzu, die Regierung brauche dabei ja nicht gleich als die treibende Kraft in Erscheinung zu treten, werde aber dann zur gegebenen Zeit von dem in der Bevölkerung geschürten Geist profitieren. Die Frage, ob der Minister im Amt bleiben könne und klugerweise bleiben sollte, wurde weit über den Kreis der Entscheidungsträger hinaus zum Politikum Nummer eins: Steins Konservation (Erhaltung) – ja oder nein?

Hardenberg, dessen leidvolle Entfernung aus der Nähe seiner Herrschaften nun schon ein und ein viertel Jahr andauerte, gab aus dem Hintergrund Laut. Es sei ein höchst unseliger Vorfall mit dem aufgefangenen Briefe. Wie der Minister Stein auf seinem Posten ausdauern könne, ohne Napoleons Eifer gegen Preußen zu reizen, sei ihm, Hardenberg, schleierhaft.

Keine Stimme war dem König und der Königin so teuer wie diese, kein Ratgeber wurde so sehnlich herbeigewünscht wie er. Man mußte ihn sprechen. Er verließ sein Refugium in Tilsit und näherte sich Königsberg. Seine Vermittler waren der Oberfinanzrat Freiherr von Altenstein und Altensteins Schwager, der Legationsrat Nagler, der bei der Königin die Vertrauensstellung eines Sekretärs innehatte. Die Aussprache wurde für den 11. November vereinbart. Einen Tag vorher traf Hardenberg mit Altenstein zusammen. Dann aber wollte es der Zufall, daß er und die Majestäten einander unvermutet unterwegs begegneten: ein Wiedersehen im Vorübergehen und eine heftige Gemütsbewegung auf beiden Seiten. Die Oberhofmeisterin Voß schrieb in ihr Tagebuch:

> Er [Hardenberg] hat geweint, und der König, der ihn von weitem sah, hat zu Hause in seinem Zimmer ebenfalls Tränen vergossen. Die Königin hat ihm geschrieben. Morgen wird man sich sehen. *(86. S. 614)*

Alles war streng geheim, konspirativ und weit nach draußen verlagert. Womöglich fand die Besprechung unter freiem Himmel statt. Die Ortsangabe lautet in Hardenbergs Überlieferung »Konferenz auf dem Feld bei Kalgen«.

Stein selber war nicht mehr die vordringliche Sorge. Sein Bleiben oder Gehen hing ebenso wie die Nachfolger-Frage von der Hauptsache ab, über die zu beraten und zu entscheiden sein würde: den politischen Kurs. Die Alternative zu der drängenden Politik war die abwartende Taktik, die dem Volk zwar für alle Fälle die Opferbereitschaft ans Herz legen, ihm aber auf keinen Fall die Insurrektion nach dem spanischen Muster gestatten würde, das Kriegführen auf eigene Faust. Ein Papier, das Hardenberg als Gesprächsgrundlage diente, ausgearbeitet von Altenstein, betonte die Gefahr, eine Volkserhebung könne leicht zu einem Flächenbrand werden. Zur Person des Steinschen Parteigängers und engen Mitarbeiters, des Oberfinanzrates Theodor Schön, dessen Aufrücken an die Regierungsspitze der Kollege Altenstein befürchtete und unter allen Umständen verhindern wollte, teilte er Hardenberg mit:

> Herr von Schön hat sich verschlimmert. Es ist gewiß, daß niemand mit ihm auskommen kann. Er verfolgt das gefährliche System [die Aufwiegelung der Bevölkerung] und ist ganz darin. Er hat kein Attachement an den König, wohl aber für die Idee der Gewalt des Volks *(78. S. 993 f.)*

Altensteins Diagnose, die praktisch einer Anklage auf Hochverrat gleichkam, lautete, daß der Minister und seine ihm gleichgesinnten Freunde das Volk über den Regenten erheben. In einem späteren Brief, verfaßt im Juni 1810, einem persönlichen Rechtfertigungschreiben an den König, äußerte sich der Generaloberst Neithardt von Gneisenau grundsätzlich zu dem Gebot der Not:

> Man hat mir revolutionäre Plane schuld gegeben. Wenn man damit meint, daß ich auf die Stimmung des Volks zugunsten der Maßregeln der Regierung zur Wiedererlangung der Unabhängigkeit wirken wollte, so hat man recht, mich einen Revolutionär zu nennen. Frankreich ist die unterdrückende Macht. Gegen diese aufgedrungene

> Gewalt wollte ich freilich insurgieren, und da griff ich freilich in das Zeughaus der Revolution. *(29. S. 150)*

In Königsberg engagierten sich die radikalen Patrioten öffentlich für Steins Verbleiben im Amt. In der »Königsberger Zeitung« las man am Morgen des 27. Oktober 1808 ein Gedicht, das unter dem Titel »An den, dem es gilt« mit dem Zuruf anhob:

> Fest, Edler, steh! ein Fels, an dem in grausen Wettern
> Des Sturmes Grimm vertobt, der Wogen Drang sich bricht.

Der Angeredete war der Minister Stein. Die Strophen, dreimal vier Verse, sollten ihm den Rücken stärken und den König vor Steins Entlassung warnen. Die Schlußverse riefen den Monarchen mahnend in der dritten Person an:

> O mög er sorgsam Dich, dem Volk zum Heil, bewahren,
> Dich, seines Diadems kostbaren Edelstein! *(76. S. 344)*

Der Verfasser, Johann Wilhelm Süvern, Philologe und Historiker an der Universität Königsberg, war ein Altersgenosse der Königin und wurde von ihr verehrt. Sie hatte das Frühjahr über bis in den Sommer hinein gewissermaßen ihm zu Füßen gesessen, zwar nicht persönlich sein Kolleg besucht, wohl aber die Hefte mit seinen Verlesungen studiert, die sich über den Beginn von Europas Geschichte verbreiteten. Dabei war ihr in der ländlichen Stille, in der das Königspaar in aller Bescheidenheit den schönen Teil des Jahres verbrachte, ihre alte Sehnsucht wieder bewußt geworden:

> und doppelt fühl' ich mich hingerissen, die Aufgabe meines Lebens: mich mit klarem Bewußtsein zur innern Harmonie [letzteres unterstrichen] zu bilden, nicht zu verfehlen, sondern ihr zu genügen. *(30. S. 349)*

Es war wie damals in Darmstadt bei der Lektüre des herrlichen Buches von Moses Mendelssohn gewesen, noch einmal das Aufflammen der Begierde:

> Meine Seele wünscht außerordentlich sich zu bilden und sich nützliche Kenntnisse der Menschen des Geistes der vergangenen Welten zu sammeln. Verhelfen Sie mir dazu, ich bitte Sie. *(30. S. 44)*

An die Stelle des wegweisenden Darmstädter geistlichen Inspektors Lichthammer trat der Königsberger Kriegs- und Domänenrat Scheffner: Eine Persönlichkeit aus dem Zeitalter Friedrichs des Großen, Vertreter der Generation des Prinzen Heinrich, aber nicht französisch-, sondern deutschsprachig, durch und durch Bürger, Kämpfer gegen den Dämon des Feudalismus und in diesem Sinn Verfasser von politischer Lyrik, Patriot, Napoleon-Hasser seit Jena/Auerstedt, Befürworter der Ideen und Reformen des Ministers Stein, Mitglied in der Loge zu den drei Kronen zu Königsberg in Preußen, Gastgeber in seinem berühmten Garten vor den Toren der Stadt, vormals Gesprächspartner von Kant, Hippel, Hamann und Kraus, nachmals von Zacharias Werner, Achim von Arnim, Heinrich von Kleist, Max von Schenkdorff und Ernst Moritz Arndt, der ihn das Orakel von Königsberg nannte. 1808 war er der Betreuer der Königin Luise bei ihren Studien. Sie konnte ihn nach der Vergangenheit fragen. Welche Kriege waren die Punischen, welche Unruhen waren die Gracchischen, welches Zeitalter nennt man das der Germanen? War es das, wo die schöne, edle Ritterzeit zu ihrer höchsten Blüte gedieh?

Scheffner vermittelte Luises persönliche Bekanntschaft mit Süvern, und die Königin antwortete dem Universitätsprofessor, der ihr beteuerte, wie sehr ihr Urteil über seine Exkurse ihn ehre, daß die Meinung einer Ignorantin für ihn keinen Wert haben könne:

> Aber der Gedanke möge ihm als Entschädigung dienen, daß er in diesen schrecklichen Zeiten des Unglücks und der Tränen dazu beigetragen habe, jemandem glückliche Stunden zu verschaffen, der mit soviel Dankbarkeit von ihm lerne ... *(30. S. 360)*

Zu dem Verfasser des Zurufs an Stein, »Fest, Edler, steh!«, hätte die Königin so nicht mehr sprechen können. In welcher genauen Verbindung er zu dem Minister stand, konnte sie nicht wissen, aber eine Verbündung ahnen, die über das bloße Sympathisieren hinausging. Tatsächlich gehörte er dem verschworenen Zirkel der politischen und militärischen Patrioten an, die sich jede Woche zu einer Geheimsitzung versammelten. Stein, Scharnhorst und Gneisenau waren ebenso mit dabei wie Theodor von Schön, der in seinen Erinnerungspapieren darüber schrieb:

> Wir hatten uns durch Handschlag verpflichtet, ohne daß etwas niedergeschrieben werden durfte, Mittel zu suchen, durch welche die Schmach, welche auf unserem Vaterlande saß, entfernt werden könnte. *(89. S. 11)*

Die schöne Frau aber, von der man sich denselben Ingrimm erhofft hatte, war von den Patrioten abgerückt. Auch der besonnenste Staatsmann konnte sich nicht staatsklüger verhalten als Luise. Sie distanziert sich von den Vaterlandsfanatikern und wechselte zu derjenigen preußischen Politik hinüber, die Napoleon zu besänftigen, sein Mißtrauen durch gutes Betragen zu mindern und seine Forderungen zu erfüllen suchte. Hardenberg war im Hintergrund der Spiritus rector dieses diplomatischen Kurses. (Wäre es Napoleon eingefallen, um eine preußische Königstochter zu freien, hätte man sie ihm nicht verweigert. Luise spekulierte darüber ausführlich in einem Brief an ihren Vater und betrachtete es nachträglich als eine gnädige Fügung des Himmels, daß ihr erstes Kind eine Totgeburt gewesen war. Wäre das Mädchen am Leben geblieben, hätte es inzwischen annährend das richtige Alter für einen solchen Handel gehabt.)

Ihre Abkehr vom Widerstand hat Luise nirgendwo klar ausgesprochen oder gar schriftlich deklariert. Die Anweisung an Berlins obere Autoritäten, allen frevelhaften Unruhestiftern entgegenzuwirken, wurde vom König unterzeichnet. Seine Frau hatte damit nichts zu schaffen. Die Königin gab keine Erklärungen ab, sondern beteiltigte sich wie bisher auch weiterhin auf ihre stille Art am politischen Leben. Allenfalls nach dem Abschluß eines Vorgangs ließ sie ihre Beteiligung durchblicken. Der franzöische Konsul in Königsberg, Monsieur Clérambault, berichtete nach Paris, sie habe ihn über ihre Mitwirkung am Sturz des Ministers Stein informiert und dabei auch den Namen ihrer Oberhofmeisterin genannt, der Gräfin Voß.

Luise konnte zu Stein unmöglich ein Vertrauensverhältnis entwickeln wie zu Hardenberg. Alles an seinem Charakter sprach dagegen. Seine Denkschrift vom Frühsommer 1806 hatte ihr einen Politiker offenbart, vor dessen Schroffheit sie erschrecken mußte. Aber sie war ihm 1807 bei seiner Rückkehr in den Dienst des Königs ebenso entgegengekommen wie er ihr. Die Vermittlerin war Frau von Berg gewesen. Sie hatte Stein, der nun zum zweiten Mal die Rettung des Landes übernehmen sollte, auf die Notwendigkeit hingewiesen, mit der Königin zu kooperieren. Eine wechselseitige Annäherung bahnte sich an, und Luise war hart gegen sich selbst. Sie wollte vor Stein bestehen und suggerierte sich eine Hochschätzung, die sie dem gestrengen Herrn entgegenbrachte, obwohl er ihr wesensfremd war und ihr schon bald mit seinen Forderungen das Leben erschwerte.

Der Minister hielt es für seine Pflicht, in die innersten Angelegenheiten der Königsfamilie einzugreifen. Er befand den kronprinzlichen Erzieher Delbrück für unzulänglich, forderte dessen Ablösung und setzte sie durch, womit eine erhebliche Störung des häuslichen Friedens verbunden war. Dem Auge des Reformators entging kein Übel im königlichen Familienschoß, und keine Sache war ihm zu heikel, um sie nicht beim Namen zu nennen. Die eingesessenen Hausgeister wurden von ihm als Schadenstifter entlarvt, so der General Köckritz als das Hauptwerkzeug der inländischen Kabalen und das Wohnzimmer der Frau von Voß als der öffentliche Umschlagplatz geheimster Informationen. Damit hatte er sich die beiden untereinander verfeindeten Chargen zum gemeinsamen Gegner gemacht.

Der grundsätzliche Dissens betraf das Volk. Steins soziale Reformen zielten auf die Hebung und Förderung aller Stände ab, forderten vom Adel den Verzicht auf mittelalterliche Privilegien und erstrebten Preußens Eintritt in die Neuzeit, auch wenn an die Forderung gleicher Rechte für alle derzeit noch nicht zu denken war. Im Kampf gegen die Franzosenherrschaft aber betrachtete Stein das Volk als den künftigen Partner des Königs und gab Friedrich Wilhelm zum Abschied den Rat, die entsprechenden physischen und moralischen Mittel im Innern vorzubereiten, um beim Ausbruch eines Krieges die französischen Ketten zu brechen. Aus der Sicht des Königs jedoch waren und blieben die Menschen zunächst und vor allem Untertanen. Sie waren seine Subjekte und würden mit einer Insurrektion, egal gegen wen, seine absolute Hoheit verletzten. Sogar der Berliner Aufruf vom Oktober 1806 – »Jetzt ist Ruhe die erste Bürgerpflicht« – hatte sich im Vergleich zu der Haltung des Königs fortschrittlich ausgedrückt. Er wandte sich nicht an die Untertanen, sondern an die Einwohner der Stadt, und appellierte nicht an ihren Gehorsam, sondern an ihre Einsicht. Der Königin aber, der während ihrer letzten Nacht in Berlin das gebieterische Schreien der Volkshaufen gegolten hatte, mußte es vor einem Staatsmann grauen, der wie Stein mit denen dort unten paktierte. Rückblickend auf die heiße Phase der Königsberger Debatte, schrieb Luise an ihren Bruder, um ihr langes Schweigen ihm gegenüber zu rechtfertigen:

> Frage doch die Berg, wie sie mich verließ, frage sie, wie ich gekocht war, wie gepeitscht von Angst, Verdruß, Verachtung, wie mein Gefühl gekränkt war, wie die Familie miserabel war, wie Parteigeist sich ihrer bemächtigte. Wie konnte ich da schreiben, ich wollte nicht schreiben. *(30. S. 400)*

Gemeint sind die Verwandten des Königs, die sich für die Erhaltung des Ministers eingesetzt hatten, unter ihnen die Prinzessin Wilhelm und die Prinzessin Louise Radziwill, Angehörige sowohl des engsten Familienkreises als auch der patriotischen Avantgarde. Die Königin hingegen war einer Aussprache mit dem Minister aus dem Weg gegangen. »Kalt, zweideutig und zurückhaltend« nannte er das Betragen, das sie gegen ihn während der Schlußperiode seiner Verwaltung an den Tag gelegt hatte. Sein Urteil über sie, das er noch zu ihren Lebzeiten niederschrieb, steht an der Spitze aller kritischen Stimmen, die sich je zu Luise geäußert haben:

> Die Königin hat liebenswürdige, angenehme Formen, ein gefälliges Betragen, aber wenige und nur oberflächliche Bildung, vorübergehende Gefühle für das Gute, sie ist gefallsüchtig, ihr fehlt die Zartheit des Gefühls für Würde und Anstand, und sie erfüllt sehr unvollkommen und nachlässig ihre Pflichten als Mutter. Als Gattin opfert sie ihre Zeit und ihre Neigung ihrem Gemahl auf, der an sie durch Gewohnheit gefesselt wird, der ihr alles anvertraut, ohne übrigens auf ihre Meinung besonders zu achten. *(7. S. 158 f.)*

Luises Talent, das Land an ihre Person zu binden, bleibt hier außer acht. Dabei hätte den Politiker Stein diese Fähigkeit zumindest interessieren müssen. War doch sein Reformprogramm, wie er es zuletzt noch einmal formuliert hat, auf das Vertrauensverhältnis, ja, auf die Liebesbeziehung zwischen der Monarchie und dem Volk bedacht. So steht es in dem Papier, das als Steins politisches Testament überliefert wird:

> In der Vervollkommnung des Innern setzte ich mein Ziel. Es kam darauf an, die Disharmonie, die im Volke stattfindet, aufzuheben; den Kampf der Stände unter sich, der uns unglücklich machte, zu vernichten; gesetzlich die Möglichkeit aufzustellen, daß jeder im Volke seine Kräfte frei in moralischer Richtung entwickeln könne, und auf solche Weise das Volk zu nötigen, König und Vaterland dergestalt zu lieben, daß es Gut und Leben ihnen gern zum Opfer bringe. *(78. S. 1136)*

Der letzte Konflikt zwischen der Königin und dem Minister betraf die Rußlandreise. Luise setzte ihren Willen durch, und Stein schied aus dem Amt. Seine Zeit in Königsberg war schon abgelaufen, als die Kutschen aus dem dortigen Schloßhof rollten, um den langen Weg durch den Winter zu machen. In St. Petersburg aber hörte man den französischen Gesandten beim Zarenhof, Napoleons General Caulaincourt, hinter knapp vorgehaltener Hand die skandalösen Worte sprechen:

> Il n'y a point de mystère à ce voyage. La reine de Prusse vient coucher avec l'empereur Alexandre. *(74. S. 260)*

Das Ziel der Reise sei klar, die Königin geht mit dem Kaiser ins Bett.

Humboldt kommt nach Königsberg

Anfang Februar 1809 war die Rückkehr des Königs nach Berlin angeblich nur noch eine Frage von Tagen. Friedrich Wilhelm III. war seit dem Aufbruch in den Krieg, September 1806, nicht mehr in seiner Hauptstadt gewesen, und die Bevölkerung freute sich darauf, ihn wiederzusehen. Wäre die Königin nicht krank geworden und die Weichsel nicht über ihre Ufer getreten, wäre er sicher schon da. Die festlichen Aufbauten zu seinem Empfang waren ein Gerüst vor dem Bernauer Tor und entlang seines Weges zum Schloß weitere Stellagen, auf denen Berliner Kinder stehen und singen sollten. Stattdessen erhängte sich ein Schneider in den Kulissen. Wilhelm von Humboldts Bericht aus Berlin an Frau von Humboldt in Rom hob die Lächerlichkeit des Ganzen hervor. Statt der Ankunft des Königs die Verzweiflungstat. Der arme Schneider habe sich, das sei buchstäblich wahr, eines Morgens an einem weit hervorstehenden Nagel in die Arkaden hineingehängt.

Wie ganz Berlin erwartete auch Humboldt die Rückkehr des Hofes in den nächsten Wochen. Dann aber teilte er in jedem seiner Briefe nach Rom einen weiteren Aufschub der Ankunft mit und am 1. April schließlich den Entschluß, er müsse sich nun wohl seinerseits auf den Weg von Berlin nach Königsberg machen, da der König nicht so bald von Königsberg nach Berlin kommen werde:

> Jenseits der Weichsel starrt noch alles in Eis und Schnee. Die Kastanienbäume schlagen da im Julius aus. In Blüten hat man einen im September gesehen. Welch ein Land, gegen das Berlin und Tegel Italien sind! Wenn der Mensch einmal das Gute verläßt, muß es mit ihm immer schlimmer werden. Das fühl ich recht lebendig.
> *(43. S. 130)*

Die Idee, Wilhelm von Humboldt mit der Reorganisation des preußischen Erziehungs- und Bildungswesens zu betrauen, stammte noch von dem Minister Stein und wurde von dem Gelehrten mit Skepsis aufgenommen. Er fühlte sich in Rom zuhause, wo er seit sechs Jahren die preußischen Interessen beim Heiligen Stuhl vertrat. Dort waren seine Kinder heimisch geworden, dort lagen zwei früh verstorbene Söhne begraben, und dort wollten auch er und Caroline von Humboldt einst bei der Pyramide ruhen. Trotzdem fand er sich Mitte April 1809 in Königsberg ein:

> Aber welche horreur, diese Stadt! Welche Wirtshäuser! welch Essen! Es wird immer, immer schlimmer mit mir, liebe Seele, aber hier muß denn doch der Gipfel sein. Der Weg ist abscheulich; Himmel und Sand, Spuren der Verwüstung auch nicht wenige. Von Marienwerder an wird das Land etwas hübscher, höhere Hügel, mehr Laubholz und viele Seen und Wasser. Das Meer sieht man nicht, bloß das Haff, das noch ganz in Eis starrt. *(43. S. 134 f)*

Mehr als ein paar Wochen veranschlagte er jedoch nicht für den dortigen Aufenthalt. Sein Chef, der Minister des Inneren, Graf zu Dohna-Schlobitten, habe prompt bei ihm vorgesprochen: »ein gutes Kind mit einer kindischen Freude mich zu sehen«.

Dohna und der Finanzminister Freiherr von Altenstein teilten sich in das Erbe des Ministeriums Stein. Graf von der Goltz versah nach wie vor das Ministerium des Äußeren. Als ein alter Bekannter war Beyme zurückgekehrt, um das Justizministerium zu übernehmen. Einen intellektuellen Rivalen sah Humboldt in keinem von ihnen. Für sich selber aber hatte er von vornherein beschlossen, daß die Sektion für Kultus und Unterricht, der er im Rang eines Geheimen Staatsrates vorstehen sollte, entweder zur ministeriellen Selbständigkeit gelangen müsse oder seine Direktion nicht von langer Dauer sein werde. Die Rückkehr nach Rom schwebte ihm als das Wahre vor.

Zunächst konnte er auf die Chance, die sich ihm bot, jedoch nicht verzichten. Er stand im 44. Lebensjahr, verfügte bis auf weiteres, bedingt durch die Kriegsfolgen, über kein disponibles Vermögen und mußte sich sagen, daß seine staatsmännische Karriere jetzt überhaupt erst richtig begann. Die Wertschätzung, die ihm entgegengebracht wurde, war hoch. Schon sein erster Brief, den er von Königsberg nach Rom schickte, wimmelte von Namen. Selbstverständlich hatte auch Humboldt gleich anfangs die alte Voß in ihrem Wohnzimmer aufgesucht. Frau von Humboldt solle nur ja nicht hierher in diese Hundekälte kommen, ließ sie der Wahl-Römerin ausrichten. In seiner eigenen Sache sah Humboldt ab, daß es nötig sein würde, alle hiesigen Schrecklichkeiten auf sich zu nehmen, um vorwärtszukommen:

> Die Sehnsucht nach Dir, mein teures, süßes Herz, ist ja von jedem Ort aus gleich. Aber Dein Bild ist auch hier schon auf meinem Schreibtisch. Das Arme! muß so durch Schnee und Eis reisen. *(43. S. 135)*

Noch ehe seine Zeilen die Adressatin erreichten, befand sich Europa wieder im Krieg. Das Kampfgebiet zog sich wie im Spätherbst 1805 quer durch den deutschen Süden von München bis Wien. An ein Durchkommen war nicht mehr zu denken. Humboldt drückte sich im Hinblick auf das nördliche Deutschland sehr zurückhaltend aus: wie es sich zu dem Kriegsgeschehen und einer möglichen Teinahme daran verhalten werde. Der Aufruf »An die deutsche Nation«, unterzeichnet von dem österreichischen Generalissimus Erzherzog Karl, macht bei den Bevölkerungen Furore, Preußen nicht ausgenommen:

> Deutsche! würdigt Eure Lage! Nehmt die Hilfe an, die wir Euch bieten. Wirkt mit zu Eurer Rettung! Wir verlangen nur die Anstrengungen, die der Krieg für die gemeinsame Sache erfordert. Die österreichische Armee achtet Euch als Brüder, die berufen sind, für dieselbe Sache, die die Eure, wie die unsrige ist, mit uns vereint zu kämpfen. Seid unserer Achtung wert! Nur der Deutsche, der sich selbst vergißt, ist unser Feind. Baut auf mein Wort, das ich schon mehrmals zu Eurer Rettung gelöst habe! Baut auf das Wort meines Kaisers und Bruders, das nie gebrochen worden ist! *(85. S. 117f.)*

Über die Königin berichtete Humboldt seiner Frau, sie habe ihn unbeschreiblich gütig empfangen. Sie sei sehr bewegt gewesen und habe bei dem Wiedersehen geweint. Auch sei sie noch recht schön, ihre Züge durch die Spur der Zeit und des Kummers nur soweit verändert, als sie noch rührender und interessanter erscheinen.

Auf Humboldts Erinnerung an die Zeit vor 1806 legte sich jäh der andere Eindruck. Es ist das verwandelte Bild der Königin, das er in seinen Königsberger Briefen beschreibt: Luise umflort von der Traurigkeit, Luise in der Verbannung, Luise in der Stadt am Ende der Welt und Luise in Tränen, aber zugleich mit den Lebensspuren auch die gesteigerte Beseeltheit, womöglich der Heiligenschein. Die Märtyrerin und der Engel zeichnen sich ab. Die Schwangerschaft der Königin kommt in Humboldts Briefen nicht vor, wohl aber das verklärte Wesen: »unendlich gütig«. Die Heimkehrerin aus St. Petersburg hatte an Frau von Berg geschrieben:

> Ich bin gekommen, wie ich gegangen, nichts blendet mich mehr, und ich sage Ihnen noch einmal: Mein Reich ist nicht von dieser Welt. *(30. S. 403)*

Das kalte Herz

Die Winterreisen zogen sich durch Luises Leben. Zumal seit der Flucht aus Berlin reihte sich eine an die andere, aber keine von ihnen kreuz und quer durch Ostpreußen kam der russischen an bitterer Kälte gleich. Trotz der Einhüllung in Bärenpelze und Festlichkeiten war diese von allen die schlimmste. Draußen dreißig Grad Frost, und drinnen der Gastgeber so tadellos artig und vollendet grausam, als habe er die Königin eigens dazu eingeladen, um sie zurückzuweisen. Sie sollte nicht nur seine Paläste kennenlernen, sondern nun auch wirklich sein kaltes Herz:

> Der Kaiser floh mich, negligierte mich absichtlich; absichtlich war der Triumph der Naryschkina beschlossen, mich kränkt es nicht mehr. Zweimal erinnere ich mich, daß ich so eine kleine crampe au cœur hatte in den ersten Tagen, dann war alles vorbei. *(30. S. 407)*

Das Reise-Tagebuch der Königin ist unter ihren überlieferten handschriftlichen Zeugnissen der ausführlichste zusammenhängende Text, verfaßt auf französich mit deutschen Interjektionen und zum privaten Gebrauch bestimmt:

> Journal depuis Königsberg jusqu'à Pétersbourg.
> 1808/1809. Pour tous ceux que j'aime. *(1. S. 538-553)*

Der Inhalt stellt den Kontrast von Repräsentation und Krankheit dar. Die Königin litt an einer Angina. Die notorische Übelkeit kam dazu. An der nächsten Schwangerschaft, zehn Monate nach der letzten Entbindung, bestand schon kein Zweifel mehr:

> Ach, Zukunft, warum beklemmst du mein Herz! Und warum steigen Tränen der Wehmut in meine Augen? *(1. S. 546)*

Die Termine jagten einander:

> Man begräbt mich in Alexandreneffsky, wenn das so fortgehet. *(1. S. 544)*

Die Prachtentfaltung ist so märchenhaft wie in Tausendundeiner Nacht. Von einer Sintflut von Edelsteinen ist im Tagebuch die Rede, vom Luxus in allen Spielarten, der sich bei den Empfängen, Theaterbesuchen und Galas entfaltet. Dazwischen kehrt der Refrain der Leiden regelmäßig wieder: Flußfieber, Husten, Heiserkeit, Zahnschmerzen. Ein besonderes Lob gilt dem Fest bei dem französischen Gesandten Caulaincourt: »superbe, élégant, charmant«. Und allnächtlich das Resultat: hundemüde, total erledigt!

Geschildert wird aber auch, wie dramatisch sich drei Wochen nach der Ankunft das Abschiednehmen gestaltet hat. Die Kaiserin-Mutter segnet die Königin, die Königin ist der Ohnmacht nahe, die Kaiserin umarmt die Königin und benetzt sie mit Tränen. Der Kaiser hat Mühe, seine Haltung zu bewahren, dem Großfürsten Konstantin stehen die Tränen in den Augen. Die Großfürstinnen überhäufen die Königin mit Zärtlichkeiten. Die jüngste von ihnen weint und ist bleich wie der Tod. Luise strömt über vor Dankbarkeit, während sie der Gedanke beklemmt, daß sie zurück in ihr Unglück nach Königsberg muß.

Der Brief, den sie Alexander schrieb, kaum hatte sie in Memel den preußischen Boden wieder berührt, deklarierte das Defizit. Alles in Petersburg sei traumhaft gewesen, nur habe sie ihn zu wenig gesehen:

> Tout était superbe à Pétersbourg, seulement je vous ai trop peu vu. *(1. S. 472)*

Wenige Monate zuvor hatte sie noch um sein Seelenheil gerungen und die Frage zugleich an Frau von Berg und an Gott gerichtet:

> Grand Dieu, pourqoi ne puis-je être l'ange le Génie Tutelaire de la Vertue! *(34. Brief vom 9./10. Oktober, dritte Seite)*

Schutzengel der Tugend wollte sie für Alexander sein. Aber auch dieser Wunsch blieb auf der Strecke. In Petersburg hatte sie einen Blick in das Familienleben des Zaren getan und faßte ihre Erschütterung in dem Ausruf zusammen:

> Heilige Elisabeth, was leidest du! *(30. S. 407)*

Gemeint war die Zarin Jelisaweta Alexejewna, Alexanders Gemahlin, gebürtig aus Baden. (Sie kam als Vierzehnjährige noch unter Katharina der Großen an den Zarenhof, um dem Großfürsten Alexander angetraut zu werden, der, zwei Jahre älter als sie, von ihr nicht begeistert, aber von dem sylphenhaften Charme der Prinzessin doch so bezaubert war, daß er sich ein bukolisches Leben mit ihr in einer milden Gegend am Rheinufer gut vorstellen konnte). Der Königin Luise begegnete die Dreißigjährige, hinter der die Tode ihrer kleinen Kinder lagen und der die Naryschkina gegenüberstand, Alexanders Favoritin mit einem Söhnchen und einer Tochter. Luise veranschlagte ihr eigenes Leid gering, gemessen an dem ihrer Cousine, der sogleich ihre enthusiastische Neigung galt. Was die Kaiserin von Luise hielt, steht in einem Brief, den Jelisiweta Alexejewna nach Hause an ihre Mutter schrieb:

> Die Königin ist kein bißchen arrogant und erinnerte mich in allem an den Darmstädter Zweig, von dem sie abstammt. Der König ist genauso natürlich wie sie, so daß man gut

> mit ihm auskommt. Zwischen ihm und ihr waltet ein Einverständnis, das mir gefällt. Trotz der Jahreszeit ist der Kaiser viel mit dem König und den Prinzen ausgefahren. Die Königin aber hat nur das Innere des Schlosses gesehen und auch das nicht richtig, weil die meisten Trakte ungeheizt sind. Sie ist nämlich verfroren und dazu etwas faul, so daß sie Petersburg in Wirklichkeit gar nicht kennengelernt hat. Wie sie zu dem Ruf gekommen ist, affektiert und kokett zu sein, ist mir ein Rätsel. Nicht einen Schatten davon habe ich auch nur einen Moment lang an ihr bemerkt. Sie ist die Herzlichkeit selbst und eigentlich von Natur aus außerordentlich lustig. In der hiesigen Gesellschaft war sie ganz an ihrem Platz. Äußerlich ist sie belle femme, aber noch dicker sollte sie besser nicht werden. Tatsächlich wirkt sie eher fett als mager. Allerdings befand sie sich auch am Beginn einer Schwangerschaft, die ihr während der Zeit hier so zu schaffen gemacht hat, daß ihre Augen müde und glanzlos waren. Diejenigen, die ihr zuletzt vor zwei Jahren begegnet sind, fanden sie ziemlich verändert, was aber auch kein Wunder wäre. *(1. S. 553 ff.)*

Das letzte Jahr in Königsberg

Zu der schwebenden Frage, ob Preußen an Österreichs Krieg gegen Napoleon teilnehmen sollte oder nicht, enthielt sich die Königin vorsätzlich ihrer Stimme. Ihrem Bruder George schrieb sie, die Meinungen in der Politik seien so geteilt wie im Jahr 1805, aber von ihr werde man dazu kein Wort hören:

> Ich weiß, was ich will, doch kömmt nichts mehr über meine Lippen, da mein Rat so fürchterliche Folgen gehabt [anno 1806]. *(30. S. 408)*

Dem Außenminister von der Goltz, der für Preußens Kriegseintritt plädierte, gab sich die Königin als seine Gesinnungsgenossin zu erkennen: auch sie würde einen Untergang in Ehren einem schmählichen Ende vorziehen. An der Entscheidung selber aber wirkte sie nicht mit. Patriotische Gefühle behielt man jetzt besser für sich. Denjenigen Schriftstellern, die sich offen zu ihnen bekannten, wurden sie von der Zensur aus den Texten herausgeschnitten; zum Beispiel aus Friedrich Schlegels Gedichtband, der eben in Berlin erschienen war, das vaterländische Gelübde:

> Ja, sinken wir der Übermacht,
> So woll'n wir doch zur ew'gen Nacht
> Glorreich hinüber wallen.
> *(85. S. 75 f.)*

Während sich der Krieg im Süden noch einmal auf der Strecke von 1805 entwickelte und ihn von dem Schlachtfeld bei Austerlitz schließlich nur noch wenige Meilen trennten, ließ der König in Königsberg sein Dabeisein oder Nichtdabeisein bis zuletzt in der Schwebe, und die Königin trat den Rückzug in die Innerlichkeit an. Von der rumorenden Stimmung im Land fühlten sich die Majestäten existentiell bedroht. Die Nachricht vom Aufbruch des Majors Schill mit seinen Husaren zur eigenmächtigen Kriegführung gegen Westfalen rief bei der Berliner Bevölkerung unermeßlichen Jubel, bei dem König an seinem fernen Regierungssitz die schärfsten Töne der Entrüstung hervor, die auch in den Briefen der Königin widerhallen: »L'affreux et impardonable décampement de Schill.« Erhoben sich aber die Tiroler gegen das Bayernjoch, das ihnen Napoleon auferlegt hatte, stand auch in Luises Prosa die alte Begeisterung wieder auf:

> Welch ein Mann, dieser Andreas Hofer. Ein Bauer wird Feldherr! Seine Waffe – Gebet; sein Bundesgenosse – Gott! Er kämpft mit gefalteten Händen, kämpft mit gebeugten Knien und schlägt wie mit dem Flammenschwerte des Cherubs! *(30. S. 425)*

Sie schwärmte von dem Titanenvolk, das Felsbrocken von den Bergen niederrollt, von Spanien und von der Freiheitsheldin Jeanne d'Arc, die ihr der Dichter vergegenwärtigte:

> Ach, auch in meinem Schiller hab' ich wieder und wieder gelesen! Gott, wenn die Zeit der Jungfrau wiederkäme, und wenn der Feind, der böse Feind, doch endlich überwunden würde, überwunden durch die nämliche Gewalt, durch die einst die Franken, das Mädchen von Orleans an der Spitze, ihren Erbfeind aus dem Lande schlugen! *(30. S. 425)*

Die Ferngefühle waren kühn, die Nahgefühle hingegen beklommen. Im eigenen Land wollte man die Freiheitsgeister lieber missen. Sie wurden kalt- oder ruhiggestellt. Den Brigade-Kommandanten in den Garnisonen wurde strengste Disziplin befohlen und jede Reaktion auf politische Nachrichten oder Gerüchte verboten. Den General Blücher, der sich in Pommern mit seinen Truppen schon zum Ausrücken fertig gemacht hatte, offenbar in der Erwartung, der Schillschen Initiative werde von oben her der offzielle Marschbefehl folgen, ereilte eine Rüge wegen der eigenmächtig getätigten Pferdekäufe für die Batterie.

Der König sei seit seiner Rückkehr aus Petersburg übler Laune, steht in dem Lagebericht, den Gneisenau dem Freiherrn vom Stein zukommen ließ. Die Pracht am Zarenhof habe den Heimkehrer empfindlich gegen seine eigenen kleinlichen Verhältnisse gestimmt. Die Mediokrität Friedrich Wilhelms III. brachte der Generalmajor nun auf die kürzeste Formel: Halb seien nicht nur seine Monarchie, sein Schloß und der Roman seines Lebens, sondern halb auch seine Maßnahmen. Im Halben bleibe man stecken.

Diesen trüben Auskünften vom Beginn des Jahres folgten die noch trüberen, nachdem sich die Kämpfe links der Donau auf dem östlichen Wiener Vorfeld zu Napoleons Gunsten entwickelt hatten. Aus Gneisenaus Königsberger Brief vom Juni 1809 an den Kommandanten Graf Götzen in Schlesien, spricht unverhohlen die Frustration:

> Der General von Scharnhorst verfolgt, verleumdet, denunziert, im Begriff von seinem Platz abzutreten. Die Finanzen in grausamer Verwirrung. Alle Geschäftsleute mutlos und kein kräftiger Entschluß von oben. Die Gutgesinnten geben den Kampf auf, und diejenigen, die aus Bequemlichkeitsliebe, Genußsucht oder Feigheit immer gegen den Krieg sprachen, triumphieren. *(29. S. 113)*

Zwielicht, Dämmerung, Dunkelheit. Ebenso undurchschaubar wie die Pläne, die Napoleon für Preußen hegte, waren die einheimischen Parteiungen, die das Land unterhöhlten und die Organisation untergruben. Nicht jeder bekannte sich zu dem, was er dachte, so direkt wie Heinrich von Kleist, der in einem handschriftlich verbreiteten Gedicht, das er »Kriegslied der Deutschen« nannte, für Mord und Totschlag nach dem spanischen Vorbild plädierte. Und nicht jeder Fanatiker trat wie der Naumburger Pfarrersohn Staps mit einem geschliffenen Messer unter dem Rock die Reise nach Schönbrunn zu Napoleons Hauptquartier an. Unter allen Umständen aber hielt die Siegermacht das äußerste Mißtrauen und die höchste Vorsicht für dringend geboten. Die Oberhofmeisterin Voß, deren Ruf bis zu ihrem achtzigsten Lebensjahr fleckenlos gewesen war, geriet in den Verdacht, sie habe den

Kaiser der Franzosen vergiften wollen und eigens zu diesem Zweck eine präpierte Trinkschokolade aus Hamburg bestellt. Napoleons alarmierte Leibwächter gingen der Sache nach und bespitzelten die Seniorin, bis der König persönlich dagegen einschritt und sich in einem Brief an den Marschall Davout die Verdächtigungen verbat:

> des soupçons aussi odieux qu'injustes, jettés sur la Grand-Maîtresse de la Reine, mon Epouse. *(25. S. 98)*

Will man sich Preußen 1809 in der Nußschale vergegenwärtigen, ist das geeignete Objekt dafür die Männergesellschaft, die mit dem Anspruch, ein »sittlich-wissenschaftlicher Verein« zu sein, ins Leben getreten war: eine Königsberger Gründung, genannt der Tugendbund. Dieser Herrenkranz, in der Grauzone zwischen Loge und Untergrund anberaumt, hatte mit königlicher Genehmigung nur knapp zwei Jahre existiert, war aber in der kurzen Zeit zum Trauma der Franzosen geworden, die ihn für den Schoß des preußischen Verschwörertums hielten. Das Bestreben, mit dem der Bund sich legitimierte, war die Überbrückung der Kluft zwischen Bürgertum und Militär. Entsprechend setzen sich seine Mitglieder aus beiden Lagern zusammen, wobei die Offizierskaste überwog. Die Behauptung, der Freiherr vom Stein habe zu den Gründern gehört, konnte nie stichhaltig bewiesen werden. Unbestreitbar ist hingegen die Wühlarbeit des Vereins als ein polizeiähnliches Spitzelorgan, das über verdächtige Personen Buch führte. Zu ihnen zählte zum Beispiel der Königsberger Schutzjude Wolff, wohnhaft am Prinzessinplatz beim Gastwirt Grau, dem Hause des seligen Kant gegenüber, verdächtig deshalb, weil man bei ihm am 15. August zu Napoleons Geburtstag mehr Licht als gewöhnlich im Fenster bemerkt hat, geradezu eine festliche Illumination, die bis tief in die Nacht gebrannt habe. Oder der Inspektor

Berzy, wohnhaft auf dem Tragheim bei dem Inspektor Beroquee, verdächtig, weil er ohnehin als ein leichtsinniger Mensch bekannt ist, neuerdings aber bei politischen Unterhaltungen derart auffällig die Ohren spitzt, wie nur Spione das tun. Oder der Bilderhändler Cararini in der Französischen Straße und der Mann mit der Drehorgel:

> Beide werden von der öffentlichen Meinung für Spione gehalten, und da die öffentliche Stimme selten ganz ohne Grund jemanden verklagt, so ist dieses hinreichend, um die genannten Personen unter Aufsicht zu nehmen *(89. S. 45 f.)*

Fügt man hinzu, was Karl August Varnhagen Jahrzehnte später in seinen Tagebuchblättern unter dem Datum vom 15. Juni 1844 notierte, daß nämlich, wie er kürzlich aus sicherer Quelle erfahren habe, der sogenannte Tugendbund anno 1809 den Schillschen Feldzug finanziert habe und die Königin, vermittelt durch Frau von Berg, die Mitwisserin und Anregerin gewesen sei, so streift einen eine Ahnung der Situation von damals. Königsbergs seriöse politisch-militärische Szene distanzierte sich von dem Tugendbund, war selbst aber kontrovers bis zur wechselseitigen internen Bekämpfung beschaffen. Den patriotischen Reformern, die sich um den Minister Stein bis zu dessen Abgang geschart hatten, opponierte die radikal konservative Gruppe, die für sich den einzig wahren, den uralten und uraristokratischen Patriotismus reklamierte. Ihr gehörte Johann David Ludwig Yorck, der Kommandant der westpreußischen Brigade an, ein Altersgenosse von Stein und einer von Steins grimmigsten Gegnern. Die Königin hatte gewünscht, ihn als militärischen Erzieher für den zwölfjährigen Kronprinzen zu gewinnen, Yorck aber war darauf nicht eingegangen.

Über den verabschiedeten Minister hatte Napoleon den Bannfluch verhängt. Das kaiserliche Dekret, ausgefertigt in Madrid am 16. Dezember 1808, erklärte ihn zum Feind Frankreichs und der Rheinbundstaaten, seine Güter sollten eingezogen werden [Napoleon hielt Nassau irrtümlich für einen Teil von Westfalen], und er selber sollte verhaftet werden, wo immer man ihn im französischen Machtbereich antreffen würde:

> Le dit Stein sera saisi de la personne partout ou il pourra être atteint par nos troupes ou celles de nos alliés.
> *(13. S. 162)*

Der Geächtete erhielt in Berlin von dem französischen Gesandten, St. Marsan, eine Warnung, verbunden mit der Bitte, schleunigst abzureisen. Unterwegs auf der Flucht nach Prag schrieb Stein aus Schlesien an die Prinzessin Wilhelm, Schwägerin des Königs, nach Königsberg:

> Möchte mein Untergang in dem Sturm der Zeit meinem unglücklichen Vaterland nützlich sein, so will ich ihn mit Freuden ertragen. *(13. S. 162 f.)*

Gerüchte um den Prinzen Wilhelm, er sei von der Vorhut der Patrioten zum Haupt einer Verschwörung gegen den König und nach dessen Sturz zum künftigen Monarchen ausersehen, setzten die peinlichsten Nachforschungen in Gang, erwiesen sich aber als gegenstandslos. Nicht ausschließen ließ sich hingegen der Wunsch Friedrich Wilhelms III., sein Amt freiwillig zur Verfügung zu stellen. Über eine mögliche Abdankung wurde gemunkelt. Auch Luise trat dem Gedanken näher, kein gekröntes Haupt mehr zu sein. Die Krone sei ihr nicht das Höchste auf der Welt, schrieb sie an ihre Cousine

Jelisaweta Alexejewna. Unter mehrfacher Anflehung der Adressatin, den Brief zu verbrennen, beendet sie ihn mit der Feststellung:

> Ich habe das Abendmahl genommen und alle meine weltlichen Anliegen Gott zum Opfer gebracht unter tausend heißen Thränen. *(1. S. 490)*

Heimkehr und Tod

Dreimal war Luise nach Ostpreußen unterwegs gewesen: 1798 zur Krönung nach Königsberg, 1802 zum Treffen mit dem Zaren in Memel und 1806 auf der Flucht vor Napoleon, der ihr nacheilte, sie einholte und in Tilsit anhörte, aber ihre Fürbitte für Preußen an sich abperlen ließ. Danach verstrichen bis zur Heimkehr weitere anderthalb Jahre. Die letzte Verzögerung hatte die glücklichste Ursache. Ein weiterer Stammhalter, Prinz Albrecht, war am 4. Oktober 1809 zur Welt gekommen. Der Aufbruch aus Königsberg erfolgte zur gegebenen Zeit am Ende des Jahres.

Mit fünf Kindern hatte die Königsfamilie Berlin verlassen, mit sieben Kindern kehrte sie am Tag vor Weihnachten zurück und wurde vor ihrem Palais Unter den Linden von dem Senior des Hauses erwartet, Prinz Ferdinand, dem letzten und jüngsten aus der Geschwisterreihe Friedrichs des Großen. Der General Ludwig von Reiche berichtet als Augenzeuge in seinen Erinnerungen, Friedrich Wilhelm III. sei, als er den Oheim erblickte, im Galopp auf ihn zugesprengt, vom Pferde gesprungen und dem Greis in die Arme gesunken. Nach einer Abwesenheit von mehr als drei Jahren überschritten der König und Königin wieder die Schwelle ihres Hauses. Zur Abnahme der Truppenparade traten sie noch einmal ins Freie hinaus:

> Der Jubel des Volkes war unbeschreiblich und stieg aufs höchste, als die Königin vom Balkon herab dem Volke mit ihrer Silberstimme dankte und herzliche Worte an dasselbe richtete. *(81. S. 285)*

Der König beschäftigte sich in den Tagen zwischen Weihnachten und Neujahr mit der Neugestaltung der höfischen Rituale, Courtage, Hoffähigkeit, Präsentation, Hofkleidung et cetera, vor allem aber mit der Reform der Orden. Zu den großen Hausorden vom schwarzen und roten Adler, die bislang nur durch den Offiziersorden Pour le mérite und die goldene und silberne Verdienstmedaille ergänzt worden waren, kamen zwei neue Klassen des roten Adlerordens dazu. Die ersten Träger wurden bestimmt, Zivilpersonen und Militärs, unter ihnen der Brigadekommandeur Yorck, derselbe, den die Königin gern für ihren Sohn als militärischen Lehrer gewonnen hätte. Das Ordensfest sollte schon Mitte Januar stattfinden. Der alte Soldat aber wäre am liebsten nicht zu der Verleihung erschienen. Die bunt gemischte Auswahl der Empfänger mutete ihm ein Defilé gemeinsam mit Vertretern aller möglichen Sparten zu, Söhnen wer weiß welcher Musen: er neben Iffland! So tief war Preußen gesunken.

Der Geburtstag der Königin wurde von Napoleons Ultimatum überschattet. Es stellte den König vor die Wahl, entweder seiner versäumten Kriegsschuldenzahlung unverzüglich nachzukommen oder Schlesien an Frankreich abzutreten. Der französische Gesandte, St. Marsan, berichtete nach Paris, er wisse von gut unterrichteter Seite, daß der König beim Eintreffen der Nachricht sehr betroffen gewesen sei, seinen Ministern vorgeworfen habe, immer nur über ihren Akten zu hocken, statt sich zu tummeln, und sie als Esel bezeichnet habe. Bei der Geburtstagsfeier im Weißen Saal des Stadtschlosses war Preußens Zwangslage das beherrschende Thema und wurde zwischen der Königin und dem Fürsten Wittgenstein hin und her auf der Suche nach einem Ausweg gewendet.

Luise war jetzt vierunddreißig Jahre alt und nach allen Prüfungen so mitgenommen, daß man sie häufig weinen sah, anscheinend auch an diesem Abend, falls Heinrich von Kleists Mitteilung an seine Schwester Ulrike stimmt:

> Ich habe der Königin, an ihrem Geburtstag, ein Gedicht überreicht, das sie, vor den Augen des ganzen Hofes, zu Tränen gerührt hat; *(56a.)*

Der Auftritt des Dichters bei dem Fest, die Überreichung der Verse, die Geneigtheit der Königin, die Handschrift sogleich zu studieren, und dann der spontane Tränenerguß werden nirgendwo sonst außer in Kleists Brief überliefert. Von sich aus aber hat der Auskunftgeber seiner Mitteilung nichts einverleibt, was ihre Glaubwürdigkeit untermauert. Mit der bloßen Feststellung, die Königin habe geweint, war wenig gesagt. Die Königin weinte oft. Ihre tränenfeuchten Augen kamen praktisch in jedem Bericht vor, so daß man sich des Allgemeinplatzes nur zu bedienen brauchte, um ihrem Bild den Anschein von Echtheit zu verleihen. Wie nah der Dichter dem Gegenstand seiner Verehrung tatsächlich gekommen ist, geht aus dem Brief nicht hervor. Greifbar ist nur das Opus selber:

> An Die Königin Von Preussen
> Sonett *(55. S. 202)*

Dem Gedicht liegt das geflügelte lateinische Wort »Per aspera ad adstra« zugrunde; durch den Kampf zum Sieg. Kleists Königin hat das Wort wahr gemacht. Aufsteigend durch die Bitternisse zu den Sternen, ist sie selber zum

Stern geworden. In einer ersten Fassung hatte der Dichter sie mit der Sonne verglichen, die sich siegreich gegen die Wolken durchsetzt. Von der pathetischen Lobpreisung gelangte er zu den verklärten Versen der Schlußfassung:

> Du bist der Stern, der voller Pracht erst flimmert,
> Wenn er durch finstre Wetterwolken bricht!

Den Gedanken dahinter hatte er schon vor Jahren geäußert, als er von der Königin feststellte, sie mache bei dem Krieg, den sie einen unglücklichen nenne, einen größeren Gewinn, als sie in einem ganzen Leben voll Frieden und Freuden gemacht haben würde. Erst jetzt entfalte sich ihr Charakter königlich. Im Sonett werden die Schreckenstage gesegnet, denen man die Erleuchtung verdankt:

> Wir sahn dich Anmut endlos niederregnen,
> Wie groß du warst, das ahndeten wir nicht! *(55. S. 202)*

Hinweise auf Friedrich Wilhelm fehlen. Neben dieser Königin war er nicht mehr am Platz. Luises Apotheose hatte begonnen, während sie selber noch unter den Lebenden wandelte.

Von der realen Situation sah Kleists Geburtstagsgedicht ab. Die Königin und der Dichter waren politisch weit von einander entfernt. Wollte er, der das virulente deutsche Thema, den Freiheitskampf der Germanen gegen die Römer, dramatisch behandelte, zugleich auch seiner Monarchin huldigen, die den vaterländischen Sturm und Drang mißbilligte, mußte er aus ihr eine abstrakte Geniengestalt machen:

> Sie, die, aus giftiger Gewürme Mitten,
> zum Äther aufstieg, mit des Adlers Flug:
> Sie tritt herein, in Demut und in Milde,
> Und sinkt auf Knieen hin, am Altarbilde. *(55. S. 196)*

Luise aber schwebte nicht über den Dingen, sondern engagierte sich wieder politisch, hielt die Verständigung mit Napoleon für das Gebot der Stunde und beförderte Hardenbergs Rückkehr. Der Kaiser hatte eingelenkt. Preußens Zahlungsfähigkeit, der Hardenberg aufzuhelfen versprach, war in Frankreichs Interesse. Friedrich Wilhelm III. konnte seinen Minister voll rehabilitieren. Der königliche Erlaß vom 4. Juni 1810 tat es ihm kund:

> Ich habe beschlossen, Euch zum Staatskanzler zu ernennen, und Euch unter meinen unmittelbaren Befehlen die obere Leitung aller Staatsangelegenheiten zu übertragen. *(73. D. S. 233)*

Dann aber folgte der Zurückberufung des Favoriten in sein Amt wenige Wochen später die Abberufung der Königin aus dieser Welt. Den Untertanen brach bei der Nachricht das Herz. Sie wurde denjenigen, die selber krank und leidend waren, nach Möglichkeit vorenthalten und nur ganz allmählich beigebracht, um den Schock zu mildern. An dem Unstern, der über Preußen waltete, konnte es keinen Zweifel mehr geben. Wilhelm von Humboldt schrieb aus Berlin an seine Frau in Rom:

> Es hat dieses Land wieder ein großes Unglück betroffen, liebe Li. Die Königin ist vorgestern, am 19. Juli, um 9 Uhr morgens gestorben. Sie reiste mit dem König und mehreren ihrer Kinder nach Strelitz zu ihrem Vater und war erstaunlich glücklich über diese Reise. Wenige Tage nach ihrer Ankunft gingen alle nach Hohen-Zieritz, einem Lustschloß des Herzogs. Hier wurde die Königin am zweiten oder dritten Tag krank, und es hieß gleich, es sei eine Lungenentzündung. Von Anfang herein hatte sie ein Lungengeschwür, man fürchtete daher, die Krankheit

> könne in eine galoppierende Schwindsucht ausarten. An so plötzlichen Tod dachte man viel weniger. *(43. S. 439 f.)*

Der Brief endete, wie er mußte, mit Humboldts ängstlicher Frage nach Carolines Befinden:

> Du bist doch auch ganz besser wieder, mein einzig-liebes Leben? Ach, noch jetzt bei dem Tode der Königin ist es mir unendlich schmerzlich aufs Herz gefallen, was ich wäre, wenn es mir wie dem König erginge. Ich vermöchte es nicht auszudenken. *(43. S. 441)*

Klopfzeichen

Die oft wiederholte Feststellung, daß die Königin mitten aus ihrem blühenden Leben heraus zu den Schatten fortgeholt worden sei, erfuhr durch Luises Billette und Briefe vom Frühjahr 1810 eine bedeutsame Nuancierung. Man stellte fest, und die Beispiele sprachen sich schnell herum, daß da und dort die Anflüge einer Todesahnung durch die Zeilen geisterten, sporadisch auftauchten, momentan deutlich, aber trotzdem ungreifbar, nie eine direkte Bemerkung, sondern die Anspielungen als flüchtige Anwandlungen, gelegentlich scherzhaft getarnt. Den Hinterbliebenen dämmerte, daß sie ihnen etwas hatte sagen wollen, wofür es keine richtigen Worte, sondern nur Zeichen gab, etwas, worüber sie sich Gedanken gemacht hatte, aber doch nicht im klaren gewesen war. Am deutlichsten ging aus den Briefen ihr Wunsch hervor, mit denen, die ihr am nächsten standen, ins reine zu kommen. Ihrer Schwester Therese, Prinzessin von Thurn und Taxis, die in Paris an den Festlichkeiten der Vermählung des Kaisers mit der österreichischen Erzherzogin Marie Luise teilnahm, schickte sie einen Brief, in dem sich Hoffnung und Trauer mischten:

> Ja, es gibt Wunden, die unheilbar sind. Könnte ich Dich doch nur einmal noch sehen, um mit Dir zu weinen, welch ein Wiedersehen nach so unaussprechlichen Leiden. Meine Seele ist grau geworden durch Erfahrungen und Menschenkenntnis, aber mein Herz ist noch jung. Ich liebe die Menschen, ich hoff so gern, und ich habe allen, ich sage *allen* meinen Feinden verziehen. *(75. S. 558)*

Ihrer Schwägerin, Prinzessin Wilhelm, schrieb sie an deren Heimatort Homburg:

> Es faßt mich ein unendlicher Schmerz, wenn ich an die Gegend denke, die Du jetzt bewohnst, und ich glaube, es ist Heimweh, das mich manchmal so traurig macht. Es kann auch wohl etwas anderes sein, da alles so anders ist, seit ich nicht mehr dort war. Die Nachrichten sind gut, und doch ist mein Herz so schwer. Ich singe oft das Lied von Theobald, was Du so gerne magst. Kennt man es in Homburg? J'espère que vous ne faites rien, absolument rien, que d'être heureuse. Genieße Dein Glück nur ja recht ungetrübt. *(30. S. 551)*

Ihrem Bruder George schilderte sie schlicht ihren Potsdamer Stundenplan:

> Seit 4 Tagen jagen wir seit des morgens 6 bis 8 Uhr abends in alle Gärten. Nach dem Fraß kann ich vor Menschen kaum Ciesta halten, und bin dann tot. Dann wird gelesen und gearbeitet bis der Thee kömmt, nachher und manchmal auch schon vorher so spazieren gegangen, daß ich vermutlich ganz mager werden werde. Ganz tot kömmt man zu bette, als Murmeltier erwacht man, also nicht menschlich. Kaum kann man sich besinnen, wo man ist und was man ist, gehet die Trommel und der

> General-Marsch kündigt einen greulichen Alarm an. Mensch und Vieh läuft zusammen und marschiert zum Tor hinaus; ich folge im Staub gebückt und fresse, rieche und mache Staub, komme gegen 2 wieder, reiße mir das alte Zeug vom Leib, klebe frisches auf meinen triefenden Leichnam und fahre gleich wieder fort nach Sanssouci, um da zu essen und komme gegen 9 Uhr wieder. Nun schreibe ich in der größten Agitation, denn es ist 12 Uhr und um 1 muß ich geputzt als eine Göttin im Neuen Garten sein. *(75. S. 548)*

Ihrem Vater, dem Herzog von Mecklenburg-Strelitz, kündigte sie am 19. Juni von Berlin aus ihren bevorstehenden Besuch an:

> Bester Päp! Ich bin tull und varucky. Eben diesen Augenblick hat mir der gute, liebevolle König die Erlaubnis gegeben, zu Ihnen zu kommen, bester Vater! Ich bin ganz toll, muß mich aber sammeln, da mir der König eine Menge Aufträge an Sie gegeben hat. Ich glühe vor Freude und schwitze wie ein Braten, denn eben ist es erst nach Tisch ausgemacht worden. *(30. S. 458 f.)*

Ihren Geschwistern schrieb sie:

> Ich bin so glücklich, wenn ich daran denke, daß ich Euch beinah acht Tage in Strelitz sehen werde und die gute Großmama, daß ich ordentlich Krampolini kriegen könnte. Ich verkneif mir aber wahrhaft die Freude, weil so oft, wenn ich mich gar zu ausgelassen gefreut habe, ein Querstrich gekommen ist, und solche Kreuz- und Querstriche wären vraiment affreux jetzt. *(30. S. 460)*

Und dazu in einem Postskriptum:

> Wir bringen keinen Arzt mit; wenn ich den Hals breche, so klebt mir ihn Hieronimy [Leibarzt des Herzogs] wieder an. *(30. S. 461)*

Vier letzte Zeilen richtete die Königin an ihren Vater, während sie unter seinem Dach weilte; spontan eine Herzensergießung kurz vor dem gemeinsamen Aufbruch nach dem Lustschloß Hohenzieritz:

> Mon cher Père, je suis bien
> heureuse aujourdhui comme
> Votre fille et comme Epouse du
> meilleur des Epoux.
> Louise
> Neu Strelitz ce 28 Juin 1810 *(41. S. 167)*

»Die schönste Frau in des Königs Staaten«

Bei der Ankunft der Königin in Berlin bemächtigte sich der Menschenmenge ein tiefes Schweigen. Die Stille setzte sich vom Brandenburger Tor entlang der Straße Unter den Linden ununterbrochen bis zur Schloßtreppe fort, wo der König und der Hof bereitstanden, um den Sarg hinaufzubegleiten. Drinnen im Haus brannte nur im Thronzimmer Licht. Die übrigen Räume lagen im dunkeln oder im halbdunkeln, sofern der Sommerabend noch durch die Fenster hereindrang. Der Betrachter, der sich nicht nur dem Kummer überließ, sondern auch ein Auge für das Schauspiel hatte, registrierte ganze Heere langer Flöre, die ihm aus den Spiegeln entgegenkamen. Gespenstergerüchte hatten sich zugleich mit der Todesnachricht durch alle Schichten der Bevölkerung fortgepflanzt. Wie Schuppen fiel es einem jetzt von den Augen, warum die weiße Frau während der letzten Zeit im Schloß herumgeirrt war. Ebenso erklärte sich das mitternächtliche Orgelspiel, das sich wie von Geisterhand aus der Potsdamer Stadtkirche mit Totenliedern hatte vernehmen lassen – acht Nächte vor dem Morgen des 19. Juli. Rahel Levin, die den Sommer über an Brustkrämpfen gelitten und gemeint hatte, sterben zu müssen, schrieb an ihren Bruder Moritz Robert:

> Ein Glück, ein Ungefähr, daß ich's überlebte. Das Leben ist gewiß eine Buße; eine Reinigung, wo Gott, aus Güte, auch Lockungen, auch Freuden, zugelassen hat. Ich fühl's, es wird mir immer klarer. Sieh die Königin! Sie tanzte noch, als ich schon todringend keuchte. Gott sei uns gnädig. – *(72. S. 475 f.)*

Luises Tod war im vollen Wortsinn ein natürlicher gewesen: das schnelle Ende nur knapp drei Wochen nach dem Ausbruch der Krankheit im Zusammenhang mit einem bis dahin nicht erkannten, organischen Leiden. Von dem Körper, der mit zehn Schwangerschaften in siebzehn Jahren das Seine geleistet hatte, konnte man keine Widerstandskräfte verlangen. Nachdem seine Anfälligkeit immer größer geworden war und sich die Attacken gehäuft hatten, zog er im 35. Lebensjahr das Abscheiden dem Siechtum vor.

Die letzten scheinbar noch gesunden Tage der Königin waren bei dem Besuch in Neu-Strelitz von familiärem Glück erfüllt gewesen. Die Termine und das Pensum hatte sie vorab von Berlin aus mit ihrem Vater vereinbart:

> Den Montag [25. Juni] komme ich, bleibe den Dienstag und Mittwoch [26./27. Juni] allein; dann kommt der König den Donnerstag [28. Juni], bleibt den Freitag, wünscht den Sonnabend nach Rheinsberg zu gehen, bleibt noch den Sonntag bei Ihnen, und gehet Montag [2. Juli] wieder mit mir weg! *(30. S. 458)*

Hinzugefügt hatte sie mit Rücksicht auf die Menschenscheu des Königs noch ein besonderer Wunsch:

> Nun bitte ich Sie, bester Papa, daß Sie die Gnade haben und den Donnerstag, wenn der König angekommen sein wird, mit uns zusammen nach Hohenzieritz zu fahren und dann da so lange zu bleiben, bis wir wieder gehen. *(30. S. 458)*

Der Plan war bis zur Ankunft auf dem Lustschloß eingehalten worden, als die Krankheit dazwischentrat. Der gemeinsame Ausflug nach Rheinsberg mußte bereits unterbleiben. Der König wartete die ersten Anzeichen einer Besserung ab, verabschiedete sich von der Kranken in der Hoffnung, sie in wenigen Tagen abholen zu können, ging zurück nach Berlin und tat es dort der Königin gleich, indem er sich mit Fieber ins Bett legte. Seine Verbindungsperson nach der Leidensstätte in Mecklenburg-Strelitz war die Gräfin Voß, die ihn mit täglichen Bulletins auf dem Laufenden hielt und dabei durchblicken ließ, der Zutritt zu der Patientin werde ihr immer öfter verweigert. Aus dem Vossischen Tagebuch geht zusammen mit dem rapiden Krankheitsverlauf auch das Drama der treuen Seele hervor:

> 8. Juli: Ich kann nichts tun und habe unter diesen Umständen hier ein sehr schweres Leben.
> 13. Juli: Die Weise, wie man mich behandelt und mich von meiner Königin fernhält, ist schlimm für mich.
> 17. Juli: Die Prinzessin Solms und Frau von Berg sind beide seit einigen Tagen ständig im Zimmer der Königin und wachen auch immer beide zusammen. *(94. S. 162 ff.)*

Der Leibarzt Professor Hufeland, der sich auf einer Dienstreise in Holland befand, war durch den praktischen Arzt und Anatom Ernst Ludwig Heim ersetzt worden. Für die Strecke von Berlin nach Hohenzieritz, 17 Meilen, also cirka 120 Kilometer, brauchte er gut einen Tag. Bei seinem ersten Besuch am Krankenlager schätzte er die Situation als ernst, aber nicht lebensgefährlich ein, gab seine Anweisungen an den örtlichen Kollegen, Geheimrat Hieronymi, und kehrte nach Berlin zurück. Kaum war er zu Hause angekommen, wurde aus Hohenzieritz erneut nach ihm geschickt:

> sobald als möglich zur Königin zu kommen und den General-Chirurgus Goerke mitzubringen. (39. S. 152)

In seinem Tagebuch vermerkte er die Machtlosigkeit des Mediziners gegen das Endstadium. Seiner Wache am Sterbebett in der Nacht vom 18. auf den 19. Juli folgte frühmorgens um 5 Uhr die Ankunft des Königs aus Charlottenburg:

> Als die Königin ihn sah, sagt sie mit schwacher Stimme: Mein lieber Freund! Der König und alle, die im Zimmer waren, weinten. Der KronPrinz und sein Bruder Wilhelm, die bald darauf auch ans Bett der Königin kamen, weinten oder schrieen ganz laut. Der General Chr. Goerke nahm sich hier sehr gut und spielte den geschäftigen Arzt. Um 9 Uhr starb die Königin, sicherlich die schönste Frau in des Königs Staaten, von der besten HerzensGüte!! Der König, die Ärzte und Fr. v. Berg waren dabei gegenwärtig. Der König betrug sich gut. *(39. S. 154)*

Die Eintragung am nächsten Tag lautet kryptisch:

> 20. Juli 1810. Vormittags wurde der Leichnam geöffnet. Was wir in der Brust zu finden geglaubt hatten, fanden wir nicht. *(39. S. 154)*

Friedrich Wilhelm III. hatte in der Todesangst um seine Frau ein inbrünstiges Gebet zu Gott schriftlich niedergelegt, (Charlottenburg, den 18. Juli 1810), dem am 19. Juli unter der Überschrift »Der Unglücklichste Tag meines Lebens« die Darstellung des Abschieds berichtartig folgt und mit dem Amen schließt:

> Sie starb den Tod des Gerechten, Gott schenkt ihr jetzt ewiges Wohlergehen. Nur wir sind die Beklagenswürdigen, und mein Schmerz, wenn auch die Zeit ihn lindert, wird nie endigen. *(62. S. 16.)*

Seine letzte Aussprache unter vier Augen mit der Königin hatte zu einer Beängstigung der Sterbenden geführt. Den König zu trösten, war sie trotzdem entschlossen gewesen. Sie versicherte ihm, sie werde am Leben bleiben:

> Die Totenblässe und der Angstschweiß, so wie alle unglücklichen Symptomata, nahmen jedoch merklich zu. Ich that, so wie Jeder auch, mein möglichstes und hauchte fleißig in die Hände, um sie zu erwärmen, ihre linke Hand behielt ich in der meinigen bis zu ihrem Ende. *(62. S. 15)*

Frau von Berg erwähnt der König nur kurz. Die Situation erzwang es, daß er die letzten Lebensstunden und das Ableben seiner Frau mit der Rivalin teilen mußte. Über ein Zerwürfnis des Königs mit Luises Familie, sollte es am Unglücksort möglich gewesen sein, verlautete nach draußen kein Wort. Öffentlich nahm man nur wahr, daß der Sarg auf seinem Weg nach Berlin weder von dem Vater noch von dem Lieblingsbruder der Königin begleitet wurde, sondern von dem jüngsten Familienmitglied, Karl von Mecklenburg-Strelitz, Luises jüngerem Bruder.

Während der Sommer- und Herbstwochen nach ihrem Tod fand man sich in Töplitz zusammen, der Erbprinz von Mecklenburg-Strelitz, seine Schwester Friederike und Frau von Berg. Der Chevalier Gentz schwärmte in seinem Tagebuch von den Damen:

> Der Monat September verging in einem beständigen Wechsel von Gesellschaften und Promenaden. Die Prinzessin Solms blieb immer die Hauptfigur. Als sich aber in den ersten Tagen des Oktober der Zirkel der Prinzessin zuletzt auf sie selber und die geistreiche Frau von Berg beschränkte, – da wurden mir im täglichen Umgange mit diesen zwei vortrefflichen Frauen drei unvergeßliche Wochen zuteil. *(20. S. 212)*

Zu sagen ist vorerst nur, daß die Zeit verging, die Gewöhnung eintrat und die Nachricht vom Tod der Königin nicht mehr neu war. Die Leichenpredigten vom Juli lagen im Herbst gedruckt als Broschüren vor. Geneisenau schickte eine Auswahl an seine Frau, wies sie besonders auf die beiden hin, die sein Freund Schleiermacher zu dem tragischen Anlaß gehalten hatte, und schrieb dazu:

> Du wunderst Dich vielleicht über diesen Predigtankauf, aber ich will nicht leugnen, daß ich nach dem Tod dieser Fürstin mehr für sie fühle, als es oft bei ihrem Leben nicht der Fall war. *(29. S. 152 f.)*

Luise hatte ihn enttäuscht, sie war der gemeinsamen vaterländischen Sache untreu geworden und hatte gegen den Minister Stein intrigiert. Die schöne Frau sei nicht mehr in unserem Interesse, hatte er in Königsberg feststellen müssen. Jetzt war sie tot, und er nannte sie eine arme Frau:

> vormals hochgefeiert, dann sehr unglücklich und nun in der Blüte ihrer Jahre ins Grab gelegt, das Schicksal ihres Gemahls und ihrer Kinder höchst unsicher. *(29. S. 152)*

Sie habe doch so manche guten Eigenschaften besessen und habe so jung noch ihre Kinder verlassen und dem Schicksal überantworten müssen, vermutlich schon nach wenigen Jahren das Gnadenbrot in der Fremde zu essen. Mit Luises Verklärung hatte Gneisenaus Wunsch, der Königin Gerechtigkeit widerfahren zu lassen, nichts zu tun. Im Kontrast zu den Broschüren mit den Kanzelreden, die den Brief begleiteten, stellte er fest:

> Sie war zu sehr Frau, zu wenig Königin und unfähig, sich auf einen hohen Standpunkt zu stellen oder darauf zu erhalten. Selbst ihr Herz war ihrem Gemahl nicht immer zugewandt, vielmehr einem anderen, was sie auch nicht verhehlte, und als Mutter war sie nicht achtungswürdig, da sie sich um die Erziehung ihrer Kinder nicht ernstlich bekümmerte.

Der Abgeschiednen aber billigt er das gebrochene Mutterherz zu, das Mitleid erregt. Und dann sein Schlußsatz:

> Diese arme Königin scheint nun bereits vergessen zu sein. *(29. S. 153)*

Der Tempel in Charlottenburg

Am Ende des Jahres 1810 wurde der Sarg der Königin aus dem Berliner Dom in den Tempel übergeführt, den der König seiner Gemahlin errichtet hatte, ein Bauwerk im griechischen Stil. Der Standort war am Ende der dunklen Tannenallee, die auf der Gartenseite des Schlosses Charlottenburg senkrecht in den Park hineinführt. Für Luises sterblichen Rest war die Gruft im Souterrain des Hauses bestimmt und für Luises Abbild das Geschoß darüber. Zunächst wurde an die Aufstellung der Büste gedacht, die der Bildhauer Rauch schon Jahre zuvor in seinem Atelier in Rom als Idealbild der jungen Königin modelliert und in Marmor gemeißelt hatte. Dann aber genügte dem König das Teilstück nicht mehr. Er wünschte sich die Gestalt in voller Größe. Ende September 1810 schrieb Wilhelm von Humboldt an seine Frau, die Lage sei jetzt diese:

> Der König hat den Gedanken bekommen, die Figur der Königin, in ein leichtes Gewand gehüllt, auf einem länglichen Sarkophag darstellen zu lassen, und hat mir Auftrag gegeben Zeichnungen dazu von Canova, Thorwaldsen und Rauch machen zu lassen. *(43. S. 479)*

Die Wahl fiel auf den Schützling der Humboldts, also auf Rauch. Während der Jahre, die der Bildhauer in Carrara an dem Marmorkörper arbeitete, behalf sich der König in Charlottenburg mit dem Gipsmodell, das ihm jener angefertigt hatte. Rauch war 1811 zu den Vorabeiten in Berlin gewesen, und das Werk hatte seine plastische Form angenommen: Die Liegende, die mit aufgestütztem Oberkörper auch eine Thronende auf ihrem hohen Lager ist, nun wirklich die schönste Frau in des Königs Staaten, schlummernd, die Arme gekreuzt, das Haupt zur Seite geneigt und so, in den Schlaf gebannt, herausfordernd zur Anbetung ihrer bewußtlosen und beseelten Natur – Kopf, Hals, Brust, Wuchs und Bau. Der stückweise Hervortritt der Gestalt aus dem Material hatte den König erschüttert, er erkannte Luise in der Plastik wieder und übertrug, was er fühlte, auf Rauchs Modell. Seinen 42. Geburtstag, den 3. August 1812, konnte er bereits in stiller Betrachtung der Verewigten begehen, auch wenn vorerst nur das Provisorium den Platz im Tempel besetzte.

Eine Aquarellzeichnung vom selben Tag gibt den Blick in die Zelle wieder, in der das Inkarnat erhaben in einem Beet von rosa Hortensien ruht. Über ihm tut sich die Decke weiträumig zu einer Laterne auf, durch die das Licht fällt. Der Vorhang im Hintergrund und zwei Palmen zu Häupten der Figur schließen die Einrichtung ab. Die Wände sind mit Granit getäfelt, den Fußboden verkleiden Sandsteinfliesen. Das Arrangement ist zum Park hin orientiert. An der sakralen Bedeutung besteht kein Zweifel. Der Königin, repräsentiert durch ihr Ebenbild, kommt hier der Rang einer Gottheit zu. Ihr allein ist der Ort geweiht.

Der König hatte vorab festgelegt, wie der Tempel beschaffen sein sollte. Die Grundrißskizze von seiner Hand drückte sich klar und einfach aus. Sechs Stufen führen von draußen zu dem Säulenportal hinauf. Dahinter liegt das Vorgemach. Von dort entwickeln sich der Abstieg über eine Mitteltreppe zum Gruftgewölbe und der Aufstieg über zwei seitliche Treppen hinauf zu der Zelle. Zwei Säulenpaare markieren den Eintritt in die Schlafkammer.

Das Projekt wurde von dem königlichen Oberbauamt ausgeführt. Der Bau-Assessor Karl Friedrich Schinkel verhalf dem Entwurf zu der nötigen Reife, und der Baurat Heinrich Gentz, ein Bruder des Chevalier de Gentz, übernahm die Leitung. Edle Einfalt und stille Größe erneuerten sich in Charlottenburg. Die schlichten Maße entsprachen dem Charakter des Bauherrn. Der antike Pavillon konnte, von außen betrachtet, mancherlei sein.

(Luises Schwester Friederike, verheiratet in dritter Ehe mit dem Herzog von Cumberland, machte den Dichter und Diplomaten Vicomte de Chateaubriand, der sich 1821 als Gesandter Ludwigs XVIII. in Berlin aufhielt, mit der verwunschenen Stelle im Schloßpark bekannt und erhoffte sich von dem Franzosen eine poetische Würdigung des Grabmals. Der Wunsch wurde ihr erfüllt und verschaffte Luises Tempel Eingang in Chateubriands »Œuvres Complètes«, wo man ihn in seinem originalen Zustand antrifft:

> Charlottembourg – Ou le tombeau de la reine de Prusse.
> *(11. S. 386-387)*

Chateaubriand hatte für das Thema die Dialogform gewählt. Ein Wanderer verwickelt den örtlichen Wächter ins Gespräch. Auf die Frage, wen die Ruhestätte beherberge, erhält er die Antwort:

> Un objet plein de charmes – ein Wunderding.

Eines, das geliebt wurde? erkundigt er sich und hört, man habe es angebetet. Drinnen im Haus ergreift ihn ein mythischer Schrecken. Von welchem griechischen, von welchem römischen Tempel stammt dieses Bildwerk her? Ist es Antigone, ist es Cornelia? Der Wächter erwidert ihm, das Urbild habe sein Leben in der hiesigen Gegend verbracht. Schritte kündigen das Nahen des Königs an, und der Wanderer stellt seine letzte Frage:

> Il a donc tout perdu? – Er hat wohl alles verloren?

Was der Wächter verneint. Nicht alles. Sein Thron sei dem König geblieben. Da aber schüttelt der Fremdling das Haupt. Was hilft ihm der? Throne können nicht trösten:

> Un trône ne console pas.)

Luises erstes öffentliches Denkmal wurde von den Bürgern der markbrandenburgischen Ortschaft Gransee in Auftrag gegeben. Dort hatte der Reisesarg der Königin auf der Fahrt von Mecklenburg nach Berlin eine Nacht lang gestanden, beschirmt von einem Holzdach und bewacht von drei Offizieren der Gardes du Corps, und kehrte dorthin für immer zurück: sein gußeisernes Pendant, die lebensgroße Langkiste mit dem abgeschrägten Deckel und der Krone darauf, aufgebockt auf einem Steinsockel, überbaut von einem gotisch stilisierten Eisengerüst gleich einem Tabernakel und umzäunt von einem eisernen Gitter. Das Modell hatte der Baumeister Schinkel geschaffen, ein Sohn des Nachbarortes Neu-Ruppin. Es verkündete das Kontrastprogramm zu dem Tempel im Schloßpark, atmete einen christlich-patriotischen Geist und erzählte eine Geschichte, die das Gemüt auch nach hundert und zweihundert Jahren noch bewegen würde, die Geschichte von der preußischen Königin, wie die Herrliche hier in ihrer milden Hoheit vorübergezogen war, und wie sie auf ihrem Rückweg in langsamem Schritt gefahren kam:

> An dieser Stelle, ach, flossen unsere Tränen, als wir dem stummen Zuge betäubt entgegensahen: O Jammer, sie ist hin. *(18. S. 553)*

Die Enthüllung wurde am 19. Oktober 1811 auf dem überfüllten Markt als eine halb kirchliche und halb weltliche Zeremonie begangen. Der zehnjährige Königssohn Carl vertrat das Herrscherhaus, und der Hofprediger Eylert richtete seine Worte an die Verewigte:

> Ist es möglich, daß Unsterbliche den Sterblichen nahe sein können, Vollendete! – so umschwebe uns in diesem

feierlichen Augenblick, Dein himmlischer Geist.
(15. S. 226 f.)

Mit Politik hatte die Sache anscheinend nichts zu tun. Nur für einen Moment ließ der Geistliche die Katze aus dem Sack, als er dem Denkmal die Weihe im Namen des »Patriotismus und der Religion« erteilte und den Standort zu einer Tabuzone erklärte:

> Nie schlage ein anderes Herz in seiner Nähe, als das es mit König und Vaterland treu und redlich meint.

Mehr durfte er nicht sagen. Preußen bemühte sich um eine Allianz mit Frankreich und wünschte daheim kein vaterländisches Getöse, das auch nur im mindesten revanchistisch klang. Im März desselben Jahres war der Prinz Louis Ferdinand, der Held von Saalfeld, nach Berlin übergeführt und im Berliner Dom beigesetzt worden, aber das Begängnis sollte möglichst unspektakulär vorügergehen, von keinen bedeutenden militärischen Ehren begleitet. Die Minister hatten den König vor Napoleons empfindlicher Reaktion gewarnt. Das Tagebuch der alten Oberhofmeisterin berichtet darüber:

> Der König und die Prinzen gingen in den Dom, um die Leiche des Prinzen Louis zu erwarten; alle anderen folgten zu Wagen dem Sarg, der von Bellevue aus kam. Der Zug war sehr schön und feierlich, aber nur eine mäßige Anzahl von Truppen dabei, um das Ganze nicht als eine Demonstration erscheinen zu lassen. *(94. S. 171)*

Gleichzeitig dachten die Strategen über die Befeuerung der Untertanen für den Fall eines Krieges nach. Gneisenau wies den König in einer Denkschrift vom Sommer 1811 auf die nötigen Vorkehrungen hin:

> Schon jetzt möchte bei der Sektion für den Kultus und den Unterricht die Veranstaltung getroffen werden, daß Befehle an sämtliche Geistliche aller christlichen Konfessionen bereit liegen, wonach diese, bei ausgebrochenem Kriege, die Gemeinden in der Kirche versammeln, über einen passenden Text predigen, Frankreichs Unterjochungsplan mit schwarzen Farben schildern und an das jüdische Volk unter den Makkabäern erinnern. Das Beispiel der tapferen österreichischen Milizen im letzten Kriege, die, fest zusammengeschlossen, dem Anfall der französischen Reiterei widerstanden, muß gleichfalls angeführt werden. *(21. S. 62)*

Der König bemerkte dazu am Rand: »Als Poesie gut.« Worauf Gneisenau ihm erwiderte: auf Poesie sei die Sicherheit der Throne gegründet.

Wer seine Agitation verbreiten wollte, ließ sie in St. Petersburg drucken. Dort erschien ohne Nennung des Verfassernamens Ernst Moritz Arndts »Kurzer Katechismus für teutsche Soldaten, nebst einem Anhang von Liedern«; Klartext des Jahres 1812:

> Auf! zur Rache auf! zur Rache!
> Erwache, edles Volk, erwache!
> Erhebe lautes Siegsgeschrei!
> *(14. S. 185)*

Auch in der Trauer um die Königin war der Ingrimm gegen die Franzosen verborgen, da es hieß, Luise sei am Gram über Preußens Schicksal gestorben. Ein sächsischer Dichter, Theodor Körner aus Dresden, schlug den Bogen von der Entschlafenen zu der künftigen Bannerträgerin der Nation. Seine Eingebung verdankte er nicht Luises Abbild im Tempel, der Tempel war ein unzugängliches Heiligtum, sondern allein dem schlummernden Haupt, das ihm vor Augen kam, als er im Januar 1812 in Wien mit dem Bildhauer Rauch zusammentraf. Dieser, unterwegs auf der Rückreise von Berlin nach Italien, hatte das Kopfsegment mit im Gepäck, und jener besang es:

> Du schläfst so sanft! – Die stillen Züge hauchen
> Noch deines Lebens schöne Träume wieder;
> Der Schlummer nur senkt seine Flügel nieder,
> Und heil'ger Frieden schließt die klaren Augen.

Vorerst soll nichts ihren Schlummer stören. Sobald draußen aber die Lähmung dem Tatendrang weicht, das Vaterland aufsteht und der Lärm zu ihr in den Tempel dringt, erwartet der Dichter von ihr, daß auch sie sich von ihrem Lager erhebt:

> Kommt dann der Tag der Freiheit und der Rache:
> Dann ruft dein Volk; dann, deutsche Frau! erwache,
> Ein guter Engel für die gute Sache!
> *(10. S. 304 f.)*

Luise spielte bei dem vereinten europäischen Aufbruch gegen Napoleon keine bedeutende Rolle. Der Elan kam von unten aus der Bevölkerung, nahm barbarische Züge an und rief nicht nach der verstorbenen preußischen Königin. Allenfalls hörte man, nachdem Paris im März 1814 kapituliert hatte, wie General Blücher, Marschall Vorwärts genannt, der in den Himmel entrückten Gemahlin seines Königs Meldung machte: »Luise, Du bist gerächt!« Aber auch das ist nicht verbürgt. In den späteren Kriegserinnerungen tauchte sie gelegentlich legendenhaft auf, zum Beispiel bei dem Baron Fouqué, der als freiwilliger Jäger zu den Waffen geeilt war:

> Als im Jahr 1813 der Glaube an alles Hohe und Schöne aus den Nebeln des Unheildruckes wieder erwachte, verbreitete sich – Gott weiß wie – unter den Kriegern die holde Sage, Königin Luise lebe. Ihr Tod sei nur Täuschung gewesen, wofür ein wunderliches Märchen den Grund angab. Wer hätte dem zu widersprechen vermocht! Es lag ja so tief und lebendig in der Sehnsucht eines liebenden Volkes, das, wenn doch alles Gute und Schöne wiedererwachen sollte, auch seine gute schöne Königin Luise wiederhaben wollte. *(80. S. 229)*

Die Auskunft klingt nach spätromantischem Fabulieren. Wahrscheinlicher ist, daß Luise während der heißen Phase des Krieges, als Europas vereinte Streitmächte gegen Napoleons alte, verschlissene Armee und gegen dessen frisch ausgehobene, unerfahrene Truppen zu Felde zogen und ihnen nach der Schlacht bei Leipzig bis zum Rhein und über den Rhein hinweg folgten, von den Ereignissen überholt wurde, zurücksank und dem nationalen Gedächtnis entschwand – eine verblassende Größe. Nur für den König blieb sich ihr Bild gleich. Er fand es bei der Heimkehr aus dem Krieg genauso, wie er es verlassen hatte, im Tempel in Charlottenburg vor. Dort in der Zelle stand die Zeit still, während sich draußen das Andenken an die Königin im Drang der Ereignisse verlieren mußte, wenn ihm niemand zu Hilfe eilte, der es aktualisierte. Den Anstoß zu Luises Hinüberrettung in die nächste Epoche gab Frau von Berg.

Der privilegierten Vertrauten, Mama Berg genannt, war bei dem Tod der Königin ein kolossales Erbe zugefallen: der Wissensschatz, über den sie allein verfügte. Luise hatte sich ihr in den Stunden der Not rückhaltlos offenbart. Das Herz war der Beichtigerin ausgeschüttet worden. Sie kannte sämtliche Gefühle, die sich dort eingeschlichen und breitgemacht hatten. Nicht einmal der Überdruß der Ehefrau an dem Gemahl war ihr verborgen geblieben, der Unmut, den die Königin gegenüber dem sieglosen, zur Abdankung neigenden König empfand. Für Luise war es ein Trost gewesen, sich jemandem mitzuteilen, und für Frau von Berg war es das große Los. Praktisch war sie im Besitz von Luises Vita und dazu reich mit Dokumenten versehen, aus denen die innerste Stimme der Verstorbenen sprach. Friedrich Wilhelm III. aber hatte keine Handhabe, mit der Vertrauensperson seiner Frau so zu verfahren wie ehemals mit der Mätresse seines Vaters. Er konnte sie weder verhaften noch ihre Papiere beschlagnahmen lassen, sondern mußte abwarten, was geschehen würde.

Die Druckschrift, mit der Frau von Berg im Herbst 1814 unmittelbar nach Europas Sieg über Napoleon an die Öffentlichkeit trat, war über jeden Zensor erhaben. Sie wendete sich ebenso an das Volk und das Vaterland wie an den Herrscher und führte ihnen das Unterpfand der Befreiung vor Augen:

Die Königin Luise – der preußischen Nation gewidmet *(6.)*

Die Broschüre erschien anonym. Ihr Titelblatt war mit dem Grabtempel im sternenumkränzten Oval geschmückt und vermerkte am unteren Rand den Verwendungszweck der Publikation:

> Zum Besten der hinterlassenen Wittwen und Waisen, der für König und Vaterland gefallenen Landwehrmänner und freiwilligen Jäger. *(6.)*

Die Verfasserin hatte sich den Dienst an der Sache zur strengen Pflicht gemacht. Ihre eigene Person ließ sie vorsätzlich hinter dem ich- und selbstlosen Chronisten verschwinden, der seinen Bericht aus einer tiefen Kenntnis heraus niederschreibt und dabei sein Publikum nie aus dem Auge verliert, das Privatleben der Heldin aber so unberührt läßt wie das Schneefeld eines entrückten Berggipfels und Luise auch nicht als Privatperson behandelt, sondern strikt als Repräsentantin. Kein Priester konnte mit dem Objekt der religiösen Verehrung andächiger und respektvoller umgehen als dieser Auskunftgeber mit seinem weltlichen Gegenstand. Die Darbietung und die Devotion waren eins. Das herbeibeschworene Wesen war das rührendste und ergreifendste, das herzensgütigste und schmerzenreichste vaterländische Opfer.

Ziel und Zweck der Schrift lassen sich klar erkennen. Es geht um Luises Befestigung in Preußens jüngster Geschichte.

Frau von Berg wußte gut über die Mängel der Vita Bescheid und vermied es, mit ihnen in Konflikt zu geraten. Der Königin nachzurühmen, sie sei eine treu sorgende Landesmutter gewesen, wäre schlecht gegangen. Luise hatte keines der entsprechenden sozialen und kulturellen Felder beackert, sich um die Probleme ihrer Untertanen wenig gekümmert und zum Wohlergehen der Allgemeinheit nur sporadische Beiträge geleistet, milde Gaben hin und wieder. Der gesamte Komplex wird von der Schrift behutsam umgangen. Ebenso wenig taugte Luises Familienleben zur Verherrlichung. Eher schuf es der Lobrednerin eine gewisse Verlegenheit. Zwar hatte die Königin in den Abständen von durchschnittlich anderthalb Jahren ein Kind nach dem anderen geboren, dann aber für den Nachwuchs bei aller Liebe nicht die nötige Zeit gehabt, um nun im Rückblick als eine mütterliche Erzieherin preiswürdig zu sein. Hingegen konnte Frau von Berg gleich eingangs mit bestem Gewissen von der Königin sagen:

> Nicht sich selbst angehörend, sondern dem König und dem Staate, und durch alle Bande der heiligsten und treuesten Liebe an beide geknüpft, war ihr Leben in dieser bedeutenden Zeit das Leben des Königs, das Leben des Staates geworden. *(6. S. 3)*

Das entsprach der Wahrheit, und die Folgerung lag auf der Hand. Der Beherrscher der bedeutenden Zeit war ein von seinem Ehrgeiz verblendeter Eroberer gewesen, und Preußen war ihm zum Opfer gefallen, die Königin wurde die Zielscheibe seines Hohns, und sie wurde an sich selber irre:

> Alles, was sich ereignet hatte, schien ihr unter dem Einfluß eines finsteren Schicksals zu stehen, welches über ihr Land und über ihr Haus gekommen war. *(6. S. 49)*

Dann aber ermannte sie sich und überwand die Finsternis. In der Schilderung der Frau von Berg steigt Luise ähnlich wie bei dem Sänger Heinrich von Kleist zur preußischen Hoffnungsträgerin auf. Das Fazit wird ihr selbst in den Mund gelegt:

> Wenn gleich die Nachwelt meinen Namen nicht unter den Namen der berühmten Frauen nennen wird, so wird sie doch, wenn sie die Leiden dieser Zeit erfährt, wissen, was ich durch sie gelitten habe und sie wird sagen: sie duldete viel und harrte aus im Dulden. *(6. S. 110)*

Die Nachwelt aber kann Luises Namen gar nicht genug rühmen. Denn so steht es bei Frau von Berg, daß die Königin, auch wenn sie sterben mußte, ehe ihr Land über den Heimsucher triumphierte, doch eine Teilnehmerin an dem heiligen Kampf war, und daß die Gefallenen ihre Krieger sind:

> Sie wird in den ewigen Wohnungen ihnen entgegentreten! Sie wird die Siegespalme und den Lorbeerkranz ihnen reichen! *(6. S. 111)*

Das Schlußwort vereinigte die Königin mit den Helden. Die neue Luise war der Engel mit dem Siegespanier von 1814.

Im Frühsommer desselben Jahres arbeitete Goethe das Festspiel »Des Epimenides Erwachen« aus, das Iffland bei ihm für den Empfang der heimkehrenden Befreiungskrieger bestellt hatte. In den dazugehörigen »Actenstücken«, in denen er seine Regie-Anweisungen detailliert niederlegte, merkte er zu der Figur der Hoffnung an:

> Sie erinnert an Minerva. Ich wage nicht zu beurtheilen, ob die Schauspielerinn an Gestalt und Betragen der Höchstseligen Königinn ähnlich seyn darf, ob man ihr einen blauen Schild geben und in einem Sternenrande die Chiffre der Königinn, gleichfalls durch Sterne bezeichnet, anbringen kann; ich bitte mir hierüber nähere Bestimmung aus. *(23. S. 501)*

Die Zuordnung der Königin zu den Befreiungskriegen bürgerte sich ein. Dort war sie gut aufgehoben und überdauerte dort die Zeit. Auf dem Gesamtdenkmal für die Schlachten von 1813/1814 und 1815 sollte sie in Überlebensgröße erscheinen. Das Monument war 1821 auf dem Tempelhofer Berg bei Berlin eingeweiht worden, neunzehn Meter hoch, wiederum Eisenguß wie das Denkmal in Gransee, wiederum gotisch und wiederum Schinkel, der Bau in der Gestalt einer imaginären Kirchturmspitze, wie für den Kölner Dom geschaffen, und zuoberst das Eiserne Kreuz. Der Figurenschmuck kam nach und nach hinzu, für jedes der bedeutenden Schlachtfelder ein Genius mit den individuellen Charakterzügen des jeweiligen Schlachtenlenkers, Blücher für die Schlachten an der Katzbach und bei La Rothière, Bülow für die Schlacht bei Dennewitz, Yorck für die Schlacht bei Wartenburg und so fort; für die Einnahme von Paris aber kein Heros, sondern Luise:

> Das Ziel der Siege und Wiedergewinnung des Verlorenen anzudeuten, ist hier eine hohe weibliche Gestalt dargestellt mit dem Ausdruck der Majestät, einem Lorbeerkranz auf dem Haupte, in der Linken ein Zepter haltend, aus dessen Spitze das Eiserne Kreuz in einem Lorbeerkranze, darüber ein preußischer Adler sich erhebt. In der Rechten trägt sie eine Viktoria auf einer Quadriga stehend. *(31. S. 83)*

Dieses Standbild gelangte 1825 an seinen Platz, entworfen von dem Berlin-Heimkehrer Rauch, aus dessen italienischer Epoche Luises Charlottenburger Bildnis stammte. Im Jahr zuvor, 1824, hatte die Witwerschaft Friedrich Wilhelms III. geendet, das Land damit aber nichts gewonnen, da die neue Frau des Königs nicht zugleich Königin war – eine Gräfin Harrach, die der Gemahl zwei Tage nach der diskret vollzogenen Eheschließung seinen Hofbeamten und Würdenträgern mit den Worten vorstellte:

> Dieses ist eine junge Dame, die ich Ihrem Wohlwollen empfehle. *(48. S. 123; Nr. 43)*

Bis zu dem Zusammenbruch der napoleonischen Armee im Verlauf des Rußlandfeldzuges von 1812 hatte in Europa die Devise gegolten, die dem österreichischen Kaiser Franz I., von seinem Kanzler Metternich souffliert worden war: »Anlehnung an das triumphierende französische System«. Als dann aber die Siege über Napoleon errungen waren, galt europaweit die Anlehnung an das Metternichsche System der Reaktion, und die freiheitlichen Hoffnungen brachen zusammen.

Das kultische Nachleben des Kaisers hatte in Frankreich schon begonnen, während sich der Gestürzte noch auf der Hinreise zu seinem Kerker befand, der Insel St. Helena südlich des Äquators, und war, je gräßlicher die Nachrichten klangen, die von den Martyrien des Häftlings an die Öffentlichkeit gelangten, umso heftiger in Gang gekommen. Auch Deutschland nahm daran teil. Nicht in Preußen, wohl aber in Sachsen konnte man die Ansicht äußern und drucken lassen, daß der Sieg über Napoleon gleich dem Sieg über das freiheitliche Europa gewesen sei. So stand es wörtlich in einer Schrift von 1831 (»Bilder des Krieges vom Jahr 1813«), deren Autor sich Justus Civilis nannte:

> Die Schlacht bei Waterloo war das letzte Auflodern der sterbenden Flamme der Freiheit der Völker, wenn man den Terrorismus der Ultras, der bald darauf Frankreich mit Blut und Tränen bedeckte, die Verfolgung aller Freigesinnten in allen europäischen Ländern, die Herstellung der Inquisition, der Tortur und der Feudalstaaten als unmittelbare Folgen jener Schlacht sich denkt. *(40. S. 26)*

Napoleon lebte noch, als eine Romanze die Geschichte von den beiden Grenadieren erzählte, denen auf ihrem Heimweg aus der russischen Gefangenschaft die ganze Tragödie überhaupt erst in Deutschland zu Ohren kommt:

> Daß Frankreich verloren gegangen,
> Besiegt und geschlagen das große Heer, –
> Und der Kaiser, der Kaiser gefangen.

Der Verfasser, Henry Heine, wurde gleichsam ein französischer Dichter, populär mit seinen »Deux grénadiers« wie Béranger. In der umgekehrten Richtung vergingen hingegen Jahrzehnte, ehe eine deutsche Zeitung über das Bild von der Königin Luise berichtete, das in Versailles im Museum hing.

Der Historienmaler François Louis Gosse hatte die Szene aus Napoleons Glanzzeit dargestellt, wie die preußische Königin dem Kaiser der Franzosen zugeführt wird, 1807 in Tilsit. Er, mit entblößtem Haupt in seiner grünen Uniform, ist der Beherrscher des Bildes, sie aber, ganz in Weiß, ist die Leuchte. Ihre Begleiter sind der Zar und der König, aus deren Mitte sie heraustritt und die Fingerspitzen ihrer rechten Hand in die dargebotene Linke des Siegers legt. Unter seinem prüfendem Blick hält sie ihre Augen gesenkt. Die Übergabe findet draußen auf der Straße in Front seiner Tilsiter Behausung statt, die Gardisten salutieren mit ihren Bajonetten und Talleyrand steht ein paar Treppenstufen erhaben nächst der Haustür. Napoleon bedeutet der opferwilligen Fürstin, ihm dort hinauf zu folgen. Seine Geste ist minimal und wäre kaum als eine gebieterische Aufforderung zu erkennen, hielte er nicht zugleich groß und schwarz den Hut in der Hand.

Das französische Gemälde aus der Zeit des Bürgerkönigs Louis-Philippe stand den zwei alten Koryphäen des Berliner Biedermeier, Karl August Varnhagen und Alexander von Humboldt, ganz bestimmt nicht vor Augen, als ihre Unterhaltung beiläufig das Thema Luise streifte. Humboldt bemerkte dazu:

> Wer sie gekannnt hat, der weiß recht gut, daß sie nicht der harmlose, liebevolle Engel gewesen, sondern äußerst selbstsüchtig, verschlagen und daher versteckt, wie die mecklenburgische Familie überhaupt. Dies ist auch zum Teil auf ihre Kinder übergegangen.

Und Varnhagen erwiderte ihm:

> Der König hat sie öfters rüdoyiert [angeschnauzt], aber sie gab Anlaß dazu. Die Unglücksfälle des Jahres 1806 und bald nachher der unerwartete Tod der schönen und doch immer liebenswürdigen und auch guten und gutmeinenden Frau haben einen Heiligenschein auf sie geworfen, der ihr eigentlich gar nicht paßte und dem König seltsam und oft unbequem war, den aber auch jetzt noch niemand angreifen dürfte und möchte. *(92. S. 8 f.)*

Verbrauch und Verschleiss

Das deutsche Kaiserreich, das nach Preußens Feldzügen gegen Österreich und Frankreich zustandekam, war der Versuch, an das frühere Reich anzuknüpfen, jetzt unter den Hohenzollern mit dem Sitz in Berlin und mit Bismarck und Luises Sohn Wilhelm an der Spitze. Ihr selber, der Ahnfrau, wurde die Rolle zuteil, als die Stamm-Mutter des Kaiserhauses dessen Nimbus zu stärken. Der Staat und die evangelische Kirche standen vereint hinter ihr und feiten sie gegen jede Kritik. Im Hohenzollern-Museum gehörten ihrem Andenken mehrere Räume voller Devotionalien. Breite Kreise des Bürgertums folgten dem Dienst an dem Idol. Es stand auf dem Boden der Religiosität für die Treue zur Dynastie und zum Vaterland, für den Franzosenhaß und die Aufrüstung ein, aber auch für das Lob aller weiblichen Tugenden. Luises Geburts- und Todestag waren dem Gedenken geweiht. Der Zwiespalt zwischen der Kämpferin und der Mutter und Ehefrau mußte hingenommen werden. Die Akzentuierungen wechselten. Der Historiker Treitschke legte, als er zum 100. Geburtstag den Festvortrag im Kaisersaal des Berliner Rathauses hielt, die Betonung auf die Innerlichkeit:

> Ihr Bild, dem Herzen ihres Volkes eingegraben, ward eine Macht in der Geschichte Preußens, doch nie mit einem Schritte übertrat sie die Schranken, welche der alte deutsche Brauch ihrem Geschlechte setzt. Es ist der Prüfstein ihrer Frauenhoheit, daß sich so wenig sagen läßt von ihren Taten. *(70. S. 418)*

Theodor Mommsen, der mit einem Vortrag zum selben Anlaß vor der Akademie der Wissenschaften auftrat, hob mit der rhetorischen Frage an:

> Können wir der Befreiung unsere Volkes von der Fremdherrschaft gedenken, ohne daß sie uns vor die Augen tritt, deren verklärte Gestalt wie der Engel mit dem Flammenschwert vor Blüchers und Yorcks Scharen voraufzog? *(70. S. 432)*

Geradezu römisch schlicht wirkt dagegen die Sprache, in der Hardenberg zu seiner Zeit die Königin beschrieben hatte. Sie habe mit großer Schönheit eine unnachahmliche Grazie verbunden und sei von ihrer Großmutter, der verwitweten Landgräfin Georg von Darmstadt, klug und vortrefflich erzogen worden:

> Mit tiefem Ehrgefühl empfand sie die Unfälle des Staats und wünschte feurig für seinen Ruhm. Die Ehre, die Würde und die Sicherheit der Monarchie und ihres Hauses lagen ihr am Herzen. Wäre es nach ihrer Meinung gegangen, so möchte der Widerstand zu rechter Zeit erfolgt sein. Sie ist nicht von weiblicher Eitelkeit frei gewesen, sie liebte Vergnügungen, aber nie wurde sie dadurch von der Pflicht abgeleitet, ja wie oft brachte sie das, was ihr Freude gemacht haben würde, den Eigenheiten ihres Gemahls zum willigen Opfer. *(100. S. 573 f.)*

Einen individuellen Charakter billigte Hardenberg der Monarchin also jedenfalls zu und machte einiges davon kenntlich, was zu ihrem Wesen gehört hatte. Die Hauptsache allerdings, das Bühnentalent, nennt auch er nicht beim Namen. Ebenso wie die anderen Zeitgenossen, die Luise geschildert haben, verliert er über die Selbstdarstellerin kein Wort, sondern zwängt ihre elemantare Begabung, in Erscheinung zu treten, in den Begriff der weiblichen Eitelkeit. Der Bildhauer Rauch dagegen verlieh der Königin noch in ihrem Todesschlaf das Charisma der Solistin. Frau von Berg deutete die Faszination, die von Luises Hervortritt auf das Publikum ausging, wenigstens in einer Umschreibung an:

> So werden große Kunstwerke bewundert und geliebt, staunend und anbetend gehet die Menge vor ihnen vorüber. *(6. S. 47)*

Darüber jedoch, daß es die Auftrittskunst der Königin war, die den Beifall bewirkte, wurde geschwiegen. Das Virtuosentum vereinbarte sich nicht mit der Majestät. Indem man das Original unterschlug, erhob sich die Frage, wie die Herrliche zu beschreiben sei. Die Antworten darauf fielen immer flacher aus. Sogar bei Theodor Fontane, der sich als Erforscher weiblicher Charaktere einen Namen gemacht hat, taucht in seinen märkischen Wanderung das typische Bildchen der Königin als einer Heiligen auf, Inbegriff von »Reinheit, Glanz und Dulden«, als wäre es eine Oblate im Gesangsbuch.

Beim Rückblick von heute auf damals besteht kaum noch ein Zweifel daran, daß sich der Wihelminismus, Kirche, Staat und Herrscherhaus, der frühverstorbenen Königin bemächtigt und sich der abgebrochenen Vita bedient hat, um aus dem gefundenen Fragment einen Fetisch zu machen, ein monarchisches Symbol, einen Götzen, den man anstrich und aufputzte und dem Volk zur Anbetung suggerierte. Der Kultus begleitete das Kaiserreich durch die vier waffenklirrenden Friedensjahrzehnte von 1871 bis 1914 und fiel beim Zusammenbruch der wilhelminischen Herrschaft in sich zusammen. Die Königin aber blieb sich selbst überlassen, nun ein tragikomische Figur in ihrem verwahrlosten Zustand. Von der Seite der Geschichtswissenschaftler kam ihr niemand zu Hilfe, obwohl sich eine Wiedergutmachung sachlich und moralisch hätte gebieten können.

Die Historiker waren an der Idolatrie beteiligt gewesen. Sie hatten bei dem Tanz um das Trugbild mitgemacht. So prominente Namen wie diejenigen von Mommsen und Treitschke bürgten der Nation für das Kultobjekt. Schließlich war es einer von ihnen, Paul Bailleu, der Direktor des Königlichen Geheimen Staatsarchivs in Berlin, der die Aufgabe übernommen hatte, den biografischen Beitrag zu leisten: »Die Königin Luise – ein Lebensbild«. Als er sein Werk beendete, krönte er es mit dem Satz:

> Wie Antigone, Gottes ungeschriebene Gesetze in der Brust, ist sie ihres Weges gegangen, ohne je zu irren, nur auf die Stimme ihres Herzens hörend. *(4. S. 337)*

Gleich im folgenden Satz aber stand, sie habe, während die Romantiker den Typus der emanzipierten Frau zu etablieren versuchten, die freudige und rückhaltlose weibliche Hingabe an den Gatten, an dessen Geschmack und Neigungen, beispielhaft verwirklicht. Demnach müßte es sich um eine Antigone gehandelt haben, die dem König nicht die Stirn bietet, sondern tut, was er will. Die falsche Kombination störte den Gelehrten nicht; vermutlich fiel sie ihm gar nicht auf.

Grundsätzlich konnte man zum Lob der Königin jede Feststellung treffen. Man konnte sie in einem Atemzug zur Dulderin und zur Widerstandskämpferin erklären, eine Nationalheldin und Germania aus ihr machen oder sie für ihre Zurückhaltung preisen, die sie in politischen Dingen stets bewahrt habe. Die Inhalte waren egal. Das Wesentliche hingegen, das alle Auskünfte gemeinsam hatten, war das Pathos. Auch wurde die Königin ja nur für die Kaiserverherrlichung gebraucht, die seit der Reichsgründung auf dem Programm stand und sich unter Wilhelm II. verabsolutierte.

Der Urgroßenkel verfuhr mit der Urgroßmutter rigoros. Er legte seine Hand auf ihren Tempel im Schloßpark Charlottenburg und funktionierte ihn zu einer offziellen dynastischen Stätte um. Das Grabmal der Königin, »le tombeau de la reine de Prusse«, bekam einen hoch zwischen den Parkbäumen aufragenden Anbau, der zwei Generationen faßte, nebst Friedrich Wilhelm III. und der Königin Luise den Gründungskaiser, Wilhelm I., und die Kaiserin Augusta. Dem ererbten klassizistischen Pavillon blieb in Front der wilhelminischen Architektur nichts weiter als die Scheinexistenz übrig, die er seither führt. Das Ensemble macht den Eindruck, als habe man vor einen imperialen Leichenwagen ein Pony gespannt.

Draußen auf den Stufen dieser Hohenzollern-Grablege versammelte sich am 10. März 1976 gegen elf Uhr morgens eine Gruppe von Menschen, hauptsächlich ältere Frauen, um den runden Geburtstag der Königin Luise zu feiern. Nachzügler, die vom Schloß her kamen, sprenkelten den weißen Parkweg schwarz. Es war winterlich kalt. Schon befürchtete man, das Mausoleum werde den Andrang nicht fassen, als es seine Pforten öffnete und die Gemeinde einließ. Ob man drinnen einem Gottesdienst oder einer Gedenkstunde beiwohnte, blieb unentschieden. Streng genommen handelte es sich überhaupt nur um ein familiäres Ereignis, den Besuch seiner Kaiserlichen Hoheit, des Prinzen Louis Ferdinand, bei seiner Ahnfrau. Etwas Öffentlichkeit gehörte trotzdem dazu. An sie richtete sich die Ansprache des Geistlichen, ein frommer Geschichtsunterricht, der sich ebenso als Predigt verstehen ließ. Anspruchsloser konnte man die zweihundertjährige Königin nicht ehren, als es hier geschah. Kein Gruß aus dem Rathaus Schöneberg hat die Feier begleitet.

Die Aussöhung mit Preußen stand erst bevor. Als sie Ende der siebziger Jahre einsetzte, brachte sie der Königin wenig. Sämtliche Konnotationen sprachen gegen Luise. Alles war widrig, was sich mit ihr verband, widrig das Rachegeschrei der Befreiungskrieger, widrig der Revanchismus der Kaiserzeit und widrig das Auftrumpfen der nationalsozialistischen Kriegsproganda mit dem Idol, dessen Licht noch einmal durch finstere Wolken brach.

Der Historienfilm »Kolberg«, der in vorletzter Minute vor dem deutschen Untergang fertig geworden war, behandelte das Beispiel der Pommern-Festung, die 1806 dem Sog der Kapitulationen widerstanden und sich gegen die Franzosen behauptet hatte, bis der Frieden von Tilsit dem Krieg eine Ende machte. Die Filmrolle der Königin ist eine schirmherrische Dämonin, vom Melos umrauscht. Durchhalten bis in den Tod lautete ihre Botschaft an die Frontkämpfer und Volksgenossen. Die Uraufführung am 30. Januar 1945 in der Atlantikfestung La Rochelle wurde aus Berlin von den guten

Wünschen des Propagandaministers Goebbels an den Kommandanten begleitet:

> Möge der Film Ihnen und Ihren tapferen Soldaten als ein Dokument der unerschütterlichen Standhaftigkeit eines Volkes erscheinen, das in diesen Tagen eines weltumspannenden Ringens ... gewillt ist, es den großen Vorbildern seiner ruhmvollen Geschichte gleichzutun. *(12. S. 444)*

Warum hätte man also bei Preußens kritischer Wiederaufnahme ins bundesdeutsche Geschichtsbild einen Fall diskutieren sollen, an dem es nichts mehr zu deuten gibt?

Gegen jene Frage erhebt sich dann allerdings diese, ob der Rückschluß vom Nachleben auf das Leben so einfach geht. Luises jüngster Sohn, zum Beispiel, wird, solange die Zivilisation besteht, mit dem Areal assoziiert werden, auf dem sich der SS-Staat organisiert hat. Zu den Tätern gehörte der Prinz jedoch nicht, wohl aber postum zu den Opfern.

Prinz Albrecht

Die Königin hinterließ bei ihrem Tod eine siebenköpfige Kinderschar, drei Mädchen und vier Jungen. Die beiden ältesten Knaben, Fritz und Wilhelm, wurden hintereinander Könige von Preußen. Friedrich Wilhelm IV. (1840-1861) war der Romantiker auf dem Thron, der sich gezwungen sah, vor den Märzgefallenen von 1848 die Mütze zu ziehen. Sein Bruder, Wilhelm I. (1861-1888), führte den Norddeutschen Bund und die süddeutschen Fürsten in den Krieg gegen Frankreich und wurde am 18. Januar 1871 im Spielgelsaal von Versailles zum deutschen Kaiser ausgerufen. Luises älteste Tochter, Charlotte, heiratete 1817 im Alter von neunzehn Jahren den zweit-jüngsten Bruder des Zaren Alexander I., den Großfürsten Nikolai Pawlowitsch, nachmals Zar Nikolaus. Ihre Schwester Alexandrine vermählte sich 1822 mit dem Erbherzog von Mecklenburg-Schwerin und ging bei dieser Gelegenheit in Heinrich Heines »Briefe aus Berlin« ein. (Die Prinzessin sah ihrer Mutter ähnlich, war der Schwarm der Berliner gewesen und wurde uralt.) Die jüngste Schwester, Luise, heiratete als siebzehnjähriges Mädchen ihren Cousin, einen Prinzen der Niederlande, und hat ein Leben geführt, dem sich kein Nachleben anschloß. Der ältere der beiden thronlosen Brüder war der Prinz Karl von Preußen, dessen Andenken sich durch sein Schloß Glienicke erhalten hat. Von der »Großen Neugierde« aus, dem Erkerposten am Wegrand, konnte man alles miterleben, was sich zwischen dem (West-)Berliner und dem Potsdamer Ufer auf der Glienicker Brücke begeben hat. Der jüngere, Prinz Albrecht, war ein Säugling von neun Monaten, als seine Mutter starb. Die zweite Frau seines Vaters äußerte sich in einem vertraulichen Brief, den sie kurz nach ihrer Heirat an eine Cousine schrieb, etwas ratlos über den Nachkömmling:

> Prinz Albrecht ist 15 Jahre alt und noch ganz kindisch und so geradezu, daß er mich anfangs immer Du nannte. Er erscheint immer abends unter der Einfahrt, wenn ich ins Theater fahre. *(48. S. 126. Nr. 56)*

Eine Porträtzeichnung des Hofmalers Franz Krüger zeigt ihn zu dieser Zeit als einen Jungen in Uniform mit dem Stern auf der Brust und einem langen, schmalen Gesicht, blondgelockt und elegisch. Auf weiteren Krüger-Bildern ist er zehn Jahre später ein hochgewachsener Herr, einmal zu Pferde auf einem Schimmel im gestreckten Trab, das andere Mal nach dem Ausritt bei einer morgendlichen Ruhepause, leger im karierten Paletot im Sessel, den rechten Arm aufgestützt, eine angerauchte Zigarre zwischen den schmalen Fingern, das Gesicht dem Maler zugekehrt, eine immer noch kindliche Physiognomie, inzwischen aber erstarrt, zumal um die Augen herum echsenhaft greis. Auf dem Kopf trägt er eine elegante Haube.

Er war als Zehnjähriger in die preußische Armee eingetreten und ihr in aufsteigenden Rängen fest verbunden geblieben, 1852 General der Kavallerie, 1865 Inspekteur der dritten Armeeabteilung, 1866 im Krieg gegen Österreich, dem sogenannten Deutschen Krieg, Befehlshaber des Kavalleriecorps der ersten Armee und Teilnehmer an mehrerer Schlachten, unter anderen an der entscheidenden bei Königgrätz. 1870/1871 ist er Kommandeur der dritten Armee. Nach dem Krieg erfolgt seine Ernennung zum Generaloberst. Am 14. Oktober 1872 stirbt er kurz nach seinem 63. Geburtstag. Nachgesagt wird ihm ein »unausgeglichen Wesen«.

Der Prinz hatte jung geheiratet, eine seiner niederländischen Cousinen, sich später im Leben von ihr scheiden lassen und sich mit einer Generalstochter wieder verheiratet, einem Fräulein von Rauch. Seine Berliner Residenz war fürstlich, Außen- und Innenarchitektur von vollendeter Eleganz, ein Altbau aus dem 18. Jahrhundert, 1830 von Karl Friedrich Schinkel zu einem Renaissance-Palast umgebaut, zur Straßenfront mit einer Kolonnaden-Verbindung zwischen Haupthaus und Dependance, zur Gartenseite mit dem Blick auf den Park, den Josef Peter Lenné geschaffen hatte. Das Anwesen in vornehmer Gegend, am südlichen Ende der Wilhelmstraße gelegen, der heranwachsenden Regierungszeile, ging auf die Erben des Prinzen über, verblieb nach 1918 im Hohenzollernbesitz und wurde 1929 an die Reichsregierung vermietet, die es als Gästehaus nutzte. Ab 1934 war der Mieter die SS. Das Prinz-Albrecht-Palais wurde zunächst der Sitz des »Sicherheitsdienstes (SD) der SS« und später, seit September 1939, der Dienstsitz des Chefs des »Reichssicherheitshauptamtes«. Teilweise zerbombt ging es aus dem Zweiten Weltkrieg hervor und verschwand dann aus dem Stadtbild, wie nie gewesen. In der Geschichtsschreibung hat es seinen Platz für immer, das »Prinz-Albrecht-Gelände«. Claude Lanzmann berichtet in seinen Memoiren über eine Begegnung mit dem Schauplatz vor 1989:

> Durch »Shoa« war mein Blick geschärft und sensibilisiert. Der Name »Prinz-Albrecht-Straße« sagte mir, daß sich hier in der unmittelbaren Umgebung die Gebäude des nationalsozialistischen Schreckens befanden, der Mittelpunkt des Totalitarismus der Hitler'schen Prägung. Auf einem dieser schwer definierbaren Grundstücke stieß ich beim Hinuntersteigen über ein paar Stufen auf eine kleine Souterrain-Ausstellung, eine Flucht von ein paar Sälen, keineswegs groß, mit Fotographien, bekannten und weniger bekannten, und dazu den erklärenden Texten, ebenso nüchtern wie packend. Der Ort hieß »Topographie des Terrors« [Topographie de la terreur]. Ich fragte mich, welche Deutschen es wohl gewesen sein mochten, die diese Idee gehabt hatten. Und ich empfand für sie, ohne sie zu kennen, eine lebhafte Sympathie. *(58. S. 208)*

An einer ganz anderen Stelle der Stadt hat sich der Prinz in Bronze erhalten. Von seinem Standort zwischen den Stüler-Kasernen, heute dem Museum Berggruen und dem Museum »Surreale Welten«, richtet er seit mehr als hundert Jahren den Blick hinüber auf das Schloß Charlottenburg. Die Relief-Platten an den Längsseiten seines Sockels erzählen von seiner Teilnahme am Krieg gegen Frankreich. Durch die Sockelhöhe und den sehr hohen Wuchs der Figur handelt es sich um ein überragendes Monument. Die Montur des Generals, Soldatenrock, Schirmmütze, Schleppsäbel und Schaftstiefel, ist zeitgenössisches spätes 19. Jahrhundert. Er selbst aber, der Typus, reicht in gerader Linie bis zu den Anfängen des Militärstaates Preußen zurück.

Die Andenkenstätten

Paretz ist ein Havel-Dorf 20 Kilometer von Potsdam entfernt. Der Kronprinz Friedrich Wilhelm hatte sich dort seine eigene Welt geschaffen mit den eingeborenen Bauern rechts und links als seinen Nachbarn und der Kirche gleich gegenüber. Der Oberhofmeisterin Voß hatte das Anwesen auf Anhieb mißfallen:

> Ich war sehr enttäuscht, denn es ist nicht im geringsten hübsch. Auch das Haus, das noch gebaut wird, bekommt keine richtigen Proportionen. Der Ort ist geradezu häßlich und nur der Garten etwas erträglich. *(67. S. 124)*

Nach der Thronbesteigung nutzte Friedrich Wilhelm III. die Station auf dem Land auch politisch. Verlangte Europa von ihm dringend eine Entscheidung, entrückte er sich nach Paretz und war nicht zu sprechen. Als Theodor Fontane die Gegend im Sommer 1869 durchstreifte, brauchte er die Anekdoten nur abzupflücken. Das Refugium sei eine Stätte des Glücks gewesen, an der das Königspaar die schönsten Stunden seines Lebens verbracht habe, teilte der Wanderer seiner Leserschaft mit. Vom Horror der Idylle ließ er kaum etwas ahnen:

> Da sind noch dieselben Tapeten und Wandgemälde, dieselben kissenreichen, mit Zitz überzogenen Sofas und Ottomanen, dieselben gemalten Papageien und Fasanen, dieselben Büsten und Bilder. Die Himmelbetten stehen noch wie damals; die Tische und Toiletten, das kleine Klavier, das die Königin selbst benutzte ... *(17. S. 372 und 373 f.)*

Der Ausplünderung und den Einquartierungen von 1945 folgten die Übernahme und der Umbau des Ensembles durch die eben gegründete DDR. Friedrich Wilhelms und Luises Zuhause diente den neuen Benutzern so treu, als wäre es von vornherein für die Zwecke einer Veterinär-Versuchsanstalt entworfen worden. Grau in grau verbrachte es die Winter und Sommer im Sozialismus, bis dessen Zeit verstrichen war. Heute steht es als das leuchtende Beispiel einer nicht-nostalgischen Wiederherstellung da.

Rekonstruiert wurde ein Bauwerk von hohem Rang. Die beiden Berliner Architekten, David und Friedrich Gilly, Vater und Sohn, der Alte maßgebend, der Junge beratend, hatten Friedrich Wilhelm wörtlich genommen. Er wünschte sich eine schlichte Bleibe und bekam sie: als Längsriegel gestaltet, der sich zwischen dem Parkareal und dem Vorplatz erstreckt, zweistöckig, ein hohes Sockelgeschoß, ein halbhohes Obergeschoß und darauf das Ziegeldach. Die Fassadengliederung ist reine Symmetrie. Die untere hohe und die obere halbhohe Fensterreihe stehen senkrecht übereinander, so daß man sie auch vertikal lesen kann, acht Fensterkolonnen links und acht rechts von der Haustür, über der ein bogenförmiges Fenster von zwei Stuckrosetten flankiert wird. Die Front zum Hof und die Front zum Park entsprechen einander. Die Begriffe, denen sich das Konzept zuordnen läßt, können der Klassizismus, der Rationalismus, der Funktionalismus und alle anderen Fachwörter sein, sofern sie die Modernität bezeichnen. Kein anderer König um 1800 war so avantgardistisch wie Friedrich Wilhelm III. als Gutsherr von Paretz. Drinnen imaginierten gemalte Tapeten die Ausblicke in die Havellandschaft und weiter nach Osten bis nach China.

Sechs Räume im Parterre haben die originale Wandverkleidung zurückbekommen. Sonst beschränkt sich die heutige Ausstattung auf ein exemplarisches Interieur. Grundsätzlich lautet die Information, daß eine zweckmäßige Suche nach der verlorenen Zeit zunächst den Verlust vergegenwärtigen muß, also die Unwiederbringlichkeit.

In diesem pädagogischen Rahmen erblickt man die Herrschaften von damals, König und Königin, als ein junges Paar auf überlebensgroßen Pendant-Gemälden, und dazu die Stützen der Majestäten, den Oberhofmeister Massow, der die Verantwortung für den Paretzer Ausbau trug, den Generaladjutanten Köckritz, dessen ordensgeschmückte Brust und aufreizend stupide Miene, die Oberhofmeisterin in greiser Schärfe von schwarzen Schleiern umwallt, ferner den Prinzenerzieher Delbrück und andere. Ein Gruppenbildchen erwähnt auch die Kinder. Das Heiligtum unter den Originalen, eine Gouache von 34 x 50 cm, stellt aus der Sicht der Zeit den Augenblick dar, als Luise den Zaren Alexander zum ersten Mal sah: Memel 1802.

Der König hat die meisten seiner Paretzer Sommer als trauernder oder wiederverheirateter Witwer verbracht. Die frühen Aufenthalte, von denen er schwärmte, reichen vom Einzug ins Haus bis ins Vorkriegsjahr 1805. Die Erntefeste jedes Jahr, Essen, Trinken und Tanzen auf dem Anger mit ganz Paretz werden als die Gipfel des Frohsinns geschildert. Von weit her seien die Gäste gekommen, um daran teilzumehmen. (West-Berlins romantische Nase, die Gilly-Expertin Hella Reelfs, die unter den Befürwortern der Paretzer Rekonstruktion eine der ersten gewesen war, der Königin äußerlich ähnlich sah und das Blattgold für die Kirchturmspitze schon herbeigeschafft hatte, als das sozialistische System noch im Sattel saß, meinte aus dem Tagebuch der Gräfin Voß herauslesen zu dürfen, Heinrich von Kleist sei an Luises Sommerhof zusammen mit einer Musikertruppe als Holzbläser aufgetreten.)

Das aktuelle Problem ist das Dorf. Gillys Bauernhäuser, Scheunen, Ställe und Amtsgebäude entsprachen zu ihrer Zeit einer fortschrittlichen Denkungsart und sind heute, was von ihnen im halbkenntlichen oder unkenntlichen Zustand noch übrig ist, Liebhaberobjekte. Bewohnt und bewirtschaftet werden sie gleichwohl von der einheimischen Bevölkerung. Das Niveau, auf dem der Ort samt seiner Nischen existiert, sieht dem verflossenen Arbeiter-und-Bauern-Staat immer noch ähnlich. Nur ohne Arbeit und ohne Bauern.

Luises Wiedersehen mit Paretz gestaltete sich nach den drei Fluchtjahren wehmütig und kurz. Der Zeitplan erlaubte ihr knapp einen halben Tag. Vor Einbruch der Dunkelheit mußte man in Potsdam zurücksein. Der König trieb seine Frau zur Eile. Später hielt er jeden Pfad heilig, auf den sie noch einmal ihren Fuß gesetzt hatte, und weihte ihrem Andenken eine Gartenpforte mit dem schmerzlichen Datum, 20. Mai 1810, Eisenguß, gotische Spitzbögen, gekrönt von dem Initial des geliebten Namens.

Weder im heutigen Potsdam noch in Berlin bezeugen authentische Spuren die Anwesenheit der Königin in den zwei benachbarten Hauptstädten des Königsreichs. Das weite Feld zwischen Sanssouci und Berlin-Wannsee aber redet von ihr. Ihr Tod ist in der spätromantisch gestalteten Landschaft inbegriffen.

Fritz, nachmals Friedrich Wilhelm IV., Luises ältester Sohn, der sich mit seinem Bruder Wilhelm unter den Zeugen im Sterbezimmer befunden hatte, rief, gestützt auf seine Architekten Schinkel und Persius und seinen Gartenschöpfer Lenné, einen regionalen Baukult ins Leben, dessen Ensembles eine metaphysische Deutung erlauben: Puppenschlösser, Ritterburgen, Aussichtstürme, Wasserspiele, Boots- und Dampfmaschinenhäuser, Stege, Stufen, Brücken, Pavillons, Fuß- und Fahrwege, das Heim- und Fernweh, die preußische Italianita, die Villen und die Kirchen, jedes Teil innerhalb seiner speziellen Isolation, damit es dem Auge von Blickpunkt zu Blickpunkt desto verführerischer erscheine. Das russische Element spielt mit hinein, angeregt durch den Zaren Nikolai, den Schwiegersohn, den Luise im Winter 1809 in St. Petersburg als keuchhustenkranken 12jährigen Großfürsten kennenlernte und für ihre Tochter Charlotte ins Auge faßte. Auch Alexander ist in der Region gegenwärtig. Die Russensiedlung, die nach ihm die »Alexandrowka« heißt und das Andreaskreuz zum Grundriß hat, wurde am Potsdamer Nordrand für den Trupp Soldaten gebaut, den der Zar dem König Friedrich Wilhelm III. nach den Befreiungskriegen vermacht hatte.

Luise selber war bei ihrem strapaziösen letzten Potsdamer Aufenthalt, Mai 1810, in einer Halbkutsche für zwei Personen, einem sogenannten Phaeton, zur Pfaueninsel unterwegs. Der König war der Lenker und ein Reitknecht (Jockey) der einzige Begleiter. Die Herrschaften machten in aller Stille einen politischen Ausflug, um den Freund und künftigen Kanzler zu treffen, Baron Hardenberg. Unter dem Datum vom 2. Mai 1810 geht der Staatsmann in seinem Tagebuch ausführlich auf das Treffen ein, bei dem er deutlich machen wollte, unter welchen Bedingungen er sich vorstellen könne, trotz seiner sechzig Jahre und trotz seiner Schwerhörigkeit Preußens Premier zu werden. Morgens früh um halb sieben war er von Lichtenberg aufgebrochen und um 9 Uhr auf der Insel angekommen. Die Wartezeit überbrückte er in der Unterhaltung mit dem Gärtner, »un homme intelligent«, und stand dann bei der Ankunft der Majestäten am Ufer bereit:

> Leurs Majestés arrivèrent à 11 heures dans un petit Phaeton, le Roi conduisant la Reine, avec un seul Jockey, qu'elles laissèrent avec le Phaeton à l'autre bord. Je fûs reçu le plus gracieusement que possible – *(86. S. 687)*

Als ein Störenfried* kreuzt Heinrich von Kleist in der Landschaft auf. Jeweils mit einem Pistolenschuß nahm er in einer Sandkuhle am Kleinen Wannsee zunächst seiner Begleiterin und dann sich selber das Leben (21. November 1811).

* merkwürdige Art ein Selbstmord zu kom

Im Schlosspark

Das Recht des Parkbesuchers, den Takt und das Tempo seiner Schritte frei zu bestimmen, ist unanfechtbar. Er kann Luft schöpfen, wie er will, und gehen, wie es ihm paßt. Im Schloßpark Charlottenburg hat sich die Mehrheit gegen das introvertierte Wandeln, für das zielbewußte Leistungslaufen entschieden. Die Gangarten des Eilboten und des Marschierers sind die Norm. Der keuchende Atem, die Turnschuhe und die klackenden Stöcke geben den Ton an, und die Trainingskostüme beherrschen das Bild. Wer Ruhe sucht, findet sie bei den Toten.

Die Insassen des Totenhauses sind zu viert, paarweise angeordnet, zwei mal zwei hintereinander, rechts die männlichen und links die weiblichen Würdenträger, alle zum Altar hin orientiert. Das Licht fällt durch die Fenster hoch oben an der Wand. Der Fußboden ist schwarzweiß gefließt. Eingelassene Tafeln neben jedem Paradebett geben die persönlichen Daten an, Namen, Herkunft, Rang und Lebensdauer. Der Anblick gleicht einem Schlafsaal mit ausgestreckten Attrappen. Dennoch kommt es dem Betrachter so vor, als wäre er unter den Larven nicht die einzige fühlende Brust. Die Riesin links in dem zweiten Glied des Quartetts ist weniger tot, als es scheint. Vielleicht macht sie die Augen nur zu.

Der Rhododendron blüht. Das Mausoleum ist offen. Eine Dame und ein Herr überqueren den Vorplatz. Ein Blick rundum genügt ihnen zu ihrer Information. Die Dame spricht zu dem Herrn das Schlußwort: »What a lovely place to have your bones put to rest.«

Die Werke, aus denen im Text zitiert wird

(Die jeweilige Nummer erscheint im Text nach jedem Zitat in Klammern an erster Stelle.)

1. Bailleu, Paul (Hg.): Briefwechsel König Friedrich Wilhelm III. und der Königin Luise mit Kaiser Alexander I. nebst ergänzenden fürstlichen Korrespondenzen; Publication aus den K. Preußischen Staatsarchiven 75. Leipzig 1900. Reprint Osnabrück 1967.

2. Bailleu, Paul (Hg.): Die Verhandlungen in Tilsit. Briefwechsel König Friedrich Wilhelms und der Königin Luise. Deutsche Rundschau 110 (1902), Band 144; S. 29-45, 199-221.

3. Bailleu, Paul (Hg.): Preußen und Frankreich von 1795 bis 1807. Diplomatische Correspondenzen. Teil 2 (1800 – 1807); Publicationen aus den K. Preußischen Staatsarchiven 29. Leipzig 1887. Reprint Osnabrück 1965

4. Bailleu, Paul: Königin Luise. Ein Lebensbild. Dritte Auflage, besorgt von Hermann Dreyhaus. Berlin 1926

5. Bailleu, Paul: Schreiben der Prinzessin Radziwill, in: Hohenzollern-Jahrbuch 3 (1899). S. 232-240

6. Berg, Caroline von: Die Königin Luise – Der Preußischen Nation gewidmet. Leipzig 1814

7. Berg, Urte von: Caroline Friederike von Berg. Freundin der Königin Luise von Preußen. Ein Portrait nach Briefen. Göttingen 2008

8. Beschreibung der Königlichen Residenzstädte Berlin und Potsdam. Berlin 1786

9. Briefe von Chamisso, Gneisenau, Haugwitz, W. von Humboldt, Prinz Louis Ferdinand, Rahel, Rückert, L. Tieck u. a. Bd. 2 Aus dem Nachlaß Varnhagens von Ense. Leipzig 1867

10. Charakterköpfe aus dem deutschen Befreiungskriege. Zur Erinnerung an das Jahr 1813. 3. Bd. Luise, Königin von Preußen. Eine Biographie. (ohne Verfasser-Angabe) Hamburg 1863

11. Chateaubriand, François René Auguste Vicomte de: Œuvres Complètes. Les Martyrs suivis des remarques et de l'examain de l'ouvrage de Moïse, tragédie et de poésie diverse. Tome second. Paris 1856.

12. Demandt, Philipp: Luisenkult. Die Unsterblichkeit der Königin von Preußen. Köln. Weimar. Wien. 2003

13. Elster, Hanns Martin: Minister Freiherr vom Stein. Sein Leben und seine Schriften. Berlin. o. J.

14. Epochen der deutschen Lyrik in 10 Bänden. Hrsg. von Walter Killy. Bd. 7. 1800 – 1830. Nach den Erstdrucken in zeitlicher Folge hrsg. von Jost Schillemeit. München 1970

15. Eylert, Rulemann Friedrich: Die Gedächtnißfeyer der verewigten Königinn Luise von Preußen. Eine Stiftungsschrift. Berlin 1812

16. Friedrich Wilhelm II.: Briefwechsel mit Sophie von Bethmann Metzler. Hrsg. von Richard Schwemer. Frankfurt 1929

17. Fontane, Theodor: Wanderungen durch die Mark Brandenburg. Bd. III. Havelland. Hrsg. von Gotthard Erler und Rudolf Mingau. Berlin 1987

18. Fontane, Theodor: Wanderungen durch die Mark Brandenburg. Die Grafschaft Ruppin. Hrsg. von Gotthard Erler und Rudolf Mingau. Frankfurt a. M. 1998 (Taschenbuchausgabe)

19. Förster, Friedrich: Preußen und Deutschland im Zeitalter der französischen Revolution. 1789 – 1806. Berlin o. J. (cirka 1875)

20. Gentz, Friedrich: Tagebücher. 1. Bd. Hrsg. von Ludmilla Assing. Leipzig 1873

21. Gneisenau, A. W. A. Neithardt: Denkschriften zum Volksaufstand von 1808 und 1811. Berlin 1936

22. Goethes Werke, Weimarer Ausgabe. I 42.2.

23. Goethes Werke, Weimarer Ausgabe. I. 16

24. Goethes Werke, Weimarer Ausgabe. IV. 46

25. Granier, Herman: Der angebliche Vergiftungsbrief der Oberhofmeisterin Gräfin Voß vom November 1808. Eine archivalische Untersuchung. In: Hohenzollern Jahrbuch 16 (1912) S. 95 ff

26. Granier, Herman: Die Aquarell-Sammlung Kaiser Wilhelms I. – Ein Beitrag zu seiner Lebensgeschichte. In: Hohenzollern Jahrbuch 12 (1908) S. 147-154

27. Granier, Herman: Die Franzosen in Berlin 1806-1808. Hohenzollern Jahrbuch 9 (1905) S. 1-42

28. Griewank, Karl: Briefwechsel der Königin Luise mit ihrem Gemahl Friedrich Wilhelm III. 1793 – 1810. Leipzig o.J. (1927)

29. Griewank, Karl: Gneisenau; Ein Leben in Briefen. Leipzig 1939

30. Griewank, Karl: Königin Luise; Ein Leben in Briefen. Leipzig 1943

31. Grzimek, Waldemar: Das klassische Berlin. Die Berliner Bildhauerschule im 19. Jahrhundert. Frankfurt a. M. Berlin. Wien. 1978

32. Geheimes Staatsarchiv Preußischer Kulturbesitz (GSTA PK), Berlin, BPH Rep. 48 Friedrich Wilhelm II., J Nr. 50

33. GSTA PK, BPH Rep. 49 Friedrich Wilhelm III., J Nr. 213

34. GSTA PK, BPH Rep. 49 Friedrich Wilhelm III., T I Nr. 7

35. GSTA PK, BPH Rep. 49 Friedrich Wilhelm III., J Nr. 265

36. GSTA PK, VI. HA NL Voß, Sophie Marie v., Nr. 24 (1786 – 1794)

37. GSTA PK, VI. HA NL Voß, Sophie Marie v., Nr. 25 (1795 – 1803)

38. Haase-Faulenorth, Berthold Adolf: Gräfin Lichtenau;
Ein Schicksal zwischen den Zeiten. Berlin 1934

39. Heim, Ernst Ludwig: Tagebücher und Erinnerungen. Ausgewählt und herausgegeben von Wolfram Körner. Leipzig 1989

40. Holzhausen, Paul: Heinrich Heine und Napoleon I. Frankfurt a. M. 1903

41. Horn, Georg: Das Buch von der Königin Luise. Berlin. 1913
(Mit dem Faksimile der letzten Handschrift der Königin Luise)

42. Hoyer, Walter: Schillers Leben dokumentarisch in Briefen, zeitgenössischen Berichten und Bildern. Köln Berlin, 1967

43. Humboldt, Wilhelm und Caroline von: Briefwechsel. Hrsg. von Anna von Sydow. 3. Band. Briefe aus Rom und Berlin und Königsberg. Berlin 1909

44. Jahrbücher der Preußischen Monarchie unter der Regierung Friedrich Wilhelms des Dritten. Bd.1 (Januar, Februar, März, April) Berlin 1798.

45. Jahrbücher der Preußischen Monarchie unter der Regierung Friedrich Wilhelm des Dritten. Bd. 2 (Mai, Junius, Julius, August) Berliner 1798.

46. Jean Paul: Sämtliche Werke. Abteilung I. Band 3. Titan. Herausg. von Norbert Miller. Zweitausendeins. 1996

47. Katalog – Friedrich Wilhelm II. und die Künste; Preußens Weg zum Klassizismus. Preußische Schlösser und Gärten Berlin-Brandenburg. 1997

48. Katalog – Der Maler Franz Krüger 1797 – 1857. Preußische Schlösser und Gärten Berlin-Brandenburg. 2007

49. Katalog – Prinz Heinrich von Preußen; Ein Europäer in Preußen. Stiftung Preußische Schlösser und Gärten Berlin-Brandenburg. München-Berlin 2002

50. Kataloge der Berliner Akademie-Ausstellungen 1786 – 1850; bearbeitet von Helmut Börsch-Supan. Band 1. Berlin 1971

51. Klatt, Tessa: Königin Luise von Preußen in dem Zeitalter der Napoleonischen Kriege (Schriften der kriegsgeschichtlichen Abteilung des Historischen Seminars an der Friedrich Wilhelms-Universität zu Berlin Heft 20). Berlin 1937

52. Kleist, Heinrich von: Sämtliche Werke. Brandenburger Ausgabe herausgegeben von Roland Reuß und Peter Staengle. Brandenburger Kleist-Blätter 13; zu: Band I/2 Robert Guiskard. Basel und Frankfurt am Main 2000

53. Kleist, Heinrich von: Sämtliche Werke. Brandenburger Ausgabe herausgegeben von Roland Reuß und Peter Staengle. Band I/4 Amphitryon. Basel und Frankfurt am Main 1991

54. Kleist, Heinrich von: Sämtliche Werke. Brandenburger Ausgabe herausgegeben von Roland Reuß und Peter Staengle. Band II /7 Berliner Abendblätter I. Basel und Frankfurt am Main 1997

55. Kleist, Heinrich von: Sämtliche Werke. Brandenburger Ausgabe herausgegeben von Roland Reuß und Peter Staengle. Band III Gedichte

56. Kleist, Heinrich von: Sämtliche Werke. Brandenburger Ausgabe herausgegeben von Roland Reuß und Peter Staengle. Bd. IV/II. Briefe 2

56a. Kleist, Heinrich von: Sämtliche Werke. Brandenburger Ausgabe herausgegeben von Roland Reuß und Peter Staengle. Bd. IV/III. Briefe 3

57. Kleßmann, Eckart: Prinz Louis Ferdinand von Preußen; Gestalt einer Zeitwende. München 1972

58. Lanzmann, Claude: Le lièvre de Patagonie. Mémoires. Paris. 2009

59. Lehndorff, Ernst Ahasverus Heinrich von: Das Tagebuch vom Jahr 1799. Am Hof der Königin Luise. Übersetzt und eingeleitet von Eva Ziebura. Biografisch kommentiertes Personenregister von Ingolf Sellack und Eva Ziebura. Berlin 2009

60. Lessing, Gotthold Ephraim: Gesammelte Werke. Bd.2 Dramen/ Dramenfragmente. Hsg. von Paul Rilla. Berlin. 1954

61. Maskenball, der große, in Berlin zur Feyer des Geburtstages Ihrer Majestät der regierenden Königin von Preußen am 12ten März 1804 im Königlichen Nationaltehater veranstaltet. Berlin 1805

62. Meisner, Heinrich Otto (Hg.): Vom Leben und Sterben der Königin Luise. Eigenhändige Aufzeichnungen König Friedrich Wilhelms III. Berlin und Leipzig 1926

63. Mendelssohn, Moses: Phädon oder über die Unsterblichkeit der Seele in drey Gesprächen. Vierte vermehrte und verbesserte Auflage. Berlin und Stettin 1776

64. Napoleon Bonaparte: Clisson und Eugénie. Novelle. Übersetzt und mit einem Nachwort von Herbert Koch. München 1969

65. Napoleon: Briefe an Josephine. München 1967

66. Novalis: Gesammelte Werke. Mit einem Lebensbericht herausgegeben von Carl Seelig. 3. Bd. Zürich 1946

67. Paretzer Skizzenbuch. Bilder einer märkischen Residenz um 1800. Mit einem Nachwort von Adelheid Schendel. München 2000

68. Pertz, G. H.: Das Leben des Ministers Freiherrn vom Stein. 1. Bd. 1757 – 1807. Berlin 1849

69. Preitz, Max: Friedrich Schlegel und Novalis; Biographie einer Freundschaft in ihren Briefen. Darmstadt 1957

70. Preußische Jahrbücher, Berlin 1876, Band 37

71. Radziwill, Louise Fürstin (Louise Prinzessin von Preußen): Fünfundvierzig Jahre aus meinem Leben (1770 – 1815), hrsg. von Fürstin Radziwill geb. v. Castellane. Braunschweig 1912

72. Rahel. Ein Buch des Andenkens für ihre Freunde. Erster Theil. Berlin 1834

73. Ranke, Leopold von (Hg.): Denkwürdigkeiten des Staatskanzlers Fürsten von Hardenberg. 5 Bde. Leipzig 1877 (Zitatnachweise nennen die Bände 1-5 der Reihe nach mit den Großbuchstaben A, B, C, D, E.)

74. Rey, Marie-Pierre: Alexandre Ier Paris 2009

75. Rothkirch, Malve Gräfin (Hg.): Königin Luise von Preußen. Briefe und Aufzeichnungen 1786 – 1810. München 1985

76. Samuel, Richard: Heinrich von Kleists Teilnahme an den politischen Bewegungen der Jahre 1805 – 1809. Deutsch von Wolfgang Barthel. Franfurt/Oder 1995

77. Schadow, Johann Gottfried: Kunstwerke und Kunstansichten. Ein Quellenwerk zur Berliner Kunst- und Kulturgeschichte zwischen 1780 und 1845. Kommentierte Neuausgabe der Veröffentlichung von 1849, herausgegeben von Götz Eckhardt. Band 1. Berlin 1987

78. Scheel, Heinrich (Hg.), Schmidt Doris (Bearbeitung): Das Reformministerium Stein. Akten zur Verfassungs- und Verwaltungsgeschichte aus den Jahren 1807/1808. 3. Bd. Berlin 1968

79. Schlesier, Gustav (Hg.): Mémoires et Lettres inédites du Chevalier de Gentz. Stuttgart 1841

80. Schmidt, Arno: Fouqué und einige seiner Zeitgenossen. 2. verbesserte und beträchtlich vermehrte Auflage. Darmstadt 1958

81. Schulze, Friedrich (Hg.): Die Franzosenzeit in Deutschen Landen. 1806-1815. 1. Bd. 1806-1812

82. Schuster, Georg: Die Flucht der königlichen Kinder von Berlin nach Danzig. In: Hohenzollern Jahrbuch 9 (1905) S. 44 ff.

83. Seidel, Paul: Besuch von Kaiser Alexander in Berlin, Oktober 1805. In: Hohenzollern Jahrbuch 16 (1912) S. 242 ff.

84. Seidel, Paul: Königin Luise im Bilde ihrer Zeit. In: Hohenzollern Jahrbuch 9 (1905) S. 108-154

85. Spies, Hans-Bernd (Hg.): Die Erhebung gegen Napoleon 1806-1814/15 Darmstadt 1981

86. Stamm-Kuhlmann, Thomas (Hg.): Karl August von Hardenberg 1750 – 1822. Tagebücher und autobiographische Aufzeichnungen. München 2000

87. Stamm-Kuhlmann, Thomas: König in Preußens großer Zeit. Friedrich Wilhelm III., der Melancholiker auf dem Thron. Berlin 1992

88. Steig, Reinhold: Berlin ist in Trauer um die Königin Luise. In: Deutsche Rundschau 110 (1902) Band 144. S. 265-282

89. Stettiner, Paul: Der Tugendbund. Königsberg in Pr. 1904

90. Untergang einer Reichshauptstadt. Johann Wolfgang von Goethe. Belagerung von Mainz. Ein Bilderbogen. Herausgegeben und kommentiert von Oliver Kemman und Hermann Kurzke. Frankfurt 2007

91. Varnhagen, Karl August: Blätter aus der preußischen Geschichte. Bd. 4 Aus dem Nachlasse Varnhagen's von Ense. Leipzig 1869

92. Varnhagen, Karl August: Tagebücher. Bd. 1 Aus dem Nachlaß Varnhagen's von Ense. Leipzig 1863

93. Varnhagen, Rahel: Gesammelte Werke. Hg. von Konrad Feilchenfeldt, Uwe Schweikert und Rahel E. Steiner, Band VII

94. Voß, Sophie Wilhelmine, Gräfin von: Neunundsechzig Jahre am Preußischen Hofe. Aus den Tagebüchern und Aufzeichnungen der Oberhofmeisterin. Sachlich berichtigt und aus den Quellen ergänzt. Berlin, o. J. (nach 1928, vor 1932)

95. Wahl, Hans (Hrsg.): Prinz Louis Ferdinand von Preußen. Ein Bild seines Lebens in Briefen, Tagebuchblättern und zeitgenössischen Zeugnissen. Weimar 1917

96. Weddigen, Otto: Geschichte der Theater Deutschlands 1. Bd. Berlin o. J. (cirka 1905)

97. Wencker-Wildberg, Friedrich: Napoleon. Die Memoiren seines Lebens. Bd. 9-10. Wien, Hamburg, Zürich o. J. (1930)

98. Wencker-Wildberg, Friedrich: Napoleon. Die Memoiren seines Lebens. Bd. 11-12

99. Wiesel, Pauline: Briefwechsel. Herausgegeben von Barbara Hahn, Birgit Bosold und Ursula Isselstein. München 1998

100. Winter, Georg: Die Reorganisation des preußischen Staates unter Stein und Hardenberg, 1. Teil, Band 1, Anhang, »Fragment einer Darstellung der Regierung Friedrich Wilhelms III., enthaltend die Charakteristiken des Königs, der Königin und des Generalmajors von Köckritz. Von dem Minister Freiherr von Hardenberg. O. D. (etwa 1808)«; S. 570 ff.

101. Ziebura, Eva: Prinz Heinrich von Preußen; Biographie. Berlin 2004 (Taschenbuch-Ausgabe)

Genese und Dank

Vor 34 Jahren habe ich zum 200. Geburtstag der Königin Luise einen Aufsatz für die Tiefdruck-Beilage der »Frankfurter Allgemeinen Zeitung« geschrieben. Darüber stand: »Die heilige Titania von Preußen«. Der für das Feuilleton verantwortliche FAZ-Herausgeber, Joachim Fest, hatte mir für die Arbeit viel Freizeit eingeräumt, sagte dann aber zu dem fertigen Produkt kein Wort. Als ich ihn um eine Stellungnahme bat, antwortete er mir im Hinblick auf meinen Text: »So ohne Mitleid.« Damit war das Thema vorerst erledigt.

Den englischen Herrschaften, die beiläufig in Front des monströsen Mausoleums im Schlosspark Charlottenburg die Äußerung taten: »What a lovely place to have your bones put to rest«, bin ich sehr zum Dank verpflichtet, denn ihr Ausspruch erinnerte mich daran, daß man sich um die tote Luise wieder einmal kümmern könnte. Das war im Frühjahr 2008.

Herr Dr. Frank Althoff vom Geheimen Staatsarchiv Preußischer Kulturbesitz hat mir bei meiner Recherche in dem dortigen Haus geholfen. Für die Kooperation danke ich ihm und danke ebenso den ständig hilfsbereiten Bibliothekaren in der Senatsbibliothek Berlin.

Herr Wolf Jobst Siedler jr. war so entgegenkommend, mir auf der Grundlage von ein paar Exposé-Seiten seinen Verlag als Publikationsort anzubieten. Und damit nicht genug. Seine Geduld ließ mich nicht im Stich, als ich zum vereinbarten Termin im November 2009 um einen weiteren Aufschub bat und dann um noch einen Aufschub und noch einen.

Mein Manuskript, das von mir aus schon fertig gewesen wäre, wurde von Herrn Thomas Karlauf gegengelesen und dabei derjenigen Kritik unterzogen, deren besondere Qualität das scharfe Mitgefühl ist. Anhand seiner Bleistiftstriche und Randbemerkungen arbeitete ich die Sache um.

Mit vollendeter Kenntnis der deutschen Rechtschreibung und Zeichensetzung hat sich Günther Grack meiner zweihundert Manuskriptseiten angenommen. Ich kann ihm für seine Mühewaltung gar nicht genug danken.

Der Titel »Die Königin« lag so offenbar auf der Hand, daß ich ihn bestimmt nicht gefunden hätte. Der Titelgeber war Günther Rühle.

Die Malerin und Zeichnerin Rebecca Raue hat für mich nach einer Schadow-Vorlage die Königin Luise so porträtiert, wie sie in den Augen der jungen Generation von heute etwa aussehen könnte. Dieses Bild gefällt mir sehr und diente mir als Orientierungshilfe.

Frau Dr. Deborah Viëtor-Engländer war unüberbietbar beim Auffinden auch entlegener Publikationen, die sie mir nachwies. Dafür danke ich ihr herzlich.

Durch die Arbeit hindurch haben mich nicht nur die Herrschaften von 1800 begleitet, sondern auch meine hiesigen und heutigen Freunde: Margret Hartung, Petra Möhrke und Régis Gaspaillard.

Mein Stützpunkt vom Anfang meiner Arbeit an bis zuletzt waren Herr Wolfgang Arnold und seine Buchhandlung in der Danckelmannstraße in Charlottenburg.

1. Auflage

Schutzumschlag: Dorén + Köster, Berlin
Satz: Dorén + Köster, Berlin
Druck und Bindung: fgb, freiburger graphische betriebe
Printed in Germany

ISBN: 978-3-937989-59-4

www.wjs-verlag.de